普通高等教育"十一五"国家级规划教材

市场营销实战系列教材

营销策划理论与实务
（第3版）

孙雷红　薛辛光　编著

电子工业出版社

Publishing House of Electronics Industry

北京·BEIJING

内 容 简 介

本书以营销理论为指导，重点介绍策划分析思路与方法、营销策划的基本操作规范和策划思路，强调用科学的过程保证科学的策划结果，同时对营销活动的细节进行分析，主要内容包括营销策划导论、营销策划程序与方案撰写、营销策划分析、目标市场战略分析、产品策划、促销策划、推广策划、广告策划和营销战略策划。

本书既可作为市场营销、工商管理等专业的教学用书，也可作为中小企业经营者、市场营销人员、营销咨询人员和营销策划研究者、学习者的参考书。

未经许可，不得以任何方式复制或抄袭本书之部分或全部内容。
版权所有，侵权必究。

图书在版编目（CIP）数据

营销策划理论与实务 / 孙雷红，薛辛光编著. —3 版. —北京：电子工业出版社，2022.6
ISBN 978-7-121-43525-6

Ⅰ. ①营… Ⅱ. ①孙… ②薛… Ⅲ. ①营销策划－高等职业教育－教材 Ⅳ. ①F713.50

中国版本图书馆 CIP 数据核字（2022）第 088212 号

责任编辑：张云怡　　　文字编辑：张　彬
印　　刷：三河市兴达印务有限公司
装　　订：三河市兴达印务有限公司
出版发行：电子工业出版社
　　　　　北京市海淀区万寿路 173 信箱　邮编 100036
开　　本：787×1 092　1/16　印张：12.25　字数：313.6 千字
版　　次：2005 年 8 月第 1 版
　　　　　2022 年 6 月第 3 版
印　　次：2022 年 6 月第 1 次印刷
定　　价：49.00 元

凡所购买电子工业出版社图书有缺损问题，请向购买书店调换。若书店售缺，请与本社发行部联系，联系及邮购电话：（010）88254888，88258888。
质量投诉请发邮件至 zlts@phei.com.cn，盗版侵权举报请发邮件至 dbqq@phei.com.cn。
本书咨询联系方式：（010）88254573，zyy@phei.com.cn。

前　言

《营销策划理论与实务》自第一次出版到现在已经有 16 年了，期间经过多次印刷和再版，深受读者欢迎，我们在这个过程中不断地学习和思考，对于策划逻辑和营销理论的理解也越来越深，所以本书经过不断的修改也越来越完善了。但是人们对事物的认知有着自身的局限性，因此还要透过现象看本质，学习策划技能。

本书的编写初衷是为了帮助市场营销专业的学生学会怎样做营销策划。营销策划其实就是将营销理论形成方案的过程。世界是客观的，但人们看到的世界是主观的，实际操作起来由于每个人的营销理论水平、看问题的角度、观察事物的深度、个人营销经验等不同，如果只堆砌一堆营销理论，学生就摸不着头脑，学完之后也不知道如何进行策划。

撰写这本书的目的是希望学生可以根据基本的营销理论和逻辑去构建策划的规范思维过程，根据思维过程设计策划的程序与格式，用规范的策划书格式来保证策划思维的科学性和深度，这样策划人就可以有一个正确的策划思维脉络，甚至达到一定的思维深度，从而做出一个独特的策划方案。

这次再版修订，基本依据原来的架构，根据策划实践经验修订了一些要素策划的逻辑和格式，根据做减法的思路，删除了一些冗长的案例和"渠道策划"部分。

本书重点突出策划分析、思路（逻辑）、程序、内容、格式等，力求为策划人员提供操作规范。必须指出的是，虽然教会学生按照格式规范就能完成策划，但是简单填空完成的只是基本要求，有余力者还要侧重格式背后理论逻辑的掌握并进行实践。

在全书结构上，首先按照基本概念—基本过程—基本理论—基本分析进行一般性论述，然后按照产品策划、促销策划、推广策划、广告策划、营销战略策划分别进行阐述，不求完整，但求具有典型意义和实用价值。

本书由温州大学孙雷红、温州商学院薛辛光编著。为了方便教学，本书配有电子教案及部分习题答案，请有此需要的教师登录华信教育资源网（网址为 www.hxedu.com.cn）免费注册后下载。

由于编著者水平有限，编写时间仓促，书中疏漏与不妥之处在所难免，敬请读者批评指正。

孙雷红　薛辛光
2022 年 6 月

目 录

第1章 营销策划导论 (1)
1.1 营销策划概述 (1)
- 1.1.1 营销策划的概念与作用 (1)
- 1.1.2 营销策划的能力要求与构思过程 (4)
- 1.1.3 营销策划的特征 (6)
- 1.1.4 营销策划的分类 (9)

1.2 营销策划理论基础 (11)
- 1.2.1 五大营销观念 (11)
- 1.2.2 四大营销环节 (13)
- 1.2.3 市场营销要素组合 (14)
- 1.2.4 创意设计 (14)

1.3 营销策划经费预算 (19)
- 1.3.1 营销策划经费预算的基本原则 (19)
- 1.3.2 营销策划经费预算的内容 (20)

第2章 营销策划程序与方案撰写 (24)
2.1 营销策划程序 (24)
- 2.1.1 营销策划程序化的必要性 (24)
- 2.1.2 营销策划程序的内容 (25)

2.2 营销策划书的撰写 (30)
- 2.2.1 营销策划书的作用 (30)
- 2.2.2 营销策划书的编制原则 (31)
- 2.2.3 营销策划书的结构框架 (31)
- 2.2.4 营销策划书的撰写技巧 (35)

2.3 营销策划报告 (36)
- 2.3.1 营销策划报告的目的 (36)
- 2.3.2 营销策划报告会前准备 (36)
- 2.3.3 营销策划报告注意事项 (37)

第3章 营销策划分析 (39)
3.1 营销策划分析的作用与过程 (39)
- 3.1.1 营销策划分析的作用 (39)
- 3.1.2 营销策划分析的过程 (40)

3.2 营销策划分析的内容 (42)
- 3.2.1 营销环境分析 (42)
- 3.2.2 行业背景分析 (44)
- 3.2.3 竞争者状况分析 (45)

    3.2.4　市场状况分析 (47)
    3.2.5　企业资源分析 (48)
    3.2.6　消费者行为分析 (48)
    3.2.7　产品分析 (49)
    3.2.8　市场机会分析 (51)

第4章　目标市场战略分析 (55)
  4.1　市场研究 (55)
  4.2　市场细分 (56)
    4.2.1　有效市场细分的要求 (56)
    4.2.2　市场细分变量的确定 (57)
    4.2.3　市场细分的程序 (60)
  4.3　目标市场确定 (61)
    4.3.1　确定目标市场的考虑因素 (61)
    4.3.2　确定目标市场的步骤 (62)
  4.4　市场定位 (62)
    4.4.1　市场定位的作用 (62)
    4.4.2　市场定位的原则 (64)
    4.4.3　市场定位的方法 (65)
    4.4.4　市场定位的步骤 (66)

第5章　产品策划 (72)
  5.1　产品策划概述 (72)
    5.1.1　产品策划的概念 (73)
    5.1.2　产品策划的内容 (74)
    5.1.3　进行产品策划时的注意事项 (74)
  5.2　产品策划的思路 (75)
    5.2.1　产品策划的指导思想 (76)
    5.2.2　产品策划的消费者需求分析 (76)
    5.2.3　产品策划方案 (78)
    5.2.4　产品策划评价 (79)
  5.3　单一产品策划 (80)
    5.3.1　单一产品策划的程序和内容 (80)
    5.3.2　单一产品策划方案的一般格式 (84)
  5.4　产品策划相关知识 (86)
    5.4.1　产品开发策划 (87)
    5.4.2　产品包装设计策划 (88)
    5.4.3　产品品牌策划 (89)

第6章　促销策划 (93)
  6.1　促销策划概述 (93)
    6.1.1　促销的概念 (94)

　　　6.1.2　促销策划的概念 (95)
　　　6.1.3　促销工具的种类与影响因素 (95)
　6.2　促销策划的思维方法 (96)
　　　6.2.1　促销策划的指导思想与原则 (96)
　　　6.2.2　促销策划的目标 (98)
　　　6.2.3　促销策划的时机 (99)
　　　6.2.4　促销策划的思路 (100)
　　　6.2.5　促销策划的技巧 (101)
　6.3　促销策划的程序与相关内容 (103)
　　　6.3.1　促销策划的程序 (103)
　　　6.3.2　超市促销策划的要点 (106)
　　　6.3.3　促销策划书的一般格式 (109)

第7章　推广策划 (118)
　7.1　推广策划概述 (118)
　　　7.1.1　推广与促销 (121)
　　　7.1.2　推广策划的含义和内容 (121)
　　　7.1.3　推广策划的工具、手段和方式 (122)
　7.2　推广策划方法 (124)
　　　7.2.1　推广策划的一般过程 (124)
　　　7.2.2　推广策划的一般规则 (126)
　　　7.2.3　推广策划的基本思路 (128)
　　　7.2.4　产品推广策划的程序 (129)
　7.3　推广策划书的作用、格式与撰写要点 (132)

第8章　广告策划 (141)
　8.1　广告策划概述 (141)
　　　8.1.1　广告与广告策划 (141)
　　　8.1.2　广告的属性 (143)
　8.2　广告媒体 (144)
　　　8.2.1　常用的广告媒体类型 (144)
　　　8.2.2　媒体选择原则 (146)
　　　8.2.3　媒体影响力分析 (147)
　　　8.2.4　选择广告媒体时的分析与比较内容 (148)
　　　8.2.5　广告商与广告制作方的确定 (149)
　8.3　广告策划的构成要素 (149)
　　　8.3.1　广告定位 (150)
　　　8.3.2　广告创意 (152)
　　　8.3.3　广告传播 (156)
　8.4　广告策划的思维方法 (157)
　　　8.4.1　广告策划原则 (157)

8.4.2　广告策划的思路 ……………………………………………………（158）
　　　8.4.3　广告策划分析 ………………………………………………………（158）
　8.5　广告策划的程序与相关文本 …………………………………………………（159）
　　　8.5.1　广告策划的程序 ……………………………………………………（159）
　　　8.5.2　广告策划的相关文本及其格式 ……………………………………（162）

第9章　营销战略策划 …………………………………………………………………（173）
　9.1　营销战略策划概述 ………………………………………………………………（173）
　　　9.1.1　营销战略的概念 ……………………………………………………（173）
　　　9.1.2　企业战略的概念与特征 ……………………………………………（174）
　　　9.1.3　企业战略的内容 ……………………………………………………（175）
　　　9.1.4　营销战略的运营过程 ………………………………………………（176）
　9.2　营销战略策划思路与程序 ………………………………………………………（178）
　　　9.2.1　营销战略策划思路 …………………………………………………（178）
　　　9.2.2　营销战略策划程序 …………………………………………………（180）
　　　9.2.3　进行营销战略策划时的常见问题 …………………………………（185）

第 1 章 营销策划导论

> 【学习目标】
> - 掌握营销策划的概念与作用,了解营销策划的构思过程。
> - 了解营销策划的特征,熟悉营销策划的分类。
> - 掌握营销策划理论基础,熟悉创意设计的常用技法。
> - 了解营销策划经费预算的基本原则,掌握营销策划经费预算的内容。
>
> 【思政园地】
> 营销策划必须建立在社会主义核心价值观的基础上。培育和践行社会主义核心价值观,要以培养担当民族复兴大任的时代新人为着眼点,强化教育引导、实践养成、制度保障,发挥社会主义核心价值观对国民教育,精神文明建设,精神文化产品创作、生产和传播的引领作用,把社会主义核心价值观融入社会发展的各个方面,转化为人们的情感。

1.1 营销策划概述

1.1.1 营销策划的概念与作用

1. 营销策划的概念

策划是指人们为了达到某种预期的目标,借助科学思维方法和系统分析方法,对策划对象的环境因素进行分析,对资源进行重新组合和优化配置,以及围绕这些活动所进行的调查、分析、创意设计并制定行动方案的行为。凡是有决策、有计划的领域就有策划,只要有管理就存在策划活动。科学的策划和成功的决策是密不可分的。

营销策划是策划者围绕企业目标,根据企业现有的资源状况,在充分调查、分析市场营销环境的基础上,激发创意,制定企业具体市场营销目标和确定可能实现的解决问题的一套策略规划的活动过程。营销策划针对特定的营销对象和市场机会,在环境预期和市场分析的基础上,围绕企业的市场目标及绩效要求,对企业可控的经营资源和营销手段进行事先的、系统的设计、规划和安排。

企业早期的营销策划主要依靠个人的经验,侧重于出点子、提建议和想办法。随着企业规模的扩大和经营内容的增加,企业内部的管理分工不断细分。多变的环境和激烈的市场竞争,在客观上要求策划者运用科学的理论和方法,掌握营销策划原理、方式和程序,提高营销策划的可靠性和效果。策划需要创意,但又不仅仅是创意,策划不同于一般的出点子,它是策划者系统、有序的创造性活动。出点子往往是经过一定思考,在瞬间产生的突破,而策划则是一个复杂的综合分析过程。

我国实行市场经济只有约 40 年的历史,市场营销理论也是 20 世纪 80 年代初才传入的,目前还处于发展阶段。市场营销虽然竞争十分激烈,但是竞争手段和竞争水平实际上还处于非常低的水平。

我国企业市场营销水平目前还处于初级阶段,具体表现是目前市场上产品同质化严重;企业间的竞争集中在低水平广告和降价促销上。人们误以为企业营销策划就是创意加包装;广告就是造势;品牌就是知名度、美誉度;企业营销实践与营销理论脱节。这些现象真实地反映了我国目前的营销水平。但是必须指出,其实造势不是营销,创意加包装也不是营销策划。市场经济不断发展,对营销策划的专业性要求也越来越高。从下面的案例可以看出,专业营销策划对企业发展的作用巨大。

【案例 1-1】　　　　　　　　　　米勒啤酒公司的崛起

1969 年,美国啤酒业中的"老八"——米勒啤酒公司,被菲利普·莫里斯(PM)公司收购。PM 公司,这个国际烟草业的巨人,在 20 世纪 60 年代凭借高超的营销技术在烟草市场取得了辉煌的成绩,公司的"万宝路"牌香烟销售量成为世界第一。当时的 PM 公司一方面有着香烟销售带来的巨大利润,另一方面又处于日益高涨的"反对吸烟"运动的环境中。为了分散经营风险,PM 公司决定实行多元化战略,考虑到烟酒市场的一致性,决定进入啤酒行业,收购米勒啤酒公司(以下简称米勒公司)。

那时,美国啤酒业正处于一种寡头竞争的态势。市场领导者安修索·布希(AB)公司的主要品牌是"百威"和"麦可龙",市场份额约占 25%。佩斯特蓝带公司处于市场挑战者的地位,市场份额占 15%。米勒公司跟跄排在第 8 位,市场份额仅占 6%。

啤酒业的竞争虽然很激烈,但啤酒公司的营销手段仍很低级,在营销中缺乏市场细分和产品定位的意识,把消费者笼统地看成一个需求没有什么区别的整体,用一种包装和产品、一则广告向所有的消费者推销。

PM 公司收购了米勒公司之后,派出烟草营销的高手充实到米勒公司。此时,米勒公司进行了认真的市场调查。米勒公司发现:以饮用量为细分变量对啤酒市场进行细分,啤酒饮用者可细分为轻度饮用者和重度饮用者两类。轻度饮用者人数虽多,但其总的饮用量却只有重度饮用者的 1/8。米勒公司还发现,重度饮用者有着下列特征:多是蓝领阶层;年龄多在 30 岁左右;每天看电视的时间在 3.5 小时以上;爱好体育运动。米勒公司决定把目标市场定位在重度饮用者身上,并果断地决定对米勒公司的"海雷夫"牌啤酒进行重新定位。

"海雷夫"牌啤酒是米勒公司的"旗舰"产品,素有"啤酒中的香槟"之称,在许多消费者心目中是一种价高质优的"精品啤酒"。这种啤酒很受妇女和社会中的高收入者欢迎,但这些人多是轻度饮用者。米勒公司决定把"海雷夫"牌啤酒献给那些"真正爱喝啤酒的人"。

重新定位从广告开始,米勒公司考虑到目标消费者的心理、职业、年龄、习惯等特征,在广告信息、媒体选择、广告目标方面做了很多调整。米勒公司在电视台特约了一个"米勒天地"栏目,广告主题变成了"你有多少时间,我们就有多少啤酒"来吸引那些"啤酒坛子"。广告画面中出现的尽是些激动人心的场面:船员们神情专注地在迷雾中驾驶轮船,钻井工人奋力止住井喷,消防队员紧张地灭火……米勒公司甚至请来了当时美国最著名的篮球明星之一张伯伦来为啤酒客助兴。

"海雷夫"牌啤酒的重新定位战略非常成功。

"海雷夫"牌啤酒大卖以后，米勒公司注意到对节食很敏感的消费者群体仍在不断扩大，即使那些很爱喝啤酒的人也在关心喝啤酒会使人发胖的问题。当时美国已有低热量啤酒出现，但销路不佳。米勒公司断定这一情况的出现并不是因为人们不能接受低热量啤酒的概念，而是定位不当所致，他们错误地把这种啤酒向那些注重节食但并不爱喝啤酒的人推销。米勒公司看好这一市场，他们花了一年多的时间来寻找新的配方，这种配方能使啤酒的热量降低，但其口感和酒精度与一般啤酒无异。1973年，米勒公司的低热量啤酒——"莱特"牌啤酒终于问世。

对"莱特"牌啤酒的推出，米勒公司可谓小心翼翼。他们找来一家著名的广告商来为"莱特"牌啤酒设计包装，并对设计提出了4点要求。

（1）酒瓶应给人一种高质量的印象。

（2）要有男子气概。

（3）在销售点一定能夺人眼目。

（4）要能使人联想起啤酒的纯正口味。

为了打好这一仗，米勒公司还慎重地选择了4个城市进行试销，这4个城市的竞争环境、价格和口味偏好都不相同。

1975年，米勒公司开始全面出击，广告攻势在美国各地展开，公众对"莱特"牌啤酒的反应之强烈，就连米勒公司都感到意外，各地的"莱特"牌啤酒供不应求，米勒公司不得不扩大生产规模。起初，许多啤酒商批评米勒公司"十分不慎重地进入了一个根本不存在的市场"，但米勒公司的成功很快堵上了他们的嘴巴，他们也匆匆忙忙地挤进这一市场，不过此时米勒公司已稳稳地坐上了这个细分市场的第一把交椅。"莱特"牌啤酒的市场成长速度很快。

1978年，在不改变产品的情况下，"海雷夫"牌啤酒的年销售量达到2000万箱，仅次于AB公司的"百威"牌啤酒，名列第2。

1980年，"莱特"牌啤酒的年销售量列在"百威""海雷夫"牌啤酒之后，名列第3，超过了老牌的"蓝带"牌啤酒。

米勒公司的成功对目前我国消费品市场的营销有很好的借鉴作用。总结米勒公司的成功之处，大致如下。

（1）恰到好处的市场细分是准确定位乃至整个营销成功的关键。米勒公司对啤酒市场的准确细分，更加深入地了解了消费者的需求，提高了营销的针对性。

（2）广告在实现产品的定位中起到了重要作用。产品定位不但需要一个好的产品、合适的价格，更需要一套与之相匹配的广告和包装。好的广告必须能起到定位作用，必须能有效地实现产品与消费者之间的沟通。

（3）发现并满足目标消费者的潜在需求是企业持续发展的重要保证。

2．营销策划的作用

经济社会快速发展，市场竞争越来越激烈，消费者对产品的要求越来越高，企业经营难度越来越大。面对市场竞争，专业的营销策划成为企业发展的重要工具。企业进行科学的营销策划可以使企业围绕消费者需求，紧随科学技术与市场发展的步伐，及时开发生产新产品，并对产品生产的时间、成本、质量、销售环节进行严格的控制。这样企业就不仅不会因科学技术进步和市场快速变化而落伍，反而会利用高科技来加大本企业产品的附加值，利用新产品市场来扩大本企业新老产品的总体市场份额。策划成功，企业就有望成功，营销策划在企业经营中起着不可替代的作用。

市场营销运作是一项投资很大的活动，企业良好的愿望一定要有有力的营销策划作为支撑，在企业经营活动之前进行周密的市场调查研究，确认消费者需求、市场状况和竞争者状况，然后遵循营销规律进行营销策划并且正确实施是竞争取胜的真谛。只有进行营销策划才有可能产生良好效果，创造市场机会。只凭简单直觉盲目出击，必然为竞争者所击败。营销策划对未来的营销活动进行了周密的安排，并对企业的各种资源进行了优化组合安排，避免了盲目活动所造成的巨额浪费。据美国布朗市场调查事务所的统计，有系统营销策划的企业比无系统营销策划的企业，在营销费用上要节约 1/2。由此可见，营销策划对企业经营活动具有重要作用。

在大量现代科学理论、科学方法不断涌现的今天，营销策划在对人类智慧归纳总结的基础上，从个人与群体活动的经验总结，上升为能够基本准确地描述策划活动内在规律的理论，逐步迈向系统化、科学化，形成一门跨学科、大纵深的综合性学科。营销策划已发展成与战略学、市场营销学、规划学、决策学、运筹学、系统论、控制论等学科紧密联系，相互交叉又相对独立的一门多元化的综合性学科。

1.1.2 营销策划的能力要求与构思过程

1. 营销策划的能力要求

营销策划是一门科学，更是一项艰苦的具有创造性的思维活动和脑力劳动。做好营销策划要具有多方面的相关知识，掌握市场营销、消费心理学等方面的基础理论；对于各种情况和多种信息进行科学的分析和判断，对事物变化的趋势做出准确的评估；具有创造力，敢于大胆提出构思严谨、设计别致且合理的营销策划方案。

从策划过程分析，策划者应该具备以下 3 个方面的实际策划能力。

（1）应该掌握策划书的制作方法和写作技巧。策划书的内容要准确、生动，如策划书中要有封面、序文、宗旨、内容、预算表、策划进度表、有关人员职务分配表、策划所需的物品及场地、策划的相关资料等内容。在撰写过程中，要尽量简明扼要地描述设定的状况，引人入胜地描绘策划主题，详细地描述整体形象，分细类、按一定逻辑展开。文笔优美、逻辑缜密、构思新颖的策划书才会让人产生兴趣，易于接受。

（2）必须全面掌握营销策划的基本程序和要求，习惯运用策划程序和规范策划思路开展策划工作。营销策划是一项极其复杂的特殊决策活动，好的营销方案的设计必须严格按照策划程序进行。应了解专题策划的特点和内容，并能够按其流程运作。策划程序是保证策划逻辑正确、分析缜密、不遗漏分析要素的重要保证。

（3）必须熟练掌握市场营销基本理论，具备一定的市场营销实践经验。营销策划的创意源于深厚的专业积累，理论可以使策划者从本质层面知晓营销的趋势，而实践经验则可以使策划者获得市场感受和发散思维。

2．营销策划的构思过程

好的营销策划方案首先应该是能够赢利的方案，但是想赢利就一定要满足消费者的需求，这不单单指产品的功能满足消费者的使用需求，还指在营销活动中满足消费者心理上的需求，这是策划者应该时刻记住的事情。这个方案可能是某人凭借对某一特定环境、领域、产品的深刻理解"跳"出来的好点子，但是规范的程序和方法可以让策划者把应该想到的因素都考虑进去，遵循事物发展变化的规律去思考问题，所以走弯路的情况会少一些，离成功会近一些。

营销策划是一种经营哲学和市场营销方法论的反映，是一门创新思维的学科。营销策划实质上是企业在市场营销过程中，运用所拥有的内外部资源和其他可利用的资源，构造一个新的营销系统工程，对这个系统中各个方面的资源根据企业经营理念和营销规律进行资源组合和配置。

如图 1-1 所示，在营销策划过程中，策划者首先根据企业经营理念、企业战略、该时期企业的经营目标和企业的具体情况提出策划的总体目标。企业经营理念是其他一切营销活动的前提，而营销活动则是企业经营理念的实现。企业经营理念是企业的宗旨，是战略指导思想。企业的策划目标是企业特定时期内经营的需要。

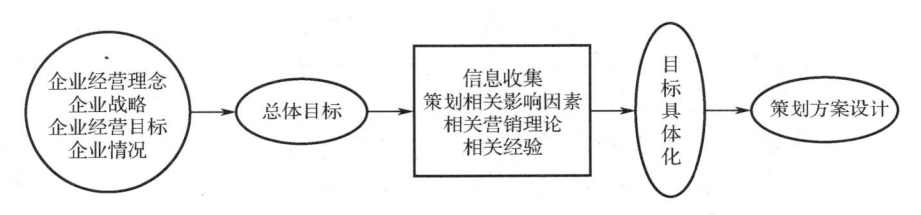

图 1-1　营销策划的构思过程

然后围绕总体目标进行信息（尤其是策划相关影响因素）收集与分析，运用相关营销理论、依据相关经验对收集的信息进行分析。有关资料的收集，一方面可使所策划的营销方案更切合实际，具有更大的可行性；另一方面，信息资料本身也能反映出一些可以利用的机会，使营销策划能产生多种新的创意。

策划以调查研究、广泛收集、认真分析有关的信息资料为基础，这是策划过程中不可逾越的重要环节。

不同的策划，影响因素不同。在实际策划中，与策划活动有关的信息资料包括 3 个主要方面。

（1）企业目标和资源方面的信息，如企业目标和任务的具体内容，现在的目标与以前状况的比较，企业的资金和技术实力，以及企业在实现目标中可能投入的人力、财力和物力等。

（2）与实现营销目标直接相关的信息，如目标市场的规模、结构、主要特征，目标消费者群体的购买行为规律、需求特点等。

（3）对实现营销目标可能产生影响的市场环境信息，如同类产品或服务供求的总量、结构及变化趋势，竞争者的基本状况与营销策略，政策法规的变化，宏观经济形势的变化，人文特征的变化，以及自然条件的变化等。

必须注意，在这个环节的不同主题策划中，信息材料的具体内容不同。产品策划侧重于目标消费者需求、市场产品品类等，而促销策划侧重于相同品类产品的优势比较、促销方式等信息。世界是客观的，但是人们看到的世界是主观的，对客观世界的取舍、观察世界的角度、对观察结果的解释都是随着主观意识改变的。所以，收集的信息切忌空泛，要具体、客观、真实，通过对资料的分析，能够对策划所涉及的市场情况有清晰、正确的判断。所以，收集信息首先要注意确定收集的具体内容。

对收集的信息进行分析处理，就需要策划者根据各自的策划经验和营销理论水平来进行，不同的策划者得到的结果会大相径庭，所谓仁者见仁，智者见智。

接着将总体目标具体化，明确任务和具体目标。解决问题的基本方法就是把一个复杂问题分解成许多个简单问题，即为了实现一个大目标，要把目标分解成许多个具体的子目标。任何策划活动都是按既定的任务和目标逐步分解成简单任务而进行的。任务和目标明确，策划才能有的放矢。分析的目的在于确定具体的策划目标。没有具体目标就没有具体操作方法，所以总体目标具体化是一个非常重要的环节。当目标具体化完成后，方案设计就简单了。俗话说，提出问题是解决问题的一半。

最后进行策划方案设计。策划本身是简单的，都有具体的策划程序、步骤和格式。进行策划就像填空，在每个节点适当发散思维，再选取适当的资料填进去，按照规定的分析方法进行分析就能创造出各个不同的策划方案。目标分解得越具体，思维发散越简单。

策划活动具有很多方法和技巧，而且不同的任务和目标，其方法也不同。但就其过程而言，却是大同小异的。

成功的营销策划并不是靠拍脑袋拍出来的，也不是一种巧合，而是某些客观规律的体现，是在现代科学原理指导下的产物。现代营销策划所涉及的科学原理是多方面的，它综合了哲学、经济学、管理学、营销学、社会学、心理学等学科的知识和原理，并使它们在营销策划实践中得到体现。可以说，在现代企业的经营活动中，谁掌握的科学原理越全面、深刻，谁就越有希望在实践中获得成功。

市场营销学是营销策划的基础原理，它决定了营销策划的思路。营销策划必须通过分析消费者的需求状况来发现市场机会，通过具有战略眼光的整体策划来促使营销目标的实现；营销策划还必须遵循市场细分和目标市场的基本原理，若没有对各种市场要素的研究、分析，以及在此基础上对企业目标市场的确定，营销策划就会没有方向；以 4P（产品策略、定价策略、分销策略、促销策略）为代表的营销策略组合是市场营销学的重要内容，而在企业市场开发、市场布局、市场拓展和市场竞争的决策与策划中自然离不开对营销策略组合原理的灵活运用。总之，营销策划是企业营销活动的重要组成部分，市场营销学的基本原理也就理所当然地成为营销策划的基本指导思想。

在调查研究的基础上，还必须对企业或产品的优劣势进行客观的分析，在策划中充分体现和利用自己的优势，防止和克服自己的劣势，从而确保营销方案能产生出最佳效应。客观、准确地分析自己的优势与劣势，就有可能在营销活动中突出重点，产生良好效应。

1.1.3　营销策划的特征

营销策划是一门复合型学科，是由多门学科知识综合、交叉、碰撞而形成的新的应用知识体系。它秉承了市场营销学的特点，是科学的思维与精湛的经营艺术的结合。营销策划既是一门科学，也是一门经营艺术。要深刻、准确地把握营销策划的实质，还必须对营销策划的特征进行系统、全面的了解。一般来说，营销策划具有以下6个方面的特征。

1. 目标特征

营销策划的目标性是指营销策划一直要指向营销策划的对象和要解决的问题。营销策划首先要有正确、明确、具体的营销策划目标，因为它是制定营销策划方案的依据。目标作为营销策划全过程的重要环节，是营销策划的前提，没有目标，营销策划就无从谈起。目标的准确与否也直接影响着营销策划的进行。

目标定得笼统、不明确会影响营销策划的针对性。营销策划的目标越具体、明确，创意与方案越容易形成，目标实现的可能性就越大。营销策划的目标特征就是要求围绕某一活动的特定目标这个重心，努力把各个要素、各项工作从无序转成有序，从模糊变得清晰，从而使该活动能够顺利、圆满地完成，并且更具针对性。

营销策划目标的内容必须用词准确，时间和范围清晰，有一定的评价标准。营销策划目标既是整个策划的归宿，又是制定营销策划方案的出发点。在确定策划目标时，应尽可能把主观愿望与客观因素有机地结合起来，把握好市场变化规律，对一般市场和目标市场的未来变化趋势和营销策划的预期效果有科学的认识。

2. 系统特征

营销策划是一门系统分析的学科，也是一项系统工程设计，其主要任务是帮助企业利用开放经济中丰富的各种资源（包括企业内部资源和外部资源、显性资源和隐性资源等），用系统的方法将其进行整合，使其在市场营销过程中产生整合效应。也就是说，营销策划是用科学、周密、有序的系统分析方法，对企业的市场营销活动进行分析、设计和整合，系统地形成目标、手段、策略和行动高度统一的逻辑思维过程和行动方案。

营销策划强调对既有资源和可利用资源进行整合。整合是系统论的一个基本范畴和重要原理。营销策划就是依据系统论的整合原理，寻求市场营销活动中各类资源整合效益最大化。营销策划，是一系列点子、策略的整合，这种整合要求各种资源、点子、策略都必须服从于整体营销战略，是建立在点子和策略之上的多种因素、多种资源、多种学科和多个过程整合而成的系统工程。因此，作为理论，营销策划是一门系统学科；作为实践，营销策划是一项系统工程。

应当指出，系统性与营销策划活动有时只在局部展开，并不矛盾。局部策划并不是孤立的，虽然结果表现为局部活动的方案，但是在营销策划过程中，思路一定要从系统出发，否则就会出现效果的抵消。

3. 程序特征

营销策划就是根据对市场变化趋势的分析和判断，对企业未来的市场营销行为进行的超前筹划。营销策划是对将来的活动和事件事先谋划的工作，具有超前性。怎样在事物发展变化之前把握事物的变化过程呢？营销策划通过一定的程序来保证策划的正确性。从非程序性转向程序性是策划的历史必然趋势。

过去的策划活动绝大多数属于经验直观型策划。这种类型的策划并不是按照严格的逻辑推理和一定的程序进行的，而是更多地依赖于策划者的个人因素。策划者的能力、才干、经验、阅历等因素直接决定了策划的成功与否，因此这种非程序性、不规范的策划带有很大的随意性。

现代策划为了保证策划方案的合理性和高成功率，不可避免地趋向程序化。程序性的策划并不与策划者的个人创意相互矛盾，而是要求策划活动必须在策划程序的约束下发挥个人创意作用。现代策划不是完全地或主要地依赖于个人的能力和经验，或者所谓灵机一动，而是在科学理论的指导下，依照严格的逻辑推理程序进行的。尽管这个程序要耗费更多的时间和更多的精力，似乎有些麻烦，但却能有效地减少策划的失误，保证策划思路与策划目标的针对性和策划方案的合理性与高成功率。

营销策划是一种程序。它既是管理活动、决策活动和计划活动之前的一种制度化的程序，又是营销策划程序的结晶。同时，营销策划自身也是一种科学程序，只有严格按照运作程序进行，才能保证营销策划结果的科学性。

4. 理论特征

营销策划是对企业未来的市场营销行为的筹划，对未来市场行为趋势的把握，但未来的状况必然受到许多现实因素的影响和制约。诸多因素的变化都遵循各自的规律，唯有理论能够予以明晰的揭示。因此，在进行营销策划时，虽然面对的是未来，但是必须立足现实和理论去进行周密的谋划，而不能凭空设想。营销策划活动的全过程是策划者、主体目标、标的对象、策划方案相互作用的行为过程，也是以营销理论为依据，应用创造学、思维学理论和开发创造力的过程。

营销策划在本质上是一种运用理论的理性行为。这种策划借助于坚实的营销理论、丰富的经验和高超的创造力，将各种营销要素优化组合，形成各种营销方案和行动措施。在营销策划活动全过程之中，理论既是它的逻辑起点，又贯穿于策划行为过程的始终，作为创造性策划的内核，在营销策划活动中始终发挥着指导作用，离开理论的参与和渗透，营销策划的创造力就缺少来源。

无论是遵循策划程序进行的典型策划，还是根据临时变化情况，运用策划经验和策划艺术进行的随机策划，其成功与否及其成功的程度，都与理论的应用密不可分。因此理论性是营销策划的重要特征。

5. 创新特征

创新性是营销策划的必然特征。失去了创新性的营销策划活动就不能称之为策划，而只是固有行为模式的照搬、一种简单的模仿。这样的营销策划不可能在市场竞争中取胜。

营销策划过程其实就是创新性思维发挥的过程，创新性思维是策划生命力的源泉，它贯穿于营销策划活动的方方面面和营销策划过程的始终。

营销策划的创新可以充分利用首因效应为企业节省大量资源，取得更好的效果。

6. 时机与环境特征

在瞬息万变的社会环境中，时间和环境是营销策划的重要因素。只有营销策划与环境相一致，才能达到预期效果。这就要求策划者把握环境变化特点，使策划内容适应环境。

事物变化都遵循由量变到质变的过程，如果在事物发生质变的时候加入促进力量，效果常常事半功倍，所以营销策划也有一个时机问题，机不可失，时不再来，必须快速抓准。只有时机成熟，营销策划才会奏效。对不同的具体子目标，因时而异，果断行策。

把握特征是进行营销策划的基本要求，所以策划时必须严格遵守。这也是评价策划工作的标准。

1.1.4 营销策划的分类

营销策划是对营销活动过程的设计与计划。而营销活动是企业的市场开拓活动，它贯穿于企业经营管理的全过程。因此，凡是涉及市场开拓的企业经营活动都是营销策划的内容。营销策划的内容是相当广泛和丰富的，可以依据不同的标准进行分类。

1. 依据营销策划的对象进行分类

依据营销策划的不同对象，营销策划可分为终端策划、商品策划、服务策划、品牌策划等。

（1）终端策划是对开辟市场终端进行的策划，主要目的在于建立终端销售店，分析和设计操作方案，树立良好的企业形象，获取利润。

（2）商品策划是围绕某一商品的开发和销售进行的策划，主要目的在于确定合适的产品和推广商品，扩大销路。

（3）服务策划是以服务作为产品，从更好地满足消费者需求出发而进行的策划，主要目的在于提高消费者满意度。

（4）品牌策划是对产品品牌怎样满足消费者需求而进行的策划。品牌策划是一个系统工程，包含品牌定位、产品定位、品牌定位的企业内部行为表现、品牌定位的视觉表现、品牌定位的广告活动传播五大部分。品牌需要消费者的高度认同，让消费者产生共鸣而没有争议。要使消费者对产品品牌的认同具有广度和深度，企业就必须在产品、文化、个性等方面进行规划，从整体上相互联系、相互支持、相互统一。企业和产品是品牌的物质基础，是一种有形的属性；而文化和个性则赋予了品牌精神层面的内涵，能对品牌价值进行升华。

2. 依据市场营销过程进行分类

依据不同的市场营销过程，营销策划可分为目标市场策划、产品策划、包装策划、价格策划、新产品上市策划、营销推广策划、促销策划等。

（1）目标市场策划是为产品确定适当的市场位置进行的策划。

（2）产品策划是针对产品的开发、创新、改进和提高进行的策划。

（3）包装策划是针对怎样进行科学包装、艺术装潢，使包装更加美观、方便、安全和经济进行的策划。

（4）价格策划是确定恰当的价值策略的一种策划；独立进行价格策划经常发生在产品上市已经有一段时间，需要运用价格策略来进行市场竞争的情况。

包装策划与价格策划有时也作为产品策划的一部分，出现在产品策划中，因为在完全产品概念中，包装与价格都是形式产品的内容。

（5）新产品上市策划就是通过市场、产品特征、竞争品牌、市场环境、消费者分析，量身打造新产品市场定位和营销推广方案，包括市场环境分析、营销目标和营销模式确定、产品定位、产品定价、渠道规划、广告促销、公关活动等内容。

（6）营销推广策划是全局性的、长时期的、为了提升产品销售量或品牌形象进行的策划。

（7）促销策划是关于开展人员推销、广告、公共关系、营业推广的策划。但是在经营活动中，因为这些活动涉及的人员和进行策划所需要的知识非常专业，因此通常把广告策划、公共关系策划和人员推销都独立划分，故一般常说的促销策划实际上是专指一时性的、各个终端的营业推广策划。

3. 依据市场目标进行分类

依据不同的市场目标，营销策划可分为市场选择策划、市场进入策划、市场渗透策划、市场扩展策划、市场对抗策划、市场防守策划、市场撤退策划等。

（1）市场选择策划是对如何有效地选择目标市场进行的策划，又称目标市场策划。其方案常作为其他营销策划的中间策划方案，也可以单独作为一个策划方案。

（2）市场进入策划是为了使产品成功地进入市场进行的策划，常见的形式有新产品上市策划、企业为了扩大市场范围而进行的新市场进入策划等。

（3）市场渗透策划是为了争取现有市场、增加客户购买量进行的策划。常见的企业终端深耕策划就是研究如何在现有市场上扩大销售的营销策划。

（4）市场扩展策划是为了扩大现有产品的市场范围、开拓新市场进行的策划。此类策划与市场进入策划的不同之处在于它以选择进入区域为研究重点，而市场进入策划侧重于如何进入和如何迅速扩大在新市场中的影响。

（5）市场对抗策划是关于怎样与主要竞争者相抗衡的策划。

（6）市场防守策划是怎样抵制竞争产品、巩固现有市场的策划。

（7）市场撤退策划是怎样有计划地退出现有市场的策划。

第（5）～（7）类策划可以作为企业市场竞争中的专题策划，也可以作为其他策划方案的策略。

4. 依据市场营销的层次进行分类

商场如战场。依据市场营销的不同层次，营销策划可分为营销战略策划、营销战役策划和营销战术策划。

（1）营销战略策划是长远的、全局性的营销规划，如企业营销战略策划、企业品牌策划等。一般来说，整体营销战略策划依据企业战略策划对企业营销方面的长期发展和总体布局进行规划。营销战略策划的任务是站在企业全局的角度分析形势，制定目标和计划，明确市场营销职能的方向。市场营销人员依据营销战略的要求进行市场机会研究、市场细分、目标市场选择和市场定位策划。

（2）营销战役策划是指一个阶段内的营销活动部署。这个阶段可能是一个营销旺季，也可能是一个日历周期。例如，新产品上市策划、营销推广策划都属于此类策划。

（3）营销战术策划是指市场营销人员在营销战略策划的指导下，对市场营销的产品、价格、分销、促销等市场营销手段所进行的组合策划和个别策划，目的在于把营销战略的任务落实到实处，常见的有促销策划等。

5. 依据企业营销活动的范围进行分类

依据企业营销活动的不同范围，营销策划可分为整体营销策划和局部营销策划。

（1）整体营销策划是指策划内容涉及企业营销活动全过程的营销策划，既包括确定目标市场的活动，又包括占领目标市场的活动，策划时间跨度一般情况下以3~5年为宜。另外，整体营销策划往往与企业的发展战略及中长期经营活动相结合，规定企业的发展方向及目标，可以将其视为企业的行动指南或行动纲领，对企业营销活动的质与量进行概括与规定。

（2）局部营销策划是指策划内容不涉及企业营销活动全过程的营销策划。从企业的营销活动范围来看，不同时涉及确定目标市场和占领目标市场的策划即局部营销策划。也就是说，局部营销策划可以是仅对确定目标市场的策划，也可以是仅对占领目标市场的策划。甚至可以进一步缩小范围，就确定目标市场或占领目标市场内的某个内容进行局部营销策划。

例如，对市场定位进行策划就是一种局部营销策划，它是对目标市场活动中的某个活动内容进行的策划。而对企业的广告进行策划也是一种局部营销策划，它是对占领目标市场活动中促销活动的某个活动内容所进行的策划。

局部营销策划往往集中于某时段的具体营销活动，时间跨度以一年内为宜。因此，对占领目标市场活动的策划成了局部营销策划的常见内容。

必须特别指出的是，局部营销策划只在企业的整体营销战略及营销目标的规定范围内进行。换句话说，局部营销策划必须符合整体营销战略及营销目标的要求。因此，企业在没有整体营销战略与计划的前提条件下要进行局部营销策划并取得成功是不太可能的。

1.2 营销策划理论基础

营销策划是根据企业营销的历史和现状来谋划未来的行为，是围绕企业经营目标，依据营销规律，配置企业资源的活动。因此研究营销策划必须弄清营销策划所依据的理论内容。营销策划是一项多学科交叉的综合性活动，涉及诸多学科的多种理论。但是，就其学科本源来说，市场营销学和创造学是构成其学科的基本骨架。市场营销理论主要揭示营销活动的一般规律，主要内容如下。

1.2.1 五大营销观念

营销观念是企业的经营指导思想，主要包括生产观念、产品观念、推销观念、市场营销观念、社会市场营销观念。

1. 生产观念

生产观念从企业本身出发，认为市场什么都需要，企业只要能生产出来即可，故称为生产观念或生产导向。生产观念假设消费者会接受任何他能买得到并且买得起的产品，适合空白市场或局部短缺市场。因此，企业的一切经济活动都以生产为中心，经营管理的主要任务是在企业内部加强管理，提高劳动生产效率，增加产品数量，降低成本，达到获取利润的目的。

2. 产品观念

产品观念假设消费者会选择品质、功能和特色最佳的产品，因此认为企业应该不断致力于产品的改进，以便引起消费者的注意。

产品观念是在生产力和科学技术较之生产观念有一定进步的情况下产生的。此时生产力水平有所提升，市场基本产品供应充足，甚至过剩，但是品种不多，企业之间已经开始竞争，竞争的焦点是谁能生产出新的产品，企业靠新产品赢得消费者，企业经营活动以产品创新为中心。在这种观念下，经营的着眼点是产品，基本策略是以生产多品种的商品而取得优势。

3. 推销观念

推销观念又称销售观念或销售导向。在推销观念的指导下，企业的注意力集中在产品的推销和广告上，重视运用推销术或广告术来刺激或诱导消费者购买，努力设法将已生产出的产品销售出去。

随着生产力进一步发展，一方面，市场上产品的品种增多，供应量不断增加，出现供大于求的状况，企业间竞争加剧；另一方面，人们的文化生活水平不断提高，需求差异化倾向愈加明显，消费者的选择增多。市场上产品众多，这就迫使企业必须引导消费者了解自己的产品，选择自己的产品。推销观念认为：消费者只有在销售活动的刺激下才会采取购买行为。企业要销售现已生产的产品，必须大力开展推销活动，千方百计使消费者感兴趣而进行购买，这是企业扩大销售、提高利润的必由之路。

4. 市场营销观念

市场营销观念又称市场导向。它以消费者为中心，采取整体营销活动，在满足消费者需求和利益的基础上，获取企业利润。市场营销观念认为：要实现企业目标，关键在于探究目标市场的需要和欲望，然后使自己能比竞争者更有效地满足消费者。

生产力与科学技术的迅速发展，缩短了产品更新换代的周期，使得市场需求的变化日益加快。产品供大于求，市场由卖方市场转变为买方市场，市场竞争更加激烈，企业的产品虽加大推销力度，但销售量仍迅速下降，失去市场份额，影响企业的生存和发展。因此，很多企业在形势逼迫下逐渐领悟到企业的生产必须以满足消费者需求为中心，以增强企业在市场上的竞争力，求得企业的生存与发展。

5. 社会市场营销观念

社会市场营销观念是以消费者整体利益为中心，采取整体经营活动，在满足消费者当前需求的同时，考虑消费者和社会的长远利益，从而达到谋求企业利润的目的。所以社会市场营销观念的实质是，在市场营销观念的基础上，综合考虑消费者、企业、社会三者利益的统一。根据社会市场营销观念，市场营销观念忽视短期的消费者欲望和长期的消费者利益间的冲突，而社会市场营销观念关注了二者的统一。

营销观念的形成和发展，都是与生产力和社会经济发展水平相适应的，是商品经济不断发展和市场竞争的结果。企业应按当时经济发展的具体情况适当应用。

1.2.2 四大营销环节

四大营销环节是市场营销的核心活动，包括市场研究、市场细分、目标市场选择和市场定位。

1．市场研究

任何企业在进行市场经营时，都必须进行市场研究，明确本企业市场在何处，为满足哪些消费者群体的哪种需求而从事生产和销售。世界上任何一个企业，不论其资源如何雄厚，都不可能满足整个市场的需求。在市场营销活动中，企业如果想在市场营销活动中取得成功，就必须了解和分析消费者的不同需求情况，根据企业的具体条件，选择那些能发挥自己差别优势的市场作为企业经营和服务的对象。

2．市场细分

市场细分又称市场细分化，是根据整体市场上消费者需求的差异性，以及消费者对产品不同的需求和欲望、不同的购买行为与购买习惯，把某一产品的整体市场分割成特性不同的若干子市场的分类过程。其中任何一个子市场都是一个需求和欲望具有同质性的消费者群体，而不同的子市场的消费者对同一产品的需求和欲望则存在明显差异。各个不同的细分市场中，消费者群体之间则有明显的需求差异。

市场细分是从消费者的角度，按照消费者需求、爱好的差别，求大同存小异，来细分市场的。例如服装市场，可按消费者的性别或年龄因素，细分为男性市场、女性市场或者老年市场、中年市场、青年市场、儿童市场，还可以分为内向性格的市场、外向性格的市场。以上每个细分市场之间的需求各不相同，同一细分市场内的需求特性基本相似。

选择细分市场的标准应尽可能与众不同，只有这样才能通过独特的市场细分创造独有的无竞争市场。

3．目标市场选择

目标市场是企业为满足消费者现实的或潜在的需求而开拓的特定市场。一个成功有效的目标市场除了应有一定规模、发展前景足够广阔、较强的市场吸引力，还应具备一些条件，如必须与企业的战略目标相一致，必须与企业资源相适应，必须能使本企业在竞争中取得绝对或相对优势，必须能给企业带来较高的利润。

目标市场的选择，一般考虑以下4点。

（1）市场内无竞争者或竞争者的竞争力比较弱。

（2）市场内单件商品利润高。

（3）市场空间足够大，即市场容量大。

(4) 目标市场与企业资源相适应。

这种目标市场是客观存在的，找到这种市场的方法是有独特的市场细分视角。

目标市场确定后，企业为了能与竞争产品有所区别，开拓和抢占目标市场，取得产品在目标市场上的竞争地位和优势，更好地为目标市场服务，还要在目标市场上给本企业产品做出具体的市场定位决策。

4．市场定位

市场定位就是根据所选定目标市场上消费者的需求和爱好，适应目标市场上竞争者现有产品所处的位置和企业自身的条件，确定企业产品的特色，以求在目标消费者心目中形成一种特殊的偏爱。

具体而言，首先，要了解目标消费者的需求和爱好，研究目标消费者对于产品的实物属性和心理方面的具体要求和重视程度；其次，研究竞争者产品的属性和特色，以及市场满足程度。在此研究基础上，企业可根据产品的属性、用途、质量、消费者心理满足程度、产品在市场上的满足程度等因素，做出产品的市场定位决策，确定本企业产品应该具备的特色，对本企业产品进行市场定位。

在营销策划活动中，经常需要进行这4项活动，或者说它们是营销策划的基础。

1.2.3 市场营销要素组合

市场营销要素是指在诸多影响市场营销过程的因素中，企业可以控制的营销因素。单个营销要素的组成因素的不同组合和各个不同要素之间的不同组合形成所谓的市场营销要素组合，包括产品要素组合、价格要素组合、渠道要素组合和促销要素组合。

在市场营销活动的实践中，企业为了满足消费者需求，促进市场交易，达到预期的经营目标，仅仅运用一种营销手段而无其他营销手段相配合，在市场营销中是难以获得成功的。企业必须善于利用产品、价格、分销渠道、销售促进等可控因素，将这些营销要素的组成因素进行整体组合，使其互相配合，综合发挥最佳作用，同时，这些营销要素彼此之间进行合理组合，才有可能获得成功。所以，市场营销要素组合就是指企业为追求目标市场预期的营销水平，综合运用企业可以控制的各种市场营销因素，并对之进行最佳组合。

1.2.4 创意设计

创意设计是营销策划中的一个重要环节。从一定程度上讲，创意设计是否新颖合理，是营销策划能否取得成功的关键。根据策划的任务和目标不同，创意设计的内容也不同。在产品和市场的开发中，新产品的创意发明或赋予老产品以新的意义都是至关重要的，关键在于如何给消费者提供一种新的满足。在市场布局策划中，确定正确的布局方针和有效的措施可能是创意设计的核心；在市场拓展策划中，富有吸引力和刺激度的促销活动则是创意设计的中心内容。

新颖的创意设计是营销策划的生命力。对消费者强调巧克力是一种好吃的食品以吸引他们购买，并没有任何新意，很难引起他们的注意和激发购买欲望。而若把巧克力定位为情人节或儿童节的必备礼品，并将产品设计成象征爱情的心形或受孩子们喜爱的卡通动物形象，再加上精美的包装，人们的感觉就会大不一样。创意设计能使一般的产品具有不一般的意义。若能再在包装上添上两句令人回味的话语，这样的巧克力就很可能成为大多数消费者所喜爱的指定礼品。然而，创意设计必须是合理的，新颖并非异想天开、不着边际，而应当具有可操作性。其效果的产生是符合规律的，而不仅仅是一种主观臆想。这在创意设计中必须引起充分的注意。

在营销策划过程中，创意设计只是提出一种思路和想法，它还需要转化为具体的营销方案。从创意设计到营销方案的制定，是一个由抽象到具体、由感性到理性的过程。营销方案通常是由一系列相互连贯的营销活动计划组合而成的。所以，营销方案的制定往往表现为一个个具体营销活动的设计和安排。譬如，将产品打入新的市场，可能就需要通过一系列前期、中期、后期的广告宣传活动，各种展示、展销和推广活动，富有影响力的广告宣传和公共关系活动，以及分销网络和中间商渠道的建立来实现进入市场之目的。

在所有的营销活动中，都必须体现和贯彻创意设计的基本思想，并使基本思想具体化和现实化。正因为营销方案的制定是一项十分具体的工作，因而在这个环节中，需要考虑的问题应当比较全面。诸如，实施策划方案的人员落实、经费落实、时间安排与衔接、特殊情况的应变措施等都必须考虑到、安排好。在有些情况下，某个创意设计也可能在制定营销方案的过程中被否定。因为构思往往仅从效果出发追求创意的独特和新颖，不会对实施的细节做过多的考虑。但营销方案的制定，则更强调实施的可能性，要对每个实施环节和实施细节做出安排。于是，创意设计有可能通过具体方案的制定而转化为现实。

创意是灵感的结果。一般认为灵感是纯粹的归纳性结果，它重视经验性的观察，把握被观察到的现象深处潜在的东西，理解与观察对象之间的相互关系。灵感是与分析和思考相对应的东西。事实上，灵感是与科学共存的。

当然，营销策划运用的主要是市场营销学理论，创新理论不过是手段而已，注意不要舍本求末。过程的规范是结果质量的保证。

1. 创造性思维的特征

要进行创意设计，创造性思维是必不可少的。创造性思维的特征主要体现在以下 5 个方面。

（1）积极的求异性。创造性思维往往表现为对常见的现象和权威理论持怀疑、分析的态度，更多的是沿着理论的轨迹对事物进行具体化分析，得到新的观点。

（2）敏锐的洞察力。在观察过程中，应分析事物的相似与相异之处，挖掘事物之间的必然联系，从而有新的发现和发明。

（3）创造性的想象。这是创造性思维的重要环节，不断创造，更新表象，赋予抽象思维以独特的形式。

（4）独特的知识结构。这是创造性思维的基础。

（5）活跃的灵感。它能突破关键，产生使人意想不到的效果。

2．创意的思维原则

创意是一种复杂、高级的思维活动，常用的基本指导思想或思维原则如下。

（1）综合择优原则。要选择最可操作又最能实现意图的创意；在策划的过程中，选择无时不有，无处不在；只有通过综合而择优，才能使策划的整体功能最优化。

（2）移植原则。客观事物中存在着大量相似现象。在相似的基础上加以适当改变，就容易产生新的创意。

（3）组合原则。思维过程中把系统要素、方法等加以重新组合，也容易产生新的创意。

（4）逆反原则。通常人们习惯于按照事物间存在的对应性、对称性去构思。要产生与众不同的创意，创造自己的特色，就需要逆向思维，走自己的路，不能跟在别人后面亦步亦趋。

在营销策划创意设计活动中，以上思维方法往往相互渗透，相辅相成，在实际运作中应灵活应变。

3．创意的基本步骤

创意既是思维创新，也是行为创新。营销策划创意设计是从目标消费者的需求出发，结合目标消费者的兴趣点、敏感点的创造性活动。

创意在本质上应该是丰富多彩、灵活多变、不受拘束的。它不应该墨守某种成规和固定某种模式。但为了便于初学者领会创意过程，学者们还是归纳了若干步骤，具体如下。

（1）界定问题。要将问题弄明白，并界定清楚，使问题突出显露于众。其主要任务是发现创意对象，选出创意对象，明确创意对象，设立创意目标，掌握创意对象。

（2）调查、获取相关资料。该步骤包括3个方面的内容。

① 间接调查，即从网络、书刊、政府文件、企业档案、财务报表中获取信息。

② 直接调查，即进行问卷调查等。

③ 资料整理，即将资料分析、加工后转换为情报，形成创意的基础。

该步骤的主要任务是探求创意的出发点，形成创意素材，描绘创意的轮廓。

（3）产生创意。在对各种资料进行分析的基础上，触发灵感、深入思索，形成符合实际的创意，然后整理创意方案，预测结果，选出创意方案。

（4）形成并提交创意提案，付诸实施，进行总结。

【小思考1-1】　　　　　　　　　价值数千亿元的空白市场

说起手机，人们总会想起华为、苹果、三星、小米、vivo、OPPO等大品牌，都认为手机市场是垄断竞争市场，甚至许多企业不敢轻易踏入手机市场。因为人们想到手机就想到芯片速度、照相等功能，没有新思路。其实手机的组装并不复杂，手机的制造也可以分解为一些简单的组装操作。在深圳华强北，人们可以非常容易地买到手机配件，自己组装一部手机。

事实上，手机市场有很大的空白，比如老人用的保健手机，有屏幕、有芯片，加一些外部设备，手机就可以轻松实现测血糖、血压、心率等指标。但为什么没有这样的产品出现呢？

同样的道理，少儿、小学生、中学生如果能够有一种屏蔽掉游戏而增加学习功能的手机，对人类岂不是有巨大的贡献？这个大市场，会有多大的利润空间？

4．创意的常用技法

詹姆斯·韦伯·杨在给芝加哥大学商学院的研究生讲广告创意时说："创意发现的过程就与福特在装配线上生产汽车一样；也就是说，创意发现的过程中，心智在遵循着一种可学习、可控制的操作技巧运作，这些技巧经过熟练的操作后，就跟你使用其他任何工具一样。"

创意的常用技法由易到难有以下 5 种。

（1）模仿创造法。模仿创造法是指通过模拟仿制已知事物来构造未知事物的方法，可以对已知事物（我们熟知的某种生物）进行模仿创造，也可以仅仅对已知事物的形状进行模仿创造。

模仿创造法是人类创造性思维常用的方法。当人们欲求构建未知事物的原理、结构和功能而不知从何处入手时，最便捷易行的方法就是对已知的类似事物进行模仿和再创造。几乎所有创意者的行为最初总是从模仿创造法入手的。

模仿创造法不是抄袭、照搬，而是因时、因地、因物、因势而异，采取最适合的创意。对已知事物的模仿只是借鉴，是基础。模仿只是入门的钥匙，紧接着必须致力于创造。模仿创造法不是生搬硬套地依葫芦画瓢，而要立足于创造。

模仿创造法包括以下 5 种类型。

① 原理性模仿创造，即按照已知事物的运作原理来构建新事物的运作机制。例如，计算机人工智能就是模仿人脑的神经元素设计而成的。

② 形态性模仿创造，即对已知事物的形状和物态进行模仿而形成新事物。例如，军人的迷彩服就是对大自然色彩的模仿性创造。

③ 结构性模仿创造，即从结构上模仿已知事物的结构特点为创造新事物所用。例如，复式住宅来自对双层公共汽车的结构模仿；决策树方法是对自然界中树干与树枝结构的模仿。

④ 功能性模仿创造，即从某个事物的某种功能要求出发模仿类似的已知事物。例如，人们受"傻瓜相机"的启发，试图研制出全智能操作的"傻瓜计算机""傻瓜汽车"。

⑤ 仿生性模仿创造，包括原理性仿生、技术性仿生、控制性仿生、信息性仿生等。人们以生物界事物生存、发展的原理、形状、功能为参照物，进行仿生性模仿创造。

（2）移植参合法。移植参合法是指将某个领域的原理、方法、技术或构思移植到另一个领域而形成新事物的方法。它是人们思维领域的一种嫁接现象。生物领域的嫁接或杂交可以产生新的物种；科技领域的移植、嫁接可以产生新的科技成果；同样，企业形象策划可以通过对不同领域、不同行业的企业的某些方面进行移植、嫁接，从而产生新的创意，形成新的企业形象。

移植参合法包括以下 4 种类型。

① 原理性移植，即把思维原理、科学原理、技术原理、艺术原理移植到某个新领域的方法。例如，诺伯特·维纳（Norbert Wiener）把反馈原理应用于电子线路，形成了系统的控制论；把价值工程应用于市场营销实践，形成了营销价值分析法；把社会化大生产原理

应用于改造传统零售商业，创造了连锁经营的形式等。

② 方法性移植，即把某个领域的技术方法有意识地移植到另一个领域而形成的方法。例如，模糊数学的产生便是美国数学家把经典数学统计理论的研究方法移植到对模糊现象的研究之中的结果。

③ 功能性移植，即把某个领域的某种技术或艺术所具有的独特功能以某种形式移植到另一个领域的方法。例如，将电视机的音像功能移植到计算机领域；戏剧舞台常常采用电影中的蒙太奇组接方法，立体地进行时空转换；电影画面往往移植油画的凝重或图画的写意功能等。

④ 结构性移植，即把某个领域的独特结构移植到另一个领域，形成具有新结构的事物的方法。例如，蜂窝是一种用料少但强度高的结构，把这种结构应用于制砖，做成的蜂窝砖既能减轻墙重，又能保暖、隔音；把诗歌体裁的韵律结构应用于理念识别系统，能使锤炼出来的企业理念产生音韵美。很多去过意大利曼拉瓦的人看到过国际公认的街画大师库尔特·温纳（Kurt Wenner）创作的街画。他曾经用变形透视法创造特别的图像，来矫正因从人行道的偏斜角度观看而产生的扭曲，把真实建筑物与幻象绘画结合在一起。只要站在某一点欣赏，建筑物就会与装饰绘画"结合"在一起，产生特殊的图案。

（3）联想类比法。联想类比法是指通过对已知事物的认知而联想到未知事物，并从已知事物的属性去推测未知事物也有类似属性的方法。例如，A 与 B 两个事物，A 具有 a、b、c 属性，B 具有 a、b 属性，通过联想类比，可推断 B 或许也有与 A 类似的属性 c。事实上，看似两类相去甚远的事物之间存在着彼此联系的规律。

联想类比法包括以下 4 种类型。

① 直接类比，指简单地在两个事物之间直接建立联系的类比方法。例如，鲁班因被野草的边缘割破手指而发明了锯。

② 拟人类比，指将问题对象与人类的活动进行类比的方法，赋予非生命体以人的生命及其思维和想象。企业形象设计本身就是把企业通过拟人化的设计和策划，赋予人的理念、视觉美感和行为方式，使社会公众产生美好印象。

③ 因果类比，指从已知事物的因果关系与未知事物的因果关系的相似之处寻求未知事物的方法。例如，鸟类的飞行距离与其翼长有关。信天翁这种鸟，翼长达 4 米，故可连续飞行数月，于是人类研制出了可远距离飞行的 U-2 型飞机；IBM 之所以被称为蓝色巨人，与其重视企业形象设计不无关系。

④ 结构类比，指由未知事物与已知事物在结构上的某些相似而推断未知事物也具有某种属性的方法。例如，把经济运行结构与城市交通运行结构进行类比，就可以由红、绿、黄指示灯对车辆的管理推及国家宏观调控与市场运作的关系。

（4）逆向思维法。逆向思维法是指按常规思维去解决问题而不见效时，反其道而行之，进行逆向思维以获得意想不到的效果的方法。逆向思维法改变了人们固定的思维模式和轨迹而提供了全新的思维方式和切入点，这无疑拓宽了创意的渠道。例如，将固定的 8 小时工作制改为非固定的弹性工作制；将到商店购物改为送货上门；传统的汽车都用金属材料制造，而现在有些汽车则采用非金属的塑料制造；电动机是将电能转换成机械能的装置，发电机则是将机械能转换成电能的装置。

逆向思维与顺向思维往往交替进行。在交替使用这两种思维方法时，应不断地变换解决问题的思路，这就要求人们用灵活、变通的思维去寻求恰当的方法。

除逆向思维与顺向思维外，还有侧向思维。常见人们思考问题时左思右想，说话时旁敲侧击，这就是侧向思维的形式之一。在日常生活中，如果只是顺着某个思路思考，往往找不到最佳的感觉而始终不能进入最佳状态。这时可以让思维向左右发散或进行逆向推理，有时能得到意外的收获。这种思维在艺术创作中的运用也非常普遍。达·芬奇在创作《最后的晚餐》时便运用了侧向思维，使这幅不朽名作中的每个人都具有准确而鲜明的形象。在一定的情况下，侧向思维能够起到拓宽和启发创作思路的重要作用。

（5）组合创造法。组合创造法是指将多种因素通过建立某种关系组合在一起从而形成组合优势的方法。组合创造法是现代生产经营活动中常用的方法。例如，市场营销过程是产品、定价、渠道、促销等可控因素的组合；营销观念中的产品是核心产品、形式产品和延伸产品的组合。

组合的基本前提是各组成要素必须建立某种关系而成为统一体。没有规则约束就成了堆砌，有规则约束才会形成新的事物。

组合可以是原理组合、结构组合、功能组合、材料组合、方法组合。不论什么组合都要注意以下两点：一是要考虑其前提条件能否组合，二是要考虑组合的结果是否有优化、是否是更佳的效果。

【小思考 1-2】　　　　　　传统产品与现代科技的组合

温州是一个盛产鞋子的地方，各种鞋子应有尽有，产品同质化竞争十分激烈，但是鞋子的竞争主要集中在造型、材料、款式方面，消费者需要的许多鞋子却没有企业生产制造。比如户外登山鞋，如果在传统的鞋子上面附加上主题芯片，产生的声波可以驱赶虫、蛇或野兽，这样的鞋子有竞争者吗？这就是组合，类似的情况还有很多，你想到了哪些？

1.3　营销策划经费预算

在营销策划中，还必须对实施营销方案的预期效益进行分析，论证营销方案的优劣和可行性。营销策划经费预算是企业综合预算的重要内容，主要涉及两个方面的问题：①策划营销方案可能带来的经济效益，如预期销售量、目标利润、市场占有率等；②实施营销方案可能花费的成本，如产品开发费用、广告宣传费用、促销推广费用、商品分销费用等。在一些情况下，还应当对实施某种营销方案所可能产生的机会成本加以说明，通过对不同方案的机会成本的比较来证明该方案的经济可行性。

营销策划对营销费用的影响很大，当进行精心的营销策划后，因为各方面的费用都进行了科学安排，因此可以节省费用投入；而没有经过策划的自由型产品销售，很容易导致一定程度的浪费。

1.3.1　营销策划经费预算的基本原则

营销策划经费预算是调节和控制经营活动的重要工具，也是营销方案顺利实施的具体保障，应尽可能详尽、周密，各项费用应尽可能细化，尽可能真实反映营销方案实施过程中投入的多少，力争将各项费用控制在最低成本上，以求获得最优的经济效益。企业进行营销策划经费预算时要遵循以下 4 个基本原则。

1. 效益性原则

效益性原则是指以最少的经费投入产生最大的营销效益。也就是说，应当尽量避免低营销效益或没有营销效益的营销策划方案。

2. 经济性原则

经济性原则是指在营销策划方案实施中，必须保证有足够的营销经费，同时又要尽可能节省不必要的费用。营销活动是一项经济活动，在活动开展过程中，必然要考虑策划所带来的经济利益与策划和方案实施成本之间的比率，要取得好的经济效益，必须遵循经济性原则。

3. 充足性原则

充足性原则是指投入的营销策划经费足以保证营销策划方案的全面实施。营销策划经费是企业投入的营销成本，直接影响企业利润的高低。营销策划经费多了会造成资源浪费，少了又影响营销效果，保证不了策划方案的实施，甚至会使营销策划方案夭折。因此，企业应通过边际收益理论来对营销策划经费投入的充足性进行测算和评估。

4. 弹性原则

弹性原则是指营销策划经费预算要能根据未来环境的动态变化而表现出灵活的机动性。企业营销活动受到营销环境变化的影响，当营销环境发生变化时，原有的策划经费也应相应调整，与环境变化相适应，做出弹性安排。只有这样，才能保证营销目标的实现。

1.3.2 营销策划经费预算的内容

营销策划经费预算的内容包括两大方面，即策划活动本身所需的经费和营销活动需要产生的经费（营销策划方案费用）。内容不同，计算方法也不一样。

1. 策划活动本身所需的经费

策划活动本身所需的经费是指企业要为策划活动所支付的费用，其主要项目如下。

（1）市场调研费。市场调研通常要委托专业调研公司或雇用专业调研人员进行。所以，这是一项重要费用，资金不足会造成调研资料失真，调研结果有误差。因此，要根据市场调研的规模和难易程度来预估所需费用。

（2）信息收集费。信息收集费主要是指信息检索、资料购置及复印费、信息咨询费、信息处理费等，根据信息收集的规模和难易程度来确定所需费用。

（3）人力投入费。人力投入费是指为了完成不同的工作，所需投入的人力费用。这笔费用比较容易计算。

（4）策划报酬。策划报酬分两种情况：一是企业营销策划人员自行策划的，可以奖金

形式发放，开支相对较低；二是委托"外脑"策划的，则要事先商定策划费用和支付细则，然后据此发放。

2．营销策划方案费用

营销策划方案费用是指按照营销策划方案执行时所要发生的费用。营销策划方案预算一般运用目标任务法进行计算。所谓目标任务法就是将营销方案所要实现的目标分解成具体的任务，再计算完成这些任务所需要的资金投入，就可以作为实现营销方案的费用预算。例如，A 公司准备在成都市场实现年销 500 万瓶矿泉水的任务。根据在其他市场的经验，他们计划进行为期两个月的广告宣传，广告暴露频次 50 次，共需费用 10 万元；组织免费试饮活动一次，共需费用 3 万元；组织推销和促销活动，共需费用 2 万元。共计 15 万元。这 15 万元就是 A 公司要打开成都市场，实现年销 500 万瓶矿泉水的营销费用预算。目标任务法是单个营销方案费用预算的主要方法。

营销策划方案费用也可以正常营销费用比例作为预算基础。企业进行营销方案的费用预算通常采取以下 4 种方式。

（1）销售量百分比法。销售量百分比法以年度产品销售额的一定比例作为营销费用。比例依据的年度有两种情况：一是上年度销售额，二是本年度预计销售额。例如，某企业上年度全年销售额为 100 万元，总共用去 5 万元的营销费用，那么本年度参照上年度的标准，也用 5 万元，即 5%用于营销。但考虑到企业的发展，预计本年度销售额将实现 200 万元，这时，营销费用参照上年度的 5%的标准，预算就应为 10 万元。

销售量百分比法是一种简单易行的方法，目前绝大多数企业都采用此方法来确定营销费用。当市场环境变化时，根据实际情况进行适当调整，就可以继续推行这种方法。

（2）力所能及法。力所能及法是指除去其他不可避免的费用支出后，再来确定营销预算的方法。例如，某企业今年的销售收入为 100 万元，其中包括成本 80 万元、利润 10 万元、营销费用 10 万元。那么，在确定明年的营销费用时，就可以以此为据：假若企业要实现 200 万元的销售收入，按今年的标准，再加上今年原材料的涨价情况，可能要投入成本 165 万元，预计提留利润 15 万元，尚余 20 万元。这 20 万元就是用于明年营销费用的全部预算。

（3）竞争平位法。竞争平位法是指将同行竞争者的营销预算作为本企业营销预算的标准。竞争平位法主要有以下两种形式。

① 领袖表同法，即以竞争者中或同行业中处于领先地位的、具有良好营销效益的领袖企业的营销投入作为本企业的营销预算标准。

② 行业平均营销额法，即参照本行业平均营销额，以平均营销费用投入作为本企业的营销预算标准。

（4）市场份额法。市场份额法的基本思想是企业要保持现有市场份额和扩大其在市场中的份额，就必须使其营销投入份额高于该企业所占有的市场份额。如果企业只希望以新产品来占有市场份额，其所付出的营销费用应该是所希望达到的份额标准的两倍。

策划费用是影响策划结果的关键因素。策划预算既是策划实施的保证，又是策划方向的原动力。检查企业运行状况时，通过预算就能知道其问题所在。

【本章小结】

营销策划是策划者围绕企业目标，根据企业现有的资源状况，在充分调查、分析市场营销环境的基础上，激发创意，制定企业具体市场营销目标和确定可能实现的解决问题的一套策略规划的活动过程。

营销策划是一门创新思维的学科。营销策划实质上是企业在市场营销过程中，运用所拥有的内外部资源和其他可利用的资源，构造一个新的营销系统工程，对这个系统中各个方面的资源根据企业经营理念和营销规律进行资源组合和配置。在这个过程中，企业经营理念是其他一切营销活动的前提，而营销活动则是企业经营理念的实现。

在营销策划过程中，策划者首先根据企业经营理念、企业战略、该时期企业的经营目标和企业的具体情况提出策划的总体目标；然后围绕总体目标进行信息（尤其是策划相关影响因素）收集与分析，运用相关营销理论、依据相关经验对收集的信息进行分析；接着将总体目标具体化，明确任务和具体目标；最后进行策划方案设计。

营销策划具有目标特征、系统特征、程序特征、理论特征、创新特征、时机与环境特征等。

营销策划可以依据不同的标准进行分类。例如，依据营销策划的不同对象，营销策划可分为终端策划、商品策划、服务策划、品牌策划等；依据不同的市场营销过程，可分为目标市场策划、产品策划、包装策划、价格策划、新产品上市策划、营销推广策划、促销策划等；依据不同的市场目标，可分为市场选择策划、市场进入策划、市场渗透策划、市场扩展策划、市场对抗策划、市场防守策划、市场撤退策划等；依据市场营销的不同层次，可分为营销战略策划、营销战役策划和营销战术策划；依据企业营销活动的不同范围，可分为整体营销策划和局部营销策划。

营销策划运用的主要是市场营销学理论，创新理论不过是手段而已，注意不要舍本求末。过程的规范是结果质量的保证。

营销策划经费预算是企业综合预算的重要内容。企业进行营销策划经费预算时要遵循效益性、经济性、充足性、弹性原则。营销策划经费预算的内容包括两大方面，即策划活动本身所需的经费和营销策划方案费用。

【复习思考题】

1. 什么是策划？什么是营销策划？
2. 简述营销策划的特征。
3. 简述营销策划的内容。
4. 创意有哪些基本步骤？
5. 创意的常用技法有哪些？
6. 营销策划经费的具体内容有哪些？

【实训题】

以你熟悉的产品为例，根据创意的基本步骤，组合运用创意技法，依据消费者的需求与兴趣进行产品创意设计，方向是传统产品与现代科技组合，填补空白市场。

[实训目的]

通过创意实训，学会从消费者的生活出发，发现需求，满足需求。掌握创意设计的基本原理，创意的步骤与常用技法。

[实训重点和难点]
1. 消费者生活情境的把握。
2. 需求的挖掘。
3. 创意的形成。

[实训内容]
1. 选择消费者。
2. 进行情境描述。
3. 挖掘需求。
4. 实现功能。
5. 形成创意方案。

第2章 营销策划程序与方案撰写

【学习目标】
- 掌握营销策划程序的内容。
- 掌握营销策划书的结构框架。
- 掌握营销策划报告的目的与会前准备内容。

【思政园地】
在介绍营销策划程序与营销策划书的结构框架的过程中,揭示客观世界具有规律性,使学生建立辩证唯物主义的世界观和方法论,培养学生按规则和程序办事的习惯。

规律是事物本质层面的变化趋势,是客观的、不以人的意志为转移的。按规律办事,首先要透过现象看本质,看事物在本质层面所处的状态,然后按规律顺势而为。

2.1 营销策划程序

2.1.1 营销策划程序化的必要性

任何事物的发展变化都是有规律的,这就要求能够把握事物发展变化的规律,在事物发展变化之前把握事物的变化过程,并采取对策,这就是所谓科学的工作方法。只有工作过程有质量才能保证工作结果有质量。好的策划就是把握规律,对策划项目的资源加以积极利用,因势利导。或者说,策划就是研究策划对象的发展变化规律,有针对性地制定对象发展方案的过程。

策划是按特定程序运作的系统工程,其把各方面的活动有机组合起来,使各个子系统相互协调,形成一个合理的整体策划。

营销策划是根据对市场变化趋势的分析和判断,对企业未来的市场营销行为进行的超前筹划,是对将来的活动和事件事先谋划的工作。为了保证营销策划工作的质量,营销策划的实现必须按照一定的程序或步骤来进行。特别是营销策划活动,本身是一个创造性工作,只有通过规范的工作程序,才可能产生合适的方案。

因此,必须在科学理论的指导下,依照严格的程序进行营销策划。这可以使实施人员把握工作秩序和节奏,掌握轻重缓急,做到井然有序,提高工作效率,创造最佳效益。

【案例2-1】　　　　　　　　　农夫山泉的崛起

21世纪初,中国饮用水市场竞争格局已经形成。当时以娃哈哈、乐百氏为首的全国性饮用水品牌已经形成,许多地域性品牌和高端品牌纷纷崛起。而农夫山泉的出现改变了竞争格局。在短短几年时间里,农夫山泉迅速取代乐百氏,成为第二大全国性饮用水品牌。

为什么农夫山泉饮用水如此受欢迎？这不得不归功于其成功的营销策划。

1. 市场同类产品研究

（1）当时饮用水市场火热，产品的竞争依托于广告，各品牌主要靠自己的实力拼广告，利用自己的品牌声誉赢得市场。

（2）产品同质化严重，各种饮用水品牌并没有找到自己的产品特色和卖点。

2. 挖掘消费者需求

农夫山泉敏锐地发现了商机。

（1）当时饮用瓶装水已经成为一种时尚，但是人们对水质并没有特别的要求。

（2）科普类软文已开始引导消费者逐渐认识水的软硬度对健康的影响，饮用活性水和弱碱性水对健康的益处。

3. 垄断资源，制造卖点

（1）买断了千岛湖50年的水资源开采权，在此期间，任何其他制水企业不得开采。

（2）打造卖点。

① 农夫山泉有点甜（口感）。

② 100米以下的地表水（活性水）。

③ pH值在7.3左右有益于健康的水（弱碱性水）。

④ 设计不一样的瓶盖，从外观上制造差异化，形成高品质形象。

4. 推销说服

策划成功与否，最终还是由市场检验。策划人员为农夫山泉的广告推销下了番苦功夫。

（1）打破传统饮用水市场的品牌宣传方向，提出"农夫山泉有点甜"的新颖主张，使农夫山泉成为热点话题。

（2）宣称不生产饮用纯净水，既打击了生产纯净水的同行，又宣传了天然水的健康，甚至暗示了矿物质水对血管的不良影响。

（3）用不同的水做水仙花生长实验，证明在纯净水和矿物质水中水仙花的生长速度都不如在天然地表水中，渲染天然地表水、活性水更有利于健康。

（4）通过专家之口，宣传饮用天然水比饮用纯净水和矿物质更符合健康要求，进而形成公众舆论，达成社会共识。

这一系列精心策划的营销活动，使农夫山泉响遍全国，成为饮用水市场上的重要品牌。

从农夫山泉策划的成功可以看出专业策划对产品成功的重要性。这个案例也揭示了策划的一般程序与内容，正是由于分阶段的精心策划与运作，才造就了农夫山泉的辉煌。

2.1.2　营销策划程序的内容

营销策划是策划人员依据营销策划的基本规律与技巧，在对企业内外部环境予以准确地分析并有效地运用各种资源的基础上，对一定时间内企业某项营销活动的行为、方针、目标、战略、实施方案与具体措施进行的商业设计和计划；是将科学构想与创新融入营销活动的每个环节和每个营销执行者的活动过程。

世界上不存在唯一模式的策划。营销策划种类很多，研究的内容不同，需要分析材料的侧重点不同。但是为了实现营销策划的目的，应形成策划方案。具体实施时可以参考以下程序进行。

1. 分析企业要求，概括任务内涵

策划是一项目的性很强的活动。任何一个策划方案的产生，无不针对组织的某个问题或某个特定的目标。

营销策划指导思想即经营理念。进行营销策划时，必须有明确的营销策划指导思想，依据指导思想、市场状况和企业目标确定营销策划目标，据此进行科学的分析、判断、推理、预测、构思、设计、传播、交流、反馈、评价等工作。经营理念从经营者的主观方面影响策划对象的变化。

除了经营理念，还必须对企业的战略目标及实现战略目标的各个阶段加以具体界定，明确企业要实现的目标是什么。该目标一般是方向性的目标，是企业依据企业战略、经营需要、市场变化状况等提出的粗略目标，是策划活动的方向，与后文提到的具体策划目标不一样。没有明确的营销策划目标，策划活动就会陷入盲目状态，会浪费大量的人力和物力，策划效果也会大打折扣。

因此，策划的第一个必要程序就是设定问题与目标。清楚而准确地设定目标，是整个策划活动能解决某个问题、取得某种效果的必要前提，也是评价策划方案、评估实施效果的基本依据。

在实际策划中，有些情况下，目标很明确，如调查的目标基本上都是预先给定的；但有些情况下，问题与目标就不那么明确，需要策划人员自己去挖掘、去归纳。在这种情况下，常常需要事前调查。调查的详尽程度随策划的复杂程度而定。策划人员必须抓住任务的本质，通过自己对任务的分析概括出企业到底需要什么，不要被字面意思所迷惑。

2. 进行市场调研，收集资料

众所周知，策划需要大量的策划信息，这些信息需要依靠市场调研而来。营销调研主要是针对影响营销策划对象的因素进行的调研。

策划人员依据策划任务确定应该收集的资料内容、收集方式和收集方案，整理得到的资料。这是策划的初始阶段，也是营销策划的基础。资料收集过程可以分成两部分，即一手资料收集和二手资料收集。

一手资料收集方法包括进行市场调研、实地走访、召开座谈会、参加情况介绍会等。某些特定内容必须通过一手资料才能获得，如目标消费者需求的界定。一手资料还可以验证二手资料的真实性和可靠性。更重要的是，收集一手资料有助于策划人员产生对市场的感觉和策划的灵感。

二手资料收集方法包括查找文献、统计报表、销售报表、财务报表、经营计划等。一般来说，能从二手资料看出市场发展的趋势，看出事物发展的轮廓。

资料收集既包括对现状资料的收集，又包括对历史资料的收集，因为对历史资料的了解有助于策划人员看出事物发展变化的轨迹，有助于营销方案的制定。

3. 进行营销策划分析

策划是针对特定的需要与现实条件进行的谋划。策划人员必须尽可能多地掌握各种背

景材料和现实情况，全面了解形成客观实际的各种因素，包括有利的与不利的信息，并全面分析研究材料，找出问题的实质和主要矛盾，再进行策划。这样的策划针对性强，合理可行。

因此，对于收集到的各种资料，要进行系统整理，仔细分析。通过分析，从繁杂的数据中归纳出问题所在，厘清头绪，看到企业所处营销环境的真实状况，有助于对今后的发展趋势与方向做出预测。

策划分析是策划活动中的重头戏，主要包括营销环境分析、行业背景分析、竞争者状况分析、市场状况分析、企业资源分析、消费者行为分析、产品分析、市场机会分析（SWOT分析）、目标市场战略分析（STP分析）等。

（1）营销环境分析。营销环境分析主要指对企业所处的政治环境、法律环境、经济环境、技术环境、社会文化环境、人口环境等方面进行分析，找出这些因素对企业营销策划的影响。很多时候，这些分析可以省略。

（2）行业背景分析。行业背景的主要内容包括行业的发展状况、行业的竞争状况、行业的发展趋势和特点、行业中各类企业的状况等。通过行业背景分析，可以掌握该行业的技术经济特点、营销水平等。

（3）竞争者状况分析。竞争者状况的主要内容包括竞争者的一般状况、产品体系、市场状况、营销特性、优劣势等。通过竞争者状况分析，可以知晓竞争者的市场竞争力，专卖店数量，营销队伍大小，同类产品的质量、价格、促销方式等。

（4）市场状况分析。市场状况分析主要揭示同类产品的市场规模、市场的构成、市场上同类产品的营销特性、市场成长状况、产品目前处于市场生命周期的哪个阶段、企业对不同阶段产品的营销侧重点、营销策略的效果、需求变化对产品市场的影响、消费者的接受性、凭借已掌握的资料分析产品的市场发展前景等。没有市场感觉是不可能策划出好的方案的，这个市场感觉就来源于对市场状况的调研与分析。

（5）企业资源分析。企业资源分析主要指企业发展沿革。企业拥有的资源包括人力、财力、物力、公共关系等方面的资源，要了解企业在设计、制造、财务、营销等各个方面的能力情况，如现存营销队伍有多少人，他们的素质如何，与中间商的关系如何，以及终端建设情况等。

（6）消费者行为分析。消费者行为分析的内容包括消费者购买行为敏感因素、消费者群体的构成和特征、目标消费者群体的总体消费态势、消费者的态度等。只有进行消费者行为分析，准确界定具体的目标市场，才能知晓消费者的特点与需求，才能有针对性地进行策划分析，才能制定出有效的策划方案。

（7）产品分析。产品分析主要是寻找产品差异和比较优势，涉及产品特征分析、产品品牌形象分析、企业对产品的市场定位分析、产品在消费者心目中的地位分析、产品竞争力分析等方面，重在比较优势。

（8）市场机会分析。所谓市场机会分析，即通过优势（Strengths）、劣势（Weaknesses）、机会（Opportunities）、威胁（Threats）分析（简称 SWOT 分析），对营销的机会及企业的资源特征进行分析和说明，详细列出企业的机会与威胁、优势与劣势，发现企业当前存在的问题与机会。唯有这样，才能在进行营销方案设计时做到有的放矢，扬长避短，从而建立起企业的比较竞争优势。

（9）目标市场战略分析。目标市场战略分析又称 STP 分析，是指通过市场分析来细分市场，确定目标市场和市场定位的过程。这是策划的基础，本书将单列章节进行讲述。

必须注意，策划像填空，但必须清楚应该选择什么内容来填。不是所有的项目都必须进行营销策划分析，不同的营销策划可以选取不同的侧面进行分析，分析的详细程度也应根据需要来确定。针对不同的策划类型，分析的内容、侧重点均有很大差别。

4．分解与确定具体策划目标

策划具有明确的目的性，一定要围绕既定的目标或方针，努力把各项工作从无序转化为有序。策划可以使人们正确地把握事物发展变化的趋势及可能带来的结果，从而确定能够实现的工作目标和需要依次解决的问题。具体而言，应对营销方案所要达到的目标加以说明，要确定具体的营销目标，所有的行动方案围绕着营销目标展开。目标越具体、准确，策划越有效果。

策划是目标分解的思维过程。社会经济活动具有多样性，可以针对某个企业目标和环境状况确定多个不同的策划目标。策划人员可以对多个策划目标进行权衡比较，扬长避短，选择合理、科学的可执行目标。

这个目标是策划中的过程目标，是在分析的基础上，将企业策划目标分解而来的。目标要使人感到有的放矢、切实可行、明确具体，根据现有资源信息，判断事物变化的趋势，确定可能实现的具体目标。这也可称之为目标设计的基本原则。

营销策划目标的确定包含两个方面的内容：一是目标体系的构成，二是目标值的确定。构成目标体系的主要项目因不同的策划人员、不同的策划项目内容而各有特点，但是基本内容是相同的。

5．设计详细的策划方案

设计详细的策划方案是营销策划的关键阶段，在营销策划中所占的比重较大，决定了营销策划的成功与否，也决定了营销策划的质量高低，因为营销策划的核心内容体现在营销目标与营销方案的设计上。因此，策划人员的主要精力与策划重点应放在这一阶段。策划人员需要运用各种不同的思考方法进行构思，因为策划在本质上是一种运用脑力的理性行为，是关于整体性和未来的策略规划，必须经过从构思、分解、归纳、判断到拟订策略、方案的过程。应根据策划目标来设计和选择能产生最佳效果的资源配置方案和行动方案。

营销战略与营销方案的设计和制定是为企业的营销活动确定方针和策略的。所有营销方案将围绕着营销目标展开。设计这一部分内容的要点：以前面几部分内容为依据，充分发挥策划人员的创新精神，力争有与众不同的新思路。策划是一种超前性的人类特有的思维能力。它是针对未来发展及其发展结果所做的设计。好的策划能有效地指导未来工作的开展，并有助于取得良好的成效。

营销策划是解决营销过程中某个领域、某个问题的创意思维，也就是说，营销策划的灵魂便是创意思维。创意思维的科学性决定了营销策划的有效性。创意应从消费者的需求出发，根据消费者的兴趣点和敏感点发挥想象，通过创意的手段和方法形成新的产品方案或宣传方案。

营销方案要尽可能具体。要对所设计的营销方案进行详细的描述和论证，包括创意与行动方案、行动方案控制措施等。要把行动方案按不同的时段进行分解，当然还要突出重点。要说明不同的营销行动内容及不同时段的营销行动内容达到什么目的，为什么要这样做，要取得什么效果，这些内容都是不可或缺的。如果缺少了这些内容，则意味着营销策划失去了坚实可靠的存在基础，也就失去了可信度。

6. 估算营销活动预期效益和营销成本

策划是追逐利润的过程，一个策划方案必须说明执行该方案可以得到多少收益，需要什么资源支撑。好的方案不但要说明应该怎么做，而且要说明为什么这么做，做了会怎样。

营销策划活动是经济活动，应对营销方案的预期效益进行分析和说明，并对设计的营销行动方案进行成本估算，如策划投入资本分析、预期利润分析、流动资金分析、预期净利润分析、现金流分析、预期利益分析等。

成本估算要和行动方案保持对应关系，也就是说，成本估算不能只有一个笼统的总金额，要把营销方案中每项行动的具体费用都计算出来，如在估算促销费用时，除要估算总金额外，还要估算广告费用、推销员费用和营业推广费用，在广告费用中，还要估算电视广告费用、网络广告费用等，使人一目了然。

营销成本估算是一项非常具体的工作，要求策划人员对各种实际费用了如指掌，如电视广告在不同时段、不同频道的费用；网络广告在不同网站、不同网站频道的费用；营业推广在各种场合的费用等。

营销成本估算实际上和前面的营销策略与营销方案设计是密不可分的，不能脱节。因为任何营销方案都要考虑到可行性，也就是企业的承受能力。不顾成本、无限制地拔高营销方案或加强营销方案的力度实际上是纸上谈兵，根本无操作性可言。因此，保持营销方案和营销成本的和谐统一也是衡量策划水平的因素之一。

实际上，成本估算应该与营销方案设计一起考虑，一般的做法是，先设计营销方案，然后估算成本，再根据成本调整营销方案，直到确定一个投入少、产出效果好的营销方案。

7. 进行方案沟通与试验

到目前为止，除了资料收集阶段可能与企业决策者及经营管理人员有过接触，一直都是策划人员在独立进行工作。这时候，策划人员应将营销方案与企业决策者及经营管理人员进行沟通，听取他们的意见，进一步了解企业决策者的意图，以使营销策划内容更符合实际。

有些需要大规模使用的策划方案，还要先在小范围内进行试验运行，取得数据和经验后对方案进行修正，以确保策划方案成功实施。

8. 进行方案调整

营销策划都是以一定的时间为基础的。在这个时间范围内，营销环境往往会发生变化，比如，这一变化超出了原来营销策划方案所预计的范围，那么营销方案实施的可靠性就会降低。另外，通过与企业决策者及经营管理人员的沟通，可能会发现原先设计的营销方有不合理的地方。因此，在计划时间内，策划人员要根据不断变化的营销环境对营销方案进行调整，以确保营销方案的可靠性。

9. 给出策划控制方案

营销策划方案付诸实施时会有许多人为因素干扰，为了保证设计好的行动方案得以顺利实施，必须对整个行动方案的实施全过程予以控制，有必要设计出一个有效的控制系统。这个控制系统要从组织、制度、人力上给予充分的保障，提出建设性意见，对营销方案的实施风险、控制方法和应变措施加以说明，具体包括以下内容。

（1）各阶段营销目标实现情况的衡量指标，以及营销方案最终效果的表现形式和检测方法。

（2）对偏离目标的行为进行控制与纠正的方法与手段。

（3）对执行方案的营销队伍的组织与管理。

（4）对于因环境变化而产生的突发情况的预期及采用的应变措施等。

事实上，任何营销方案都只能是在一种特定的环境条件下才能顺利实施和达到预期效果。所以在考虑营销方案实施控制的问题时，主要应当对其约束条件加以说明，考虑怎样把执行过程控制在约束条件范围之内，对于超出约束条件范围的情况加以调整和改变。

另外，行动方案一般要持续一段时间，在这段时间内，由于各种客观条件的变化，有必要对设计好的行动方案进行适当的调整，控制方案也要对此有足够的考虑，如设置一个行动方案控制常设机构，规定每隔一定的时间对行动方案进行审查等。

有些策划方案在此部分还增加了风险分析内容，主要内容包括风险性预期和退出机制。

2.2 营销策划书的撰写

2.2.1 营销策划书的作用

营销策划书的内容是否能准确地传达策划人员的真实意图非常重要。从整个策划过程来看，营销策划书是达到营销策划目的的第一步，是营销策划能否成功的关键。一份合格的营销策划书，其作用可以归结为以下3个方面。

1. 能准确、完整地反映营销策划的内容

营销策划书又称企划案，是营销策划的书面表达形式，有助于营销决策人员和组织实施人员最大限度地掌握策划人员的意图和策划思想，在充分理解的基础上选择和执行营销方案，使策划效果尽可能得以实现。

2. 能充分、有效地说服决策者

营销策划书的文字表述能使企业决策者信服并认同营销策划的内容。一份合格的营销策划书，首先要做到使阅读者相信，在此基础上使阅读者认同。对于一个策划人员来说，首先追求的应是决策者采纳营销策划书中的意见，并按营销策划方案的内容去实施。

3．作为执行和控制的依据

营销策划书既是营销策划工作的表现形式，也是企业执行营销策划方案的具体行动指南，使营销部门在操作过程中有一定的准确性和可控性。因此，如何通过营销策划书的文字表述魅力及视觉效果去打动及说服企业决策者也就自然而然地成了策划人员所追求的目标。

2.2.2 营销策划书的编制原则

有了一流的营销策划方案，还要形成一流的营销策划书，否则营销策划就得不到完整的反映，或者会使营销策划的内容难以被人理解。为了提高营销策划书撰写的准确性与科学性，应该把握营销策划书的 4 个编制原则。

1．逻辑思维原则

营销策划的目的在于解决企业营销中的问题，因此，可按照逻辑思维原则编制营销策划书，设定情境，交代策划背景，分析产品市场现状，再把营销策划的中心目的全盘托出，推断出解决问题的对策。

2．简洁朴实原则

营销策划书要注意突出重点，抓住企业营销中所要解决的核心问题，深入分析，提出可行的相应对策，针对性强，具有实际操作指导意义。

3．可操作原则

编制的营销策划书用于指导营销活动，其指导性涉及营销活动中每个人的工作及各环节关系的处理，因此其可操作性非常重要。不易于操作的营销方案，必然要耗费大量的人力、财力和物力，管理复杂，效果差；不能操作的营销方案，创意再好也无任何价值。

4．新颖原则

营销策划书要创意新、内容新、表现手法新，给人以全新的感受。有新颖的创意是营销策划书的核心内容。

2.2.3 营销策划书的结构框架

营销策划书是未来企业营销操作的全部依据。一般来说没有一成不变的格式，根据产品或营销活动的不同要求，策划内容与编制格式也有所不同。但是，从营销策划活动的一般规律来看，其中有些要素是相同的。本节将对这些相同的要素进行分析，说明营销策划书的编写。规范的营销计划书的结构框架应包括以下几部分内容。

1．封面

给一份营销策划书配上一个美观的封面是绝对不能忽略的。有很多人认为营销策划书重在内容，而封面无关紧要，其实这种看法忽略了封面的形象效用。

阅读者首先看到的就是封面，因而给阅读者留下的第一印象是该营销策划书具有强烈的视觉效果，从而有助于策划内容的形象定位。现在人们很重视一本杂志或著作的封面设计，同样的道理，营销策划书的封面也应好好策划一番，可以选择能反映策划主题的图片做封面，如产品图、促销现场视图等。封面的设计原则是醒目、整洁，切忌花哨，至于字体、字号、颜色，则应根据视觉效果具体选择。封面制作的要点如下。

（1）标明委托方。如果是受委托的营销策划，那么要在营销策划书封面上把委托方的名称列出来，如××公司××策划书。注意不能出现错误，否则留给对方的不良印象将是致命的。

（2）起一个简明扼要的标题。标题要准确而不累赘，使人一看就能明了。有时为了突出策划主题或者表现策划目的，可以加一个副标题或小标题。

（3）标明日期。日期应以正式提交日为准，同时要用完整的年、月、日的形式表示，如 2022 年 2 月 8 日；不应随便写一个日期。

（4）标明策划者。一般在封面的底部标出策划者。策划者如果是公司，则标出公司全称。

2．概述

在概述部分，应简要概括策划方案的内容、执行方案后预计达到的水平。让阅读者了解策划方案的主要内容和效果，使其产生兴趣。

概述类似于一般论文的内容提要，是为了使阅读者对营销策划内容有一个非常清晰的概念，使阅读者对策划人员的意图与观点予以理解而提出的总结性概要提示。换句话说，阅读者通过概述部分，可以大致理解策划内容的要点。

概述同样要求简明扼要，篇幅不能过长，应控制在 1 页内，一般不超过 400 字，视情况可加些说明，不过也不要超过 500 字。另外，概述不是简单地把策划内容予以列举，而是单独形成一个系统，遣词造句等都要仔细斟酌。

撰写概述一般有两种办法，即在制作营销策划书正文前确定和在营销策划书正文结束后确定。前一种方法的优点是可以使策划内容的正文撰写有条不紊地进行，从而能有效地防止正文撰写偏离主题或无中心化；后一种方法的优点是简单易行，只要把策划内容归纳提炼出来即可。

两种方法各有利弊，可以由撰写者根据自己的喜好和经验来决定采用哪一种。

简单的策划方案一般没有概述；有些篇幅比较大的策划方案则在营销策划书的每个部分都设置独立的概述，以便于阅读者把握策划内容。

3．目录

目录能揭示策划思路，能使阅读者方便地查询营销策划书中的内容。因此，营销策划书中的目录最好不要省略。

如果营销策划书的篇幅不是很大，目录可以和前言同列一页。列目录时要注意，目录所标页数不能和实际的页数有出入，否则会给阅读者带来困扰，也有损营销策划书的形象。因此，尽管目录位于营销策划书的前面部分，但实际操作往往是等营销策划书全部完成后，再根据营销策划书的内容与页数来编写。

4. 前言

前言的作用在于揭示策划原因，描述策划的大致过程。前言的文字不能过多，一般不要超过 1 页，应控制在 1000 字以内。

首先，可以简单介绍一下接受营销策划委托的情况，界定企业提出的策划目标，如"×××公司接受××公司的委托，就××年度的营销推广计划进行具体策划"。

然后，重点叙述为什么要进行该策划，即把此策划的重要性和必要性表达清楚，这样就能吸引阅读者进一步去阅读正文。如果这个目的达到了，那么前言的作用也就被充分发挥出来了。

最后，可以就策划的指导思想、策划过程及策划实施后要达到的理想状态进行简要说明。

综上所述，前言的内容集中在 6 个方面：策划任务的由来；策划背景；策划目标；策划指导思想与策划思路；策划的简单过程；执行方案后预期达到的水平。

5. 影响营销的主要客观因素分析

所有营销策划都以影响营销的主要客观因素分析为出发点。进行因素分析一般应在外部环境与内部环境中抓重点，描绘出环境变化的轨迹，形成令人信服的资料。具体内容包括营销环境分析，目标市场特征、需求特点和目标消费者的购买行为模式分析，企业背景与资源状况分析，产品状况分析等。

因素分析的整理要点是明了性和准确性。

明了性是指列举的数据和事实要有条理，使人能抓住重点。在具体做环境分析时，往往要收集大量的资料，但所收集的资料并不一定都要放到营销策划书的营销环境分析中，因为过于繁杂的资料往往会减弱阅读者的阅读兴趣。如果确需列入大量资料，可以以参考资料的名义列在最后的附录里。因此，做到分析的明了性是策划人员必须牢记的一个原则。

准确性是指分析要符合客观实际，不能有太多的主观臆断。任何一个带有结论性的说明或观点都必须建立在客观事实的基础上，这也是衡量策划人员水平高低的标准之一。

6. 机会分析

可将这一部分和上文的因素分析看成一个整体。一些篇幅较小或营销策划内容单一的营销策划书中，经常将这两个部分放在一起。

在这个部分，要从前面的环境分析中归纳出企业的机会与威胁、优势与劣势，然后找出企业存在的真正问题与潜力，为后面的方案制定打下基础。企业的机会与威胁一般通过对外部环境的分析来把握；优势与劣势一般通过对内部环境的分析来把握。在确定了机会与威胁、优势与劣势之后，根据对市场运动轨迹的预测，就可以大致找到企业问题所在了。

7. 目标市场战略分析

目标市场战略分析有 3 个部分的主要内容。

（1）市场细分情况。根据消费者对产品或营销组合的不同需要，将市场分为若干不同的消费者群体，并勾勒出细分市场的轮廓。这要求首先选择细分市场标准，阐述选择此细分市场标准的原因。标准要与众不同，因为这有助于找到空白市场。其次，细分市场，描述各个细分市场的市场特点、市场容量等。

（2）目标市场情况。说明要进入的一个或多个细分市场；说明选择该目标市场的原因；进行目标市场消费者特征分析，只有明确目标消费者的特征，才可以模仿消费者，站在消费者的立场上分析和把握他们的需求。

（3）市场定位情况。说明在市场上传播该产品的关键特征与利益。具体内容包括：列举目标消费者的需求；消费者的主要需求分析；根据目标顾客的需求，具体、形象、准确地描述消费者喜欢的产品形象。

8．行动方案

行动方案是营销策划书的主要内容。在撰写这部分内容时，必须非常清楚地提出具体营销目标、营销战略与行动方案。就好像医生给患者看病一样，在询问患者病情、查看脸色、把脉及进行各种常规检查后（如同环境分析和机会分析）给出治疗方案，根据患者的具体情况为其设定理想的健康目标（如同营销目标），依据健康目标制定具体的治疗方案（如同营销战略与行动方案）。因此，"对症下药"及"因人制宜"是治疗的基本原则。所谓"因人制宜"是指要根据患者的健康状况即承受能力下药，药下得太猛，患者承受不了，便会适得其反。

在制定营销战略及行动方案时，同样要遵循上述两个基本原则。常言道"欲速则不达"，在这里特别要注意的是避免人为提高营销目标，以及制定脱离实际、难以施行的行动方案。可操作性是衡量行动方案的主要标准。

在制定营销方案的同时，还必须制定一个时间表作为补充，以使行动方案更具可操作性。此举还可提高策划方案的可信度。

9．营销成本估算

营销成本估算不能马虎，要有根据，如网络广告、电视广告的费用等最好列出具体价目表，以示准确。此部分的撰写要求是简单明了，切忌赘述。如果价目表过细，可作为附录列在最后。在列成本时，既不能太粗，又不能太细，只要能区分不同的项目费用即可。

用列表的方法标出营销成本是经常被运用的，其优点是醒目易看。

10．行动方案控制

此部分内容不用写得太详细，只要写清楚对营销方案实施过程的管理方法与措施即可。另外，由谁实施，也要在这里提出意见。总之，对行动方案控制的设计要有利于决策的组织与施行，而且要简单化。

11．结束语

结束语在整个营销策划书中可有可无，主要起到与前言相呼应的作用，使营销策划书圆满结束，而不致使人感到唐突。结束语应再重复一下主要观点并突出要点。

12．附录

附录的作用在于提供策划客观性的证明。因此，凡是有助于阅读者理解和信任策划内容的资料都可以列入附录。但是，可列可不列的资料还是以不列为宜，以便更加突出重点。附录的另一种形式是提供原始资料，如消费者问卷的样本、座谈会的原始照片等图像资料。

附录要标明顺序，以便阅读者查找。

2.2.4 营销策划书的撰写技巧

营销策划书和一般的报告文章有所不同，它对可信性、可操作性及说服力的要求特别高，因此，运用撰写技巧提高可信性、可操作性及说服力是撰写营销策划书所要追求的目标。

1．寻找一定的理论依据

要提高策划内容的可信性，并使阅读者接受，策划人员就要为自己的观点寻找理论依据。事实证明，这是一个事半功倍的有效办法。但是，理论依据要与策划内容有对应关系，纯粹的理论堆砌不仅不能提高可信性，反而会给人一种脱离实际的感觉。

2．利用数字说明问题

营销策划书是一份指导企业实践的文件，其可靠程度如何是决策者首先要考虑的。营销策划书的内容不能留下查无凭据之隙，任何一个论点都要有依据，而数字就是最好的依据之一，在营销策划书中可利用各种绝对数和相对数来进行比较和对照。要注意的是，各种数字最好都有出处，以证明其可靠性。

3．运用图表帮助理解

运用图表有助于阅读者理解策划书的内容，同时，图表还能提高页面的美观性。图表的主要优点在于可产生强烈的直观效果，因此，用图表进行比较分析、概括归纳、辅助说明等非常有效。

此外，图表能调节阅读者的情绪，有利于阅读者对营销策划书的深刻理解。

4．合理安排版面

有效安排版面也是营销策划书撰写的技巧之一。营销策划书视觉效果的好坏在一定程度上影响着策划效果的发挥，具体包括字体、字号、字间距、行间距、插图、颜色等。如果整篇营销策划书的字体、字号完全一样，没有层次，那么这份营销策划书就会显得呆板、缺少生气。总之，通过版面安排可以使重点突出、层次分明、严谨而不失活泼。

随着文字处理软件的普及，这些工作不难完成，策划人员可先设计几种版式，通过比较和分析，确定一种效果较好的，应用后打印。

5．注意保密

营销策划书是绝密文件，仅供企业决策者参考，但执行时的传播范围较大，因此应该注意信息披露的程度，避免泄密事件发生。

6．消灭差错，注意细节

消灭差错，注意细节，往往会被忽视，但是对于策划报告来说却是十分重要的。如果一份营销策划书中错字、漏字连续出现，阅读者怎么可能会有好的印象呢？因此，打印好营销策划书后要反复仔细检查，消灭差错，特别是企业名称、专业术语等更应仔细检查。例如，一些专业英文单词的出错率往往很高，在检查时要特别注意。因为一旦出现英文字母的差错，阅读者往往会认为是策划人员或撰写者本身的知识水平不高所致，会影响决策者对策划内容的信任度。

另外，一些细节（如纸张、打印质量等）也会对营销策划书本身产生影响，所以也绝对不能掉以轻心。

2.3 营销策划报告

无论多么优秀的营销方案，如果最后没有付诸实施，则只能算一个失败的营销方案。因此，营销策划书的提出和组织实施是策划的关键、必要程序。

2.3.1 营销策划报告的目的

营销策划报告的目的有两个。
（1）说服决策者采纳营销方案，使得营销方案具有实施的现实可能性。
（2）使得实施方了解和掌握组织和实施营销方案的科学方法、技巧和程序。
这两者都要求策划人员与对方进行良好的沟通。

2.3.2 营销策划报告会前准备

成功的营销策划报告，可以增强营销策划方案的说服力和实施效果。要使营销策划报告取得成功，必须进行营销策划报告会前准备。营销策划报告会前准备应视对方出席人的情况和报告内容而定，大致涉及以下7个方面。

1．收集和储备信息，了解参会人员的情况

资料收集的多少和对参会人员情况掌握的多少，可以决定营销策划报告效果的好坏。此外，如果先将策划要点和报告所需时间告诉对方，也要先收集足够的资料，才能准确估计。

2．制定报告计划

如何在预计时间内将策划方案交代清楚，必须事先规划好，以免临场出错。

3．准备报告材料

策划书、幻灯片等都应事先准备好，并进行检查，确定所需的材料、时间或其他条件是否充足。

4．工作分工

如果策划方案是由几个人共同完成的,需要在事前分配好工作,谁负责说明策划内容、谁负责投影控制等,每个人透彻了解自己需要负责的部分。

5．确认器材和设备

一切器材和设备都需要预先试用,检查有无问题,同时也让操作人员更加熟练。

6．排练

全部安排好之后,要做一次正式排练,再按照报告会方式与所计划时间进行核对,在程序和内容方面做到万无一失。排练时应按照对方的观点进行核对,并请一位策划小组以外的人员来试听并提出意见,这样会发现一些策划人员没有发现的缺陷。

排练的作用表现在以下3个方面。

（1）可调整报告内容安排。报告者的用语、时间分配、说明方式等可利用排练机会再进行检查和修正,而且最好进行多次排练,直到找不到缺点为止。

（2）使报告者熟悉方案内容。排练可以使报告者更熟悉策划内容,并试着以自己的语言表达出来,这样才能在正式报告时表现得自然、生动,而不紧张、做作。

（3）习惯使用器材。负责操作器材的人必须熟练掌握器材的用法,能与报告者相互配合。特别是需要使用某些特殊工具时,更需要提前了解用法。

7．报告人的准备

一份内容相同的营销方案,若交由不同的人来报告,结果可能是一个人未获通过,而另一个人则通过了。"推销"策划方案的技巧和能力是伴随着经验的积累与训练而增长的,策划报告中推销的不仅包括策划内容,还包括策划人员和报告者。报告者以充满自信的口吻来报告,会给人留下良好的印象,进一步留下对营销方案的良好印象。

2.3.3 营销策划报告注意事项

策划人员在进行营销策划报告时应该注意以下4点。

1．热情、自信、有礼貌

报告时不必过谦,应表现出热情和自信,让听众相信这份营销方案。要用自己的热情和自信感染对方,赢得对方的认同、信任与好感。

2．牢记策划内容,用自己的语言来说明

应牢记营销策划书的内容,再用自己的语言表达出来,这样才能打动人;绝对不要按稿通读营销策划书,否则容易使人产生厌倦、乏味的感觉。

3. 把握重点

在报告时务必突出策划的重点部分，使用重点式的有效说明方式，使听众抓住策划的重点。如果语调一成不变，冗长乏味，则容易使人分散注意力。

4. 随机应变，双向沟通

营销策划报告应是一种双向的沟通活动，需要视双方的反应、想法而随时调整，提高参会者的参与度。如果只是单向的一个说、一个听，那么沟通的效果就差得多，而且可能会因理解上的差异产生误解。随机应变、双向沟通给报告者提供了消除这种误解的机会。

【本章小结】

营销策划程序的内容一般应包括：分析企业要求，概括任务内涵；进行市场调研，收集资料；进行营销策划分析；分解与确定具体策划目标；设计详细的策划方案；估算营销活动预期效益和营销成本；进行方案沟通与试验；进行方案调整；给出策划控制方案。

营销策划书的结构框架：封面；概述；目录；前言；影响营销的主要客观因素分析；机会分析；目标市场战略分析；行动方案；营销成本估算；行动方案控制；结束语；附录。

营销策划报告有两个目的，都要求策划人员与对方进行良好的沟通。必须注意，营销策划报告会前准备应视对方出席人的情况和报告内容而定。成功的营销策划报告，可以增强营销策划方案的说服力和实施效果。

【复习思考题】

1. 试述营销策划程序的内容。
2. 试述营销策划书的结构框架。
3. 营销策划书的撰写技巧有哪些？
4. 营销策划报告会前准备应包括哪些方面的内容？

【实训题】

以一个真实企业为对象，策划一款创新产品。要求按照营销策划程序，用规范格式形成营销策划书，并进行营销策划报告。

[实训目的]

1. 初步理解营销策划程序。
2. 熟悉营销策划书的撰写及其与营销策划程序的关系。
3. 能进行营销策划报告。

[实训重点和难点]

1. 营销策划程序的内容。
2. 营销策划分析。
3. 营销策划书的撰写。

[实训内容]

1. 明确企业资源量化数据，要求把握主要数据，具体、准确。
2. 分析产品特征和比较优势。
3. 进行需求特性分析。
4. 以企业为对象进行产品策划。
5. 严格按照规定程序进行营销策划并撰写营销策划书。

第 3 章　营销策划分析

【学习目标】
- 了解营销策划分析的作用。
- 了解营销策划分析的过程。
- 掌握营销策划分析的内容。

【思政园地】
世界是客观的，但人们看到的世界是主观的，仁者见仁，智者见智。因此，要以辩证唯物主义的价值观、世界观、方法论积极看待各种客观现象，用联系的、发展的眼光看世界，从中找到积极的、有利于事物发展的影响因素。这是一个非常重要的思维模式。

不断重复正确的重要观点，有利于学生建立正确的思维方法和世界观。

3.1　营销策划分析的作用与过程

复杂问题的解决方案一般都来自对影响该问题的因素的分析，通常的分析方法是首先通过对现象的抽象得到问题的本质，然后在本质层面研究各个相关因素的运行特点，最后运用相关规律加以解决。

营销策划分析，就是在发现市场营销中的问题后，去收集、分析和研究有关的信息，再为企业提出解决问题的策略和方法。营销策划分析是营销策划的基础。

企业在进行营销策划的过程中会遇到许多问题，也会找到许多不同的解决方法，从某种意义上说，营销策划中发现问题和解决问题的全过程就是营销策划分析的过程。

营销策划作为一项系统工程，有丰富的科学内涵。其整体作为一个过程，包含着丰富的内容和科学的方法。从目标的确定到方案的选择、确定与实施，以及最后对整个策划活动效果的评估，都需要从定性与定量两个角度来分析。

营销策划分析可以帮助企业解决重大的经营决策问题，如可以知道自己在世界上的某个地区有无经营机会或能否在另一个地区将已经获得的市场份额扩大；也可以帮助销售部门对一些较小的问题做出决定，如是否应该立即对价格进行适当的调整以适应消费者在节日期间的消费行为，或者是否应该增加营业推广过程中发放的奖品以加大促销工作的力度。总之，市场营销的管理者要想做出准确和有效的营销策划，就必须依靠营销策划分析人员的研究结果。

3.1.1　营销策划分析的作用

营销策划过程实际上是分析、分解的过程。营销策划过程中的每个环节都依赖于前面环节的分析结果。

营销策划分析针对影响营销活动的因素进行，目的在于掌握企业的市场营销特性，预测市场中哪些因素发生变化会对营销过程产生影响，为提升市场营销能力和制定市场营销战略提供依据。营销策划分析通过信息及信息的序化把消费者、产品和企业联系起来，并把市场上的机会及问题带给决策者，以便帮助决策者制定正确的营销策划方案。

营销策划分析可以在以下 4 个方面发挥重要作用。

1. 发现市场机会

营销策划分析有助于发现市场机会。企业若想在一个新的地区开辟自己的业务，除了要了解该地区的消费者需求，还要了解该地区商业上的竞争者。只有通过细致的市场调研，企业才有可能制定出有效的营销策略。

2. 确定企业经营目标和策划目标

营销策划分析有助于确定企业经营目标和策划目标，丰富企业控制营销的手段。

3. 发现问题并找出解决办法

营销策划分析有助于发现企业经营中的问题并找出解决办法。经营中的问题范围很广，涉及企业、产品、销售、广告等各个方面。造成某种问题的因素也不是那么简单，尤其是当许多因素相互交叉作用的时候，营销策划分析就显得格外重要。

4. 了解消费者对产品的要求和需要

营销策划分析有助于了解消费者对产品的要求和需要。营销过程实际上就是通过各种各样的方法来使消费者感到满意的过程。

营销策划分析通过信息及对信息的分析和处理把消费者和企业联系起来。正是由于有了这些信息，才使营销策划分析人员能够确定市场中存在的问题，调整市场营销活动中不适当的策略与方法，同时找出解决这些问题的办法。

3.1.2　营销策划分析的过程

按照系统论和生态论的观点，企业外部环境、企业内部环境、产品和消费者共同组成一个大系统，企业内部环境与企业外部环境是这一大系统中的两个子系统，两者必须配合，才能影响产品和消费者，从而产生系统效应。从企业角度来看，企业外部环境这一子系统是企业不能控制的客观条件，时刻处于变动之中；必须经常按产品和消费者的要求对自身系统进行调整，才能适应和满足消费者的要求，提升消费者满意度。

营销策划分析的过程可以明显地分为 5 个步骤，其中每个步骤都有特定的内容和要求。图 3-1 展示了由这 5 个步骤组成的营销策划分析的全过程。

1. 明确市场营销中存在的问题，确定营销策划分析目标

在进行环境分析时，首先要明确分析的目的是什么。目的是否明确，关系到分析的方向、内容和方法，应予以充分重视。市场营销中的问题可能在企业方面，也可能在消费者

方面，如销售收入及利润的变化、新旧产品的替代、消费者对产品的认识程度等。

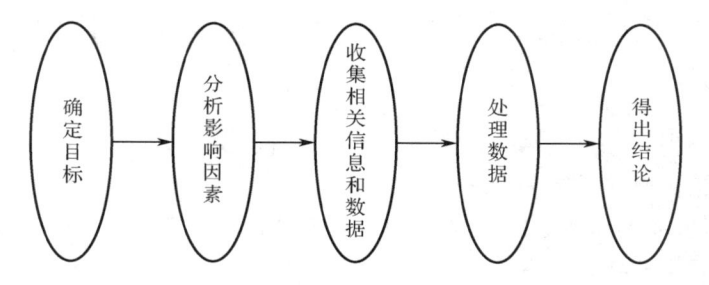

确定目标 → 分析影响因素 → 收集相关信息和数据 → 处理数据 → 得出结论

图 3-1　营销策划分析的过程

企业不仅要确定研究目标，还要确定解决问题的限制条件，如时间、资金、法律约束等。此外，由于营销策划分析的目标涉及的因素太多，还要确定一些假定条件来简化营销中的问题。例如，一些男性和女性均可使用的产品，如果男性在购买者中占绝大多数，则可以在研究中把女性消费者舍去，领带就是其中的一例。

在确定了营销策划分析目标的同时，还要确认一些衡量问题的标准，再借助这些标准，提出解决问题的方法。

2．分析影响市场的因素

市场因素直接影响和制约着企业的市场营销活动。进行市场分析的目的有两个，一是找到市场的问题，并分析出原因；二是找到市场的机会点。营销策划应基于对具体市场状况的分析，其是否科学取决于策划对营销环境的体现程度。

由于构成环境的因素多、涉及范围广，在有限的时间和费用条件下，不可能对全部因素进行调查，必须根据分析的目的，选择对企业影响较大的重要因素进行调查和分析，如目标市场特征、需求特点和目标顾客的购买行为模式、营销环境分析、企业背景与资源状况、产品状况等。

3．收集与研究目标相关的信息和数据

与研究目标相关的信息包括概念性的信息和方法性的信息两个部分。概念性的信息表明一种看法、现象、潮流或直接的对某种产品或服务的描述。例如，某年的流行色是黄色还是粉色就属于概念性的信息。方法性的信息是指相关人员在进行营销策划分析时所运用的各种方法。这些方法涉及一些调查方面的问题，例如，如何才能使人们认真地填写问卷？问学生对两种品牌的看法时，怎样才能使学生不产生误解？

数据是对现象的描述，是研究中的基本部分，也是营销策划分析的基础，包括直接数据和间接数据。直接数据是指为进行某项研究而特别收集的数据，也可以从特别设计的实验中得来。间接数据是指以前已经记录下来的数据，一般从企业内部的经营记录中就可以找到，如销售记录、仓储记录等。有的数据需要到网络相关部门去收集。

4．数据处理

一般来说，数据反映的只是事物现象，并不能直接作为策划的依据。只有通过对描述

现象的数据进行统计和处理，得到研究对象的本质和发展规律，才可以作为策划的依据。

营销策划分析中常用的统计方法有描述性分析、回归分析、相关分析、方差分析等。

5. 得出结论

得出结论，即得到趋势或规律。通过对数据处理结果的分析和判断，得到正确的、符合实际情况的结论，以便于策划的展开。

需要指出的是，由于营销策划可能针对不同的营销活动方面，如企业营销战略、产品、促销等，而影响营销活动的因素各不相同，所以在选择分析因素时会有所不同。

3.2 营销策划分析的内容

3.2.1 营销环境分析

营销策划是否科学，取决于策划人员对营销环境的认识程度。从这个意义上来讲，只有全面、深刻地反映营销环境的策划，才是一个优秀的策划。企业市场营销环境的内容既广泛又复杂。不同的因素对营销活动各个方面的影响和制约也不尽相同，同样的环境因素对不同的企业所产生的影响和形成的制约也不一样。

营销环境间接影响和制约企业的市场营销活动。在进行营销策划时，必须使企业的营销策划方案与营销环境保持一致。在一些受科技发展影响较大的产品（如计算机、家用电器等）的营销策划中，还需要考虑技术发展趋势和方向的影响。

按照"现代营销学之父"菲利普·科特勒的解释，营销环境是影响企业的市场和营销活动的不可控制的参与者和影响力。具体地说就是影响企业的市场营销管理能力，使其能否卓有成效地发展和维持与其目标消费者的交易及关系的外在参与者和影响力。因此，营销环境是指与企业营销活动有潜在关系的所有外部力量和相关因素的集合，是影响企业生存和发展的各种外部条件。

进行营销环境分析的目的在于掌握企业的市场营销特征（如经济发展不均衡导致不同地区的消费特点不同），为分析市场营销能力和制定市场营销战略提供依据。

如果营销环境对企业营销的影响不大，此部分可以省略。

1. 政治环境分析

政治环境分析就是对现在和未来国际、国内的政治态势和走向，以及已出台的和将出台的方针、政策、法规、条例、规章制度等的分析。国家的政策、法律对市场需求有很大的影响，在经济发展时期，市场需求倍增；经济调整巩固时期，市场就会疲软。

例如，我国加入WTO后，进口税率的调低对小家电市场、汽车市场都有很大的影响。

又如，1993年年初，国内地价、房价行情不断看涨，到了只要投资房地产，必然赚大钱的状态。一家房地产公司向四川大学一位政治教授进行政治形势咨询，教授分析了公司情况后，建议公司卖掉手中的现房，终止土地征购的谈判。果然，就在公司咨询后的第20天，中央出台了"银根紧缩"政策，许多房地产公司严重亏空，而该公司由于顺应了政治形势而毫发无损，并获利颇丰。

2．法律环境分析

任何营销都只能在法律规范下进行，任何与法律相抵触的营销行为都注定失败。因此，对目标市场的法律环境进行仔细分析是营销策划的基本前提。

例如，2003年11月10日，中国签署了《烟草控制框架公约》，成为《烟草控制框架公约》的第77个缔约国。《烟草控制框架公约》的主要内容有：全面禁止烟草广告；禁止烟草企业一切形式的赞助活动；禁止向未成年人销售香烟；禁止在公共场所吸烟；制造商公开生产的全过程；对标签和包装进行限制；明确烟草生产商的赔偿和责任。《烟草控制框架公约》给中国烟草业带来了强烈的"地震"，而烟草广告则位于其"震中"。现在，人们已经看不到烟草广告，烟盒上也被印刷上了"吸烟有害健康"几个字。

3．经济环境分析

经济的发达程度影响着该地区消费者的收入水平，而收入水平是购买力的标志。通常，市场研究中的经济指标有GDP、居民人均年收入、社会商品零售总额及人均社会商品零售额、居民存款余额及人均存款余额。企业营销总是在一定的经济环境下展开的，经济环境可直接影响企业的经济效益，因此必须全面了解和分析目标市场经济环境。

4．技术环境分析

研究目标市场的技术环境是对企业产品进行技术定位的基础。

科学技术新发明促进了新产品的出现和老产品的改进，会影响人们对某些技术陈旧的老产品的需求。例如，彩色电视机的出现影响了人们对黑白电视机的需求。

相关替代产品的出现，会直接影响产品的需求数量。例如，液晶电视的平民化，导致显像管电视市场需求量急剧下滑。

5．社会文化环境分析

社会文化影响着人们的生活方式、价值观念和消费习惯，对市场需求有很大的影响。各地的社会文化环境具有差异性，若能把握目标市场的社会文化特征，并借此事安排企业的生产与营销行为，就容易使经营获得巨大成功。进行社会文化环境分析时，主要考虑市场的文化背景、产品与目标市场的文化背景、产品与目标消费者的文化背景。

营销环境因素中，社会文化环境信息需通过专门的调查获得，其他环境信息均可从二手资料中获得。

例如，中国杜康酒销往日本前，厂家通过市场调查了解到日本人对长寿的乌龟很崇拜。因此，厂家把酒瓶设计成乌龟的形状，寓意喝了杜康酒就能像乌龟一样长命百岁。果然，杜康酒在日本上市后，受到了日本人的广泛欢迎。

6．人口环境分析

人口情况包括人口数量、各年龄段人口数量和比例、家庭户数及未来变化趋势。仔细分析目标市场的人口环境特征是十分必要的，主要内容包括以下5个方面。

（1）地理分布。要摸清目标市场的消费者现在何处，今后会流向何处。零售商一定要把商店开设在有买主的地方，密切关注其当前的地理分布，并预测今后的分布。

（2）家庭寿命周期。

（3）经济收入。经济收入主要包括人均 GDP、可支配收入、可自由支配收入、收入趋向等。

（4）所处社会阶层与亚文化群。

（5）参考团体。

3.2.2 行业背景分析

行业背景主要是指本项目所处行业近几年的发展情况，并指出该行业所处阶段（如朝阳期、稳定发展期、鼎盛期、潜伏可发展期、夕阳期等）。行业背景分析能揭示企业所在行业的整体供需情况和竞争状况，预测产品和市场需求量，掌握行业发展趋势和特点，确定企业在行业中的地位，发现本企业市场营销活动中的问题；应该用图表或数据进行说明，并通过行业的未来发展数据说明整个行业的发展趋势。

行业背景分析主要应明确以下 4 个问题。

1. 行业的发展状况

要明确行业的发展状况，即行业的主要经济特征，包括行业规模和增长速度、所覆盖的地理区域、技术变革和革新的速度、行业规模的经济性、资本要求、行业成功的关键因素等。

2. 行业的竞争状况

行业内各企业的竞争激烈程度主要取决于以下 6 个因素。

（1）竞争者的多少及力量对比。一个行业内的企业越多，行业竞争越趋于激烈；一个行业内的企业不多，但各企业都势均力敌，也会导致激烈的竞争。

（2）市场增长率。市场增长率低的行业，有可能竞争激烈；反之，有可能竞争不激烈。

（3）固定费用和存储费用的多少。固定费用高的行业迫使企业尽量利用其生产力。当生产力利用不足时，企业宁愿削价以提升销售量也不愿让生产设备闲置，因而使竞争加剧；在存储费用高或产品不易保存的行业，企业急于把产品卖出去，也会使竞争加剧。

（4）产品特色与消费者的转换成本。行业内消费者的转换成本较低，竞争就会比较激烈；转换成本较高，行业内各企业的产品各具特色，竞争就不会那么激烈。

（5）行业的生产能力。若由于行业的技术特点和规模经济的要求，行业内的生产能力大幅度提高，将会导致一段时期内生产能力相对过剩，造成竞争加剧。

（6）退出壁垒。退出壁垒是指退出某个行业所要付出的代价，包括未用资产的数量（退出该行业时，企业将因此蒙受重大损失）、退出的费用（包括人员安置费、库存物品处理费等）、策略性影响（如企业形象对企业营销、财务方面的影响等）、心理因素（如员工不愿退出该行业等）。

3. 行业的发展趋势和特点

行业的发展趋势和特点包括行业的前景和总体吸引力、使得企业所在行业有吸引力的因素、行业特点、存在的问题等。

4. 行业中各类企业的状况

行业中各类企业的状况包括该行业中企业的大致状况和本企业在行业中的地位与作用。

进行行业背景分析时必须注意，这项工作不是一项机械的表格式工作（输入各种事件和数据就会得到清晰、明了的结果）。对于影响因素如何发生作用、未来的行业及竞争环境将会是什么样的、战略分析等应该留有意见分歧的余地。例如，下列问题可能存在几个不同的分析方案：某个行业将如何发展、该行业未来的吸引力如何、行业的利润前景如何。

虽然不存在一个能够得出决断性分析结果的方法体系，但是在进行策划分析时，"走捷径"、完全依靠主观的观点和漫不经心的观察是不行的。策划人员必须随着各种事件的发生不断思考，不断向行业中的企业学习，敏锐地洞察出行业中最近发生的一切。这样，策划人员就更容易知道要解决的问题在什么地方，就能够洞悉出行业中的风吹草动，能够运用形势分析技术来寻找答案，解决企业面临的问题。

3.2.3 竞争者状况分析

在当今的市场营销中，竞争已成为司空见惯的现象，必须从竞争者那里赢得生存机会。所以，策划人员必须一只眼盯着消费者，另一只眼盯着竞争者，观察其优势与劣势。在比较分析的基础上，达到3个目的：一是能向竞争者发动准确的攻击，二是受到攻击时能做出有力的防御，三是向竞争者学习。企业不能满足于一件事比竞争者好一点，而要争取一百件事都比竞争者好一点。

竞争者状况分析一般比较详细，内容庞杂，主要包括以下内容。

1. 竞争者的一般状况

竞争者的一般状况通常包括竞争者的名称、所在地、经营规模、发展趋势和前景。从竞争者的经营规模可以看出竞争力和整体实力。整体实力决定了开发能力、生产能力、宣传能力和销售能力。根据发展趋势和前景，能分析竞争者的发展趋向，预测竞争者的发展前景，不仅可以作为自身企业发展的借鉴，而且可以作为营销定位的基础等。

2. 竞争者的产品体系

在分析竞争者的产品体系时，可了解到竞争者的经营品种、核心产品、目标市场及企业的市场定位。在同类产品中，不同企业经营着不同的品种，有的企业品种单一，有的企业品种复杂。了解这些企业的经营品种，再分析它们各自的销售效益，可以发现市场上的畅销产品和空缺产品；了解竞争者的拳头产品，可以作为培植本企业产品体系的主要依据。

3. 竞争者的市场状况

竞争者的市场状况包括市场占有率、目标市场区隔情况、目标消费者对企业目标市场的认同度等。可以通过官方的统计资料、经销商的经销数据和直接/间接访问来获得相关信息。弄清竞争者的市场占有率，分析竞争者的营销特征，有助于找到该类产品的最优营销方案。

4. 竞争者的营销特性

竞争者的营销特性是策划本企业营销方案的主要参照因素，主要包括以下内容。

（1）竞争者的营销规模。营销规模主要是指销售额、销售人员数量、销售费用投入等。

（2）竞争者的营销策略。应主要考虑竞争者的战略性经营方式与已经实施的营销行动。每个企业都有自己的营销策略，以保证营销的顺利实施。了解这些策略，可以使企业在市场竞争中以己之长制彼之短。

（3）竞争者产品的营销渠道。渠道竞争已经成为企业竞争的重要手段。分析竞争者营销渠道的合理性后进行差异化处理对确定本企业的营销方案是大有帮助的。

（4）竞争者销售网点的布局情况。竞争者销售网点的布局情况是确定本企业销售网点的主要参照。具体有两种方式：一种是并立式，凡是竞争者设有销售网点的地方，本企业也设立销售网点，抢夺同一市场；另一种是回避式，凡是竞争者设有销售网点的地方，本企业就避而远之，开拓竞争者未涉足的地区。两种方式各有利弊，企业应根据自身特点谨慎选择。

（5）竞争者与中间商的关系。竞争者与中间商的关系决定着竞争者的市场稳定性。如果竞争者与中间商关系好，其他企业要进入中间商所控制的市场就较为困难；如果竞争者与中间商关系疏远，那么其他企业取而代之，进入竞争者的市场就较为容易。因此，在计划挤占竞争者的市场时，必须弄清其与中间商的关系。

（6）竞争者的服务状况。竞争者的售前、售中、售后服务良好，就可以学为己用；如果服务不好，就可以作为市场的突破口——提供更为优质的服务，占领竞争者已经拥有的市场。

5. 竞争者的优劣势

竞争者在生产或市场营销的各个方面（如原材料供应能力、生产能力、管理能力、筹资能力、分销网络的实力、营销技能等）都会存在优劣势。大部分用来识别竞争者的优劣势的信息都可以从二手资料及企业销售部门获得。

综上所述，通过对竞争者的分析，应该掌握以下方面的详细信息。

（1）主要竞争品牌的知名度。

（2）主要竞争品牌在总体市场及各销售渠道的市场占有率。

（3）主要竞争品牌的消费者构成。

（4）主要竞争品牌的产品价格与定位。

（5）主要竞争品牌的销售渠道、铺货范围和供货程度。

（6）主要竞争品牌在各销售渠道的优劣势。

（7）主要竞争品牌在各零售店的促销活动。

（8）主要竞争品牌的广告费用比例。

3.2.4 市场状况分析

市场状况分析的涉及面很广，要根据不同的策划目标选择不同的内容进行重点分析。在分析中必须注意用数字进行量化描述，善于从数字中发现问题，从数字中找到原因，这是对市场状况进行分析的目的。

下面列举几个市场状况分析内容以供参考。

1．同类产品的市场规模分析

同类产品的市场规模分析主要涉及以下内容。
（1）市场可以容纳的销售额量，即对市场潜力的测算。
（2）整个市场的销售额，即市场的实际规模。
（3）同品类产品所在的各个企业的销售量与市场地位。
（4）目标消费者的数量和目标消费者的总购买量。
（5）市场规模的变化趋势。

2．市场的构成分析

市场的构成分析主要涉及以下内容。
（1）构成这一市场的主要产品的品牌及品类数量。
（2）各品牌在市场上的份额和各自的目标市场。
（3）各个目标市场上居于主要地位的品牌。
（4）与本企业品牌构成竞争的品牌。
（5）未来市场构成的变化趋势。

3．市场上同品类产品的营销特性分析

市场上同品类产品的营销特性分析主要涉及以下内容。
（1）市场上同品类产品的品牌形象。其内容包括企业对市场上同品类产品的形象描述、形象设计、形象宣传，以及消费者对产品形象的认知程度等。
（2）市场上同品类产品的目标市场。其内容包括企业对市场上同品类产品的目标市场的描述、对目标市场的认定、对实现目标市场进行的营销动作，以及消费者对企业目标市场的认同程度等。
（3）市场上同品类产品的市场定位。其内容包括企业对市场上同品类产品的市场定位的描述、对市场定位的认定、对实现市场定位进行的营销动作，以及消费者对企业市场定位的认同程度等。
（4）市场上同品类产品的市场促销形式与手段。其内容包括市场上同品类产品的市场促销形式与手段、促销敏感点、促销优劣势、促销目标，以及消费者对促销的接受程度等。
（5）产品市场构成的特性。其内容包括产品需求的季节性、阶段性，产品所处的生命周期阶段及其他突出特点等。

3.2.5 企业资源分析

在策划活动中，了解本企业所拥有的资源同样重要。了解本企业的产品在消费者心目中的地位、产品在市场中的竞争地位、拥有的资源状况是进行营销策划的基础，对本企业的资源不了解，就无法进行策划。

企业资源是策划的出发点，必须特别注意在分析中找到比较优势，才能在进行策划时做出正确的决策。应该注意，企业资源的内涵应当是企业拥有的一切资源。对企业资源进行分析的涉及面很广，如企业的核心竞争力、生产能力、技术开发与工艺保障能力、人力资源、营销资源、市场开拓与市场资源、企业形象策划能力、公共关系资源等。

首先通过对企业资源的分析，结合竞争者的优劣势，了解本企业的品牌有哪些优劣势；然后结合市场机会，看看这些市场机会与本企业的目标、资源、条件等是否一致；最后选择那些比潜在竞争者有更大优势、能享有更多利益的市场机会作为本企业的发展机会。

3.2.6 消费者行为分析

消费者行为分析对企业的产品决策、促销决策都至关重要。进行消费者行为分析的目的在于掌握消费者对产品相关因素的具体要求，勾画出典型的消费者形象，从而为细分市场、有针对性地开展市场营销活动提供参考。

消费者行为分析的主要内容如下。

1. 消费者购买行为敏感因素

消费者购买行为敏感因素是指影响消费者购买行为的主要因素（包括社会因素、文化因素、个人因素、心理因素等），又指影响消费者购买决策的主要因素（包括对产品的需求、感兴趣的方面、所处的社会地位、收入水平、品位，以及产品价格等）。

2. 消费者群体的构成和特征

消费者群体的构成部分，要给出目标消费者总量、消费者所处行业或消费者的不同类型。

消费者群体的特征部分，按消费者的职业、收入状况、地域分布、受教育情况等进行分类，并详细叙述各类型消费者的特点和结构，找到消费者的需求、兴趣点和敏感点。消费者群体的特征是营销策划中非常重要的一个基础因素，要描述得非常清晰、具体，因为只有这样，才能准确扮演消费者，精准把握消费者的心理需求。

3. 目标消费者群体的总体消费态势

目标消费者群体的总体消费态势包括消费者对现有同类产品的消费时尚、消费态度、需求特性、消费习惯等，因此，应了解消费者参与购买的角色、购买动机、购买时间、购买频率、购买数量、购买地点、购买行为等。

4. 消费者的态度

消费者的态度具体包括消费者对产品的喜爱程度、对本品牌的偏好程度、对本品牌的认知程度、对本品牌的指名购买程度、使用后的满足程度、未满足的需求等。

【案例 3-1】　　　　　　　　　速溶咖啡滞销的秘密

20 世纪 40 年代，美国速溶咖啡投入市场后，销路不畅。厂家请专人进行研究。研究人员先是用问卷法直接询问，很多被访问的家庭主妇说，不愿选购速溶咖啡是因为不喜欢速溶咖啡的味道。

调研的新问题出现了：速溶咖啡的味道不像豆制咖啡的味道吗？

在邀请家庭主妇们试饮时，她们却大多辨认不出速溶咖啡和豆制咖啡。这说明，她们不选购速溶咖啡的原因不是味道问题，而是心理因素导致。

为了找出这个心理因素，研究人员设计了两张几乎相同的购物单，唯一的区别在于其中的咖啡不同，然后把购物单分给两组家庭主妇，要求她们评价购物单持有人的特征。结果，差异非常显著：绝大多数看了含有速溶咖啡购物单的被访者认为，按照这张购物单购物的家庭主妇是懒惰、浪费、失职的妻子，并且安排不好自己的计划；而绝大多数看了含有豆制咖啡购物单的被访者认为，按照这张购物单购物的家庭主妇是勤劳、节俭、称职的妻子。

由此可见，当时的美国家庭主妇存在一个共识：作为家庭主妇，完成繁重的家务劳动是职责，任何企图逃避或减轻这种劳动的行为都应该遭到谴责。速溶咖啡之所以受到冷落，问题并不在于产品自身，而是家庭主妇想努力保持社会所认定的完美形象，不愿让人非议。

谜底揭开以后，厂家对产品包装进行了相应修改，如使包装密封得十分牢固，开启时比较费力，这就在一定程度上打消了家庭主妇因为用新产品省事而造成的心理压力；在广告中也不再强调简便的特点，而是宣传速溶咖啡与豆制咖啡一样醇香、美味。

很快，速溶咖啡销路大增，成为很受西方消费者欢迎的产品。

有趣的是，在 1970 年，有人重复这一研究，发现人们对速溶咖啡的偏见已经消失，并普遍接受了简便物品的优点，说明消费者的消费动机和消费观念是随着社会形势的变化而变化的。

3.2.7　产品分析

产品分析是某些策划中的重点，如在进行促销策划时，必须了解产品的现实功能、潜在功能，并比较优势等。

FAB 分析法是目前产品分析中比较先进的一种方法，有助于企业简单、快速、全面地了解产品的情况。其中，F 是特征的英文 Feature 的缩写，指产品的效用价值，包括机能、构造、使用难易程度、耐久性、经济性、外形、价格等；A 是优点的英文 Advantage 的缩写，指针对上述特征寻找特殊作用，或者弄清上述特征在该产品中扮演什么角色（若是一个新产品，就应该有发明背景及发明它的必要性）；B 是利益的英文 Benefit 的缩写，指上述特殊作用或优点等能给消费者带来什么利益，可满足消费者的哪些需要。

1. 产品特征分析

产品特征分析主要涉及以下内容。

（1）产品的一般性能特征。其内容包括产品的基本性能、最突出的性能、最适应消费者需求的性能、还不能满足消费者需求的性能等。

（2）产品的质量特征。其内容包括产品的质量等级、消费者对产品质量的满意程度等。

（3）产品的价格特征。其内容包括产品在同类产品中的档次、产品价格与质量的匹配程度、消费者对产品价格的认同程度等。

（4）产品的材质特征。其内容包括构成产品的主要原料、产品在材质上的特别之处、消费者对产品材质的认同程度等。

（5）产品的生产工艺特征。其内容包括产品在生产工艺上的特别之处、消费者对生产工艺的认同程度等。

（6）产品的外观与包装特征。其内容包括市场上同品类产品的外观与包装情况（如在货架上是否醒目及其原因、欠缺之处、对消费者的吸引力、消费者的评价）、产品质量、产品价格和形象匹配程度。

2. 产品品牌形象分析

产品品牌形象分析主要涉及以下内容。

（1）企业赋予产品的形象。其内容包括消费者企业对产品形象的思路、企业为产品设计的形象、品牌形象设计中存在的问题、对消费者进行的产品形象宣传方式等。

（2）消费者对产品形象的认知情况。其内容包括消费者对产品形象的反馈结果、消费者认知的形象与企业设定的形象间的差距、消费者对产品形象的预期、产品形象在消费者认知方面存在的问题等。

3. 企业对产品的市场定位分析

企业对产品的市场定位分析主要涉及以下内容。

（1）企业赋予产品的市场定位。其内容包括产品的市场定位、企业对产品定位的不合理之处、对消费者进行的产品定位宣传方式与效果等。

（2）消费者对产品的市场定位的认知程度。其内容包括消费者认知的定位与企业设定的定位间的差距、消费者对产品定位的预期、产品的市场定位在消费者认知方面的障碍等。

（3）产品的市场定位的效果分析。其内容包括产品的定位和预期效果间的差距、因产品定位导致的营销难易等。

4. 产品在消费者心目中的地位分析

通过对产品进行分析，应了解本企业产品在消费者心目中的地位，基本内容如下。

（1）本企业产品是否受欢迎。产品是否受欢迎，可采用抽样调查法，对消费者或经销商、零售商进行调查；同时，从销售额的增长趋势也可以分析出产品受欢迎的程度。

（2）本企业产品在消费者心目中的形象。产品在消费者心目中会形成各种形象，如是高科技产品还是低科技产品，是高档产品还是低档产品，是优质产品还是劣质产品，是奢侈产品还是普通产品,是高价产品还是廉价产品,是安全产品还是风险产品等。

(3)消费者对本企业产品的消费层次。围绕产品,消费者有3个消费层次:一是忠诚层,即产品的忠诚消费者,长期购买该企业的产品,甚至非该企业的产品不买;二是游离层,即会购买该企业的产品,但也会购买其他企业的产品,并不迷恋该企业的产品;三是潜在层,即不买该企业的产品,但如果经过有效营销,就会购买。了解了3个消费层次的规模、分布和特征,就可以策划营销方案,稳住忠诚层,抓住游离层,争取潜在层。

(4)本企业产品畅销或滞销的原因。关于畅销或滞销的原因,最好用调研法来获得。如果调研不能全面了解情况,还可以进一步使用因果分析法进行分析。

(5)消费者使用本企业产品的方便性。通过实地调研,了解消费者是否会使用本企业产品,说明书是否通俗易懂,使用产品是否方便,放置产品是否方便。如果发现有不方便之处,在进行营销策划时,必须设计改进措施。

(6)消费者对本企业产品有哪些意见。产品常常并不完美,消费者在使用过程中,必然产生意见。收集这些意见,就成为营销策划的起点。

(7)本企业产品的消费者所属的细分市场。不同的细分市场,有不同的营销方法,了解产品的细分市场,有助于企业进行营销定位。例如,用老年消费者市场营销策略来开拓青年消费者市场显然是不行的。

5. 产品竞争力分析

通过产品分析,应该了解本企业产品的竞争地位。

(1)本企业产品在市场同类产品中的排序。排序有多种指标,如市场占有率、产品质量、产品价格、产品价质比、产品消费者满意度等。可以用这些指标为营销策划制定目标,为测试方案实施效果提供依据。

(2)本企业产品与竞争者产品的差距和优劣势。其内容包括与竞争者比较,本企业产品的不足和优劣势,以及策划时如何扬长避短。

(3)本企业产品的市场竞争力。竞争力是一个综合概念,由多种要素构成。竞争力的大小不仅决定了市场占有率,还决定了生命周期的长短。在分析竞争力时,不仅要分析硬竞争力,还要分析软竞争力。硬竞争力指产品质量、功能、包装、价格等,软竞争力指营销手段、产品形象等。

3.2.8 市场机会分析

营销策划是对市场机会的把握和策略的运用,分析市场机会是营销策划能否成功的关键。市场上尚未满足的各种消费需求构成了企业发展的市场机会。因此,市场机会是企业生存和发展的生命线,只要找准了市场机会,营销策划就成功了一半。

由于市场供求关系和市场环境的不断变化,市场机会往往是稍纵即逝的,而且是众多竞争者争夺的焦点。

实践中可以使用SWOT分析法进行市场分析,即分析企业内外部环境,明确内外部环境中有哪些优势、劣势、机会和威协,捕捉市场机会,寻找适合本企业实际情况的经营战略和策略。对于比较大的策划,可以把SWOT分析作为市场分析的一部分,每项分析都以

SWOT 分析形式进行，并且得出结论。

1. SWOT 状态分析

进行 SWOT 状态分析的具体方法是通过策划分析找出企业内外部环境中的优势、劣势、机会和风险，填入如表 3-1 所示的 SWOT 状态分析表中或直接分别列出，达到信息序化的目的。通过信息序化，形成对策划背景的清晰认识和正确判断。

表 3-1 SWOT 状态分析表

环境类别	状 态	
外部环境	潜在外部威胁（T） 1. 2. 3.	潜在外部机会（O） 1. 2. 3.
内部环境	潜在内部优势（S） 1. 2. 3.	潜在内部劣势（W） 1. 2. 3.

SWOT 分析既可以作为一种分析工具使用，也可以作为一种分析思想，切不可拘泥于形式而忽略其本质内涵。

2. SWOT 对策分析

SWOT 对策分析还可以作为选择和制定战略的一种方法，因为它提供了 4 种战略，即 SO 战略、WO 战略、ST 战略和 WT 战略，如图 3-2 所示。

	内部优势（S） 1.____ 2.____ 3.____	内部劣势（W） 1.____ 2.____ 3.____
外部机会（O） 1.____ 2.____ 3.____	SO 战略 依靠内部优势 抓住外部机会	WO 战略 利用外部机会 改进内部劣势
外部威胁（T） 1.____ 2.____ 3.____	ST 战略 利用企业的优势 避免或减轻外部威胁	WT 战略 减少内部劣势 避免外部威胁

图 3-2 SWOT 对策分析图

（1）SO 战略就是依靠内部优势，抓住外部机会。例如，一个资源雄厚（内部优势）的企业发现某个国际市场不饱和（外部机会）时，就应该采取 SO 战略去开拓这个国际市场。

（2）WO 战略是利用外部机会，改进内部劣势。例如，一个十分缺乏技术专家（内部劣势）的企业，面对计算机服务需求增长（外部机会）时，就应该采取 WO 战略，聘用技术专家或购入一个技术水平较高的计算机公司。

（3）ST 战略就是利用企业的优势，避免或减轻外部威胁。例如，一个企业的销售渠道很多（内部优势），但是由于各种限制又不能经营其他商品（外部威胁）时，就应该采取 ST 战略，走集中型、多样化的道路。

（4）WT 战略就是减少内部劣势，避免外部威胁。例如，一个商品质量差（内部劣势）、供应渠道不可靠（外部威胁）的企业应该采取 WT 战略，强化企业管理，提高产品质量，稳定供应渠道，或者走联合、合并之路，以谋生存和发展。

SWOT 方法的基本要求就是策划方案必须使其内部环境（优势与劣势）和外部环境（机会与威胁）相适应，以获取经营的成功。

【本章小结】

营销策划分析的作用包括：发现市场机会；确定企业经营目标和策划目标；发现问题并找出解决办法；了解消费者对产品的要求和需要。

营销策划分析的过程可以分为 5 个步骤：明确市场营销中存在的问题，确定营销策划分析目标；分析影响市场的因素；收集与研究目标相关的信息和数据；数据处理；得出结论。

营销策划分析的内容包括：营销环境分析；行业背景分析；竞争者状况分析；市场状况分析；企业资源分析；消费者行为分析；产品分析；市场机会分析。

【复习思考题】

1. 营销策划分析的作用是什么？
2. 简述营销策划分析的过程。
3. 营销策划分析的内容包括哪些？
4. 如何进行市场机会分析？

【实训题】

以一个自己熟悉的消费品生产和销售企业为对象，根据营销策划分析要求，收集企业的相关信息，进行营销策划分析。要求有营销环境分析、行业背景分析、竞争者状况分析、市场状况分析、企业资源分析、消费者行为分析、产品分析、市场机会分析，与同学研讨并形成分析报告。

[实训目的]

1. 掌握营销策划分析的内容。
2. 学习营销策划分析的过程。
3. 掌握行业背景分析的内容。
4. 掌握消费者行为分析的具体内容，特别是对消费者特征的把握。
5. 掌握产品分析的内容。

[实训重点和难点]

1. 营销策划分析内容的具体化。
2. 营销策划分析的程序与内容。
3. 行业背景分析的目的与方法。
4. 对消费者特征的描述。

[实训内容]

对以下内容进行重点分析。

1. 营销环境分析

（1）市场现有产品状况：品种、规格、品牌、款式、价格、经营方式、促销方式、广告内容等。

（2）市场状况：消费者特征、消费者需求分类。

2. 行业背景分析

（1）行业的发展状况：行业未来趋势。

（2）行业中各类企业的状况：该行业中的竞争企业和竞争产品等的状况、本企业在行业中的地位与作用。

3. 企业资源分析

（1）企业规模。

（2）生产能力。

（3）资金状况。

（4）技术状况。

（5）营销状况。

（6）品牌状况。

（7）比较优势与在行业中的地位。

第 4 章　目标市场战略分析

> 【学习目标】
> ● 掌握市场研究注重的方面。
> ● 掌握市场细分的程序。
> ● 掌握确定目标市场的步骤。
> ● 掌握市场定位的方法。
> ● 掌握进行目标市场战略分析的程序。
>
> 【思政园地】
> 世界是客观的，可以选择不同的角度去看世界，发现不一样的世界。独特的视角有助于企业发现空白市场，更好地满足消费者的需求，获取更多的利润。

在营销理论中，市场细分、目标市场确定与市场定位是制定企业营销战略的重要内容，也被称为目标市场战略。在进行营销策划分析时，必须习惯通过市场细分寻找并确定目标市场，在目标市场中通过市场定位把握目标消费者的需求。

在市场上，由于受到很多因素的影响，不同的消费者通常有不同的欲望和需求，因而有不同的购买习惯和购买行为。消费者需求的差异使得任何产品都无法满足所有消费者的需求。因此，企业必须将自己最有吸引力的、可以提供最有效服务的细分市场作为目标市场，再在该目标市场上找到自己的经营优势。

目标市场战略分析是指在市场研究的基础上，进行市场细分、目标市场确定和市场定位。其中，市场研究与市场细分是策划成功的基础，成功的营销策划依赖与众不同的市场细分变量的选择。

4.1　市场研究

在这个环节，策划人员必须到消费者中间进行实地调研和体验，因为这种市场感觉无法从其他途径获得。在市场研究过程中，应注重了解以下 3 个方面。

1. 消费者特征

应了解消费者特征，如性别、年龄、收入、受教育程度和职业、心理等。

2. 消费者需求特征

通过分析消费者需求特征，判断消费者对这种产品或服务的需求。

3. 消费者潜在需求的差异性

分析需求的同质性，以及哪些需求还没有满足等。

可以站在消费者的角度,运用策划人员对需求的专业认识来分析和判断消费者有哪些潜在的需求,准确、具体地描述消费者对产品或服务的需求。

因为在进行营销策划分析时已经进行了消费者的相关特征分析,因此,此处省略该部分内容。实际策划时应该根据实际需要进行。

4.2 市场细分

所谓市场细分,就是企业按照市场同质性,根据消费者需求的特征,把需求基本相同的消费者分别归类,形成若干子市场或细分市场。其中,任何一个子市场或细分市场都是一个有相似的欲望和需求的消费者群体。

不同细分市场之间的需求差别比较明显;而在每个细分市场内部,需求差别就比较细微,基本倾向一致,都可能被选为企业的目标市场。

企业进行市场细分的目的有两个:一是了解目标消费者的需求。了解不同的消费者群体的不同特殊需求,从而发现哪些消费者群体的哪些需求没有得到满足或没有得到充分满足。二是找到空白市场或竞争不激烈的市场。在满足水平较低的市场中,可能存在着更好的市场机会。

企业在进行市场细分之后选择目标市场,可以有的放矢地采取适当的市场营销措施;可以按照目标市场需求的变化,及时、正确地调整产品结构,使产品适销对路;可以调整和安排分销渠道、广告宣传方式等,使产品能顺利、迅速地到达目标市场;可以集中人力、财力和物力,使有限的资源集中使用在"刀刃"上,从而以最少的经营费用取得最大的经营效益。

【小思考 4-1】　　　　　　　不同角度的服装市场细分方法

服装市场的竞争十分激烈。一方面,企业为了谋求生存机会绞尽脑汁,但仍有很多企业找不到好的营销途径;另一方面,消费者经常为买不到自己喜欢的衣服而苦恼。这说明企业不了解消费者的详细需求,而只能看到普通的、共性的需求。其实,随着收入水平的提升,人们在购买衣服时注重的内容比以往更加具体、个性,注重差异化。

如果根据消费者的心理特征,把消费者分为性格内向和性格外向,那么服装的款式和格调就会大不一样。企业应该作为消费者需求的专家,能够很好地把握消费者的不同性格,熟知消费者对款式、风格、色彩等的要求,设计出消费者喜欢的服装。

那么,是否可以根据消费者的日常习惯进行功能需求划分,为服装引入高科技呢?比如,大胆设想一下,设计一种可充电服装,把使用手机较多的消费者作为目标消费者。这种服装可以在保证安全的情况下为手机充电,既可以解决人们随身携带充电宝的麻烦,又可以引领科技时尚。竞争者少,消费者又有需求,加之那些前卫冒险型消费者愿意出高价购买,何乐而不为呢?

4.2.1 有效市场细分的要求

进行市场细分有许多方法,但并不是所有的细分都是有效的。例如,可以根据购买食盐的消费者头发颜色的不同,将其分为淡黄色头发的消费者和浅黑色头发的消费者,但是购买食盐与头发颜色无关。按照消费者头发颜色来细分购买食盐的消费者就是无效的细分。因此,要使市场细分有经营价值,即有效,就必须满足以下 4 个要求。

1. 差异性

与其他细分市场相比,企业所选择的细分市场应该是独特的。细分市场应能被区别,并且对不同的营销组合因素和方案有不同的反应。

2. 足量性

细分市场的规模要大到足够获利的程度,值得企业基于此制定营销发展计划。一个企业在市场细分的基础上选择了新的目标市场,就必然要为新的目标市场设计产品系列和营销组合策略,这对于企业来说要付出一定的成本。如果市场小,发展潜力小,那么企业的前景就暗淡,企业的经营风险就大。一个细分市场应是值得企业为之设计一套营销规划方案的市场,包含的消费者应是范围尽可能大的同质群体。

3. 可衡量性

细分市场必须是可衡量的,也就是说,细分出的市场的规模(消费者数量)、购买能力、购买频率等都是可以衡量的,即用来划分细分市场大小和购买力的特性应该是能够加以测定的。

4. 可进入性

细分市场必须是企业内部条件所能达到的。选择目标市场时必须考虑企业资源,即企业能有效地进入细分市场并满足消费者需求的程度。一般来说,企业资源不够多的话,目标市场不能过大,不宜成长得太快,否则很容易失败。

满足了上述 4 个要求,可以初步选出较有发展潜力的细分市场作为重点考虑对象。此时,可以用下列问题来检验经过细分和完善的市场是否合格和有效。

(1)能取得经济效益的细分市场中,是否拥有消费者数量的最低界限。

(2)企业能够控制的细分市场的数量。企业能控制的细分市场的数量是有限度的,这主要由企业自身的综合实力强弱来决定。

(3)是否能使用一系列可衡量的参数来检验市场(如市场容量、消费者的数量等)。

(4)细分市场是否具有足够的潜力来形成企业发展的机会。

(5)细分市场是否能被普通的分销渠道所服务,以及有没有其他特殊要求。

(6)企业是否能采用简单、经济的沟通方式来识别和获得消费者(如促销、广告)。

(7)细分市场是否具有一般性的、可描述出来的特征。

(8)企业是否能为有效控制细分市场提供一套组织方案和信息系统。

4.2.2 市场细分变量的确定

市场细分变量又称市场细分标准。

市场细分贵在创新。找到创新的市场细分变量才能创造出独特的目标市场，才能最大限度地避开竞争。企业必须创造新的市场细分变量或变量组合，以便找到独特的空白市场。比如手机市场，如果以手机的价格作为市场细分变量，那么高低端手机市场都已经饱和。所以从现象上看，手机市场已经饱和或者说趋于饱和，且被几大手机生产企业垄断；但是如果以消费者需求的功能来划分，那么学生、会计、工程技术人员、老年人、母婴市场都还是空白市场，没有竞争或竞争很小。

具有代表性的市场细分变量有地理因素、人口因素、心理因素、行为因素 4 类。需要注意的是，这只是细分的基本元素，是思维依据，实践中绝不可以此为细分标准。这样得到的细分市场会与其他企业的细分市场重合。

1. 地理因素

按照消费者的地理位置来细分市场是一种传统的市场细分方法。

在市场营销学中，把地理因素作为市场细分变量是从消费者需求的角度出发的，因为处于同一地理位置的消费者的需求，受当地的地理环境、气候条件、社会风俗、传统习惯的影响，会有一定的相似性。但是仅用地理因素来细分市场太笼统，因为即使在同一座城市中，各类消费者的需求差别仍然很大，购买行为也不一定相同。因此，在运用地理因素细分市场时，必须同时考虑其他因素，以进一步细分市场。

2. 人口因素

按照人口统计情况来细分市场是指借助与人口有关的各种变量对市场进行细分。

人口因素是细分消费者群体的常用依据。这类因素很多，如性别、年龄、收入、受教育程度和职业、宗教、种族、国籍、生命周期阶段、家庭人口、家庭生命周期等，其中常用的有性别、年龄、收入、受教育程度和职业、家庭人口等。人口因素是区分消费者群体时常用的细分因素，这是因为消费者的欲望、偏好和使用率经常与人口因素有密切联系。

（1）性别因素。性别是最常用的细分因素，性别的不同对商品的需求及购买行为一般都有明显的差异。

（2）年龄因素。不同年龄对商品的需求不同，按年龄可将市场分为婴儿市场、儿童市场、青少年市场、成人市场、老年人市场等。

（3）收入因素。市场消费需求由消费者的购买力决定，而消费者的购买力由消费者的收入决定。食品、家具、汽车、衣服、鞋帽等市场常用收入来细分；高、中、低档市场也可用收入来细分。

（4）受教育程度和职业因素。受教育程度和职业与消费者的收入、社交、居住环境及消费习惯有密切关系，受教育程度和职业的不同对商品的样式、设计、包装的要求也不一样。

（5）家庭人口因素。家庭是商品采购的单位。一个国家或地区内，家庭数的多少及家庭平均人口的多少对市场的影响很大。例如，家庭人口的多少对于许多家庭用品的消费形态有直接影响，人口多的家庭一般用大锅，人口少的家庭一般用小锅；又如，家庭平均人口减少，则家庭单位增加，导致房屋市场扩大，家用电器需求增加，并要求小而精巧。

3．心理因素

按照人们的心理来细分市场是指按社会阶层、生活方式、个性特征等把消费者分成不同的群体。按同一个人口因素划分的群体，可能有不同的心理构成。

心理状态直接影响着消费者的购买趋向，特别是在比较富裕的社会中，消费者购买商品已不限于满足基本的生活需要，其心理因素影响购买行为的情况更为突出。也就是说，心理细分建立在价值观和生活方式基础之上。许多产品和服务都是通过心理细分进行定位的。例如，有些仪器专为那些注重身体健康、要保持体形的消费者设计；有些汽车也是通过心理细分定位来吸引有特殊生活方式的消费者。

4．行为因素

许多营销人员认为，行为变量是建立细分市场的最好出发点。

行为因素是与产品直接相关的市场细分因素。可根据消费者对产品的了解程度、态度、使用情况与反应等行为将市场细分为不同的群体。具体来讲，行为因素包括购买时机、追求的利益、使用量和使用状态。

（1）购买时机。可以将消费者购买产品的时机作为市场细分变量。许多企业（如化妆品、服装、糖果、保健品企业等）选择在一些节日（如国庆节、元旦、中秋节、母亲节、儿童节）来临前，以本企业的产品可以作为过节送礼的好产品而大做广告，以提升销售量。

（2）追求的利益。可以将消费者所追求的利益作为细分市场变量，即根据消费者购买特定产品后可能得到的利益来划分消费者。

（3）使用量。使用量是一个较容易使用的市场细分变量。可根据对产品的使用量将消费者划分成 3 种：少量使用者、中度使用者、大量使用者等。其中，大量使用者可能仅占市场人口的一小部分，但其所消费的产品数量却占有相当大的比例，因此这部分消费者就成了企业的主要目标市场。应当找出每类消费者的人口统计特征、个性和接触媒体的习惯，以帮助市场营销人员拟订价格、媒体信息等策略。

（4）使用状态。可根据消费者的使用状态将消费者划分成从未使用者、曾经使用者、潜在使用者、初次使用者、固定使用者等细分市场。市场占有率高的企业对潜在使用者的开发特别有兴趣，而市场占有率低的企业仅能尽力吸引固定使用者购买。

需要注意的是，潜在使用者和固定使用者所需要的沟通方式与市场营销方式不同。

以上所描述的几种细分因素并非每种都能有效地细分市场，有时细分市场后也会没有意义。例如，如果本企业的细分市场与其他企业的细分市场是一致的，就没有太大意义，因为细分市场一致，就意味着在市场中会产生同质化竞争，也就失去了市场细分的意义。

在实践中，企业应尽可能选择与其他企业不一样的市场细分变量来进行市场细分。例如，"海雷夫"牌啤酒就选择将啤酒饮用量作为市场细分变量，得到了独一无二的重度饮用者和轻度饮用者市场。

企业应慎重选择市场细分变量，而这就需要找出那些最能影响消费者购买行为的变量，一般不超过 3 个。这些变量是影响消费者购买行为的关键因素。

4.2.3　市场细分的程序

为了更好地满足消费者的个性化需求，企业应该根据消费者需求的差别将市场细分化，以便从中选出有一定规模和发展前景、符合企业的目标和能力的细分市场作为企业的目标市场。

市场细分的程序可以这样设定。

1．确定市场细分变量

策划目标不同，确定市场范围时选择的市场细分变量也不同，一般应注意以下两点。

（1）要充分考虑市场细分变量与产品的相关性。对不同产品进行市场细分时，必须根据其特点，结合以往的市场研究经验特别是策划人员对市场的感觉，构造合适的与产品相关的市场细分变量。

（2）要构造出与众不同、客观真实的市场细分变量。市场研究与市场细分是策划成功的基础，唯有市场细分变量独特，才能形成独特的细分市场，才能避开竞争者，找到空白市场或竞争不激烈的市场。

2．确定产品的细分市场范围

策划人员根据自己的任务和策划目标，依据市场细分变量确定产品的细分市场范围。产品的细分市场范围应严格依据消费者的需求特征而不是产品特征来定。

3．描述细分市场

完成上述操作后，对每个细分市场进行简单明了的归纳是必要的。

（1）细分市场的描述内容。

① 细分市场的名称。名称应该准确概括市场内涵，体现市场特征，即具体而准确，如消极的以家庭为中心者、积极的体育运动爱好者、固执己见的自我满足者、文化活动者、社会活动者等。

② 对细分市场中消费者群体特征的简要描述。要求描述能反映消费者的本质特征并且与策划项目直接关联，如消费者数量等。

③ 对细分市场中消费者群体需求的具体描述。要求描述明确、具体，能凸显差异。

（2）细分市场的描述格式。反映到策划方案中，细分市场的格式经常可以简化为以下形式。

① 细分市场的标准。

格式：按照年龄分（如 10~20 岁、20~30 岁、30~40 岁）；

按照地域分（如东北、西北、华南地区）。

② 选择此细分市场变量的原因。

③ 市场细分化。

格式：细分市场 1（如 10~20 岁，东北地区）的市场特点和市场容量；

细分市场 2（如 10~20 岁，西北地区）的市场特点和市场容量；

细分市场 3（如 10～20 岁，华南地区）的市场特点和市场容量；
细分市场 4（如 20～30 岁，东北地区）的市场特点和市场容量；
细分市场 5（如 20～30 岁，西北地区）的市场特点和市场容量。

4.3 目标市场确定

企业在确定了细分市场后，需要对各个细分市场进行综合评价，并从中选择有利的市场作为市场营销对象，这就是目标市场的选择过程。而这种企业认为可以进入的细分市场，就是目标市场。简单来说，目标市场就是企业准备满足其需求的消费者的集合。

4.3.1 确定目标市场的考虑因素

目标市场选择是一种战略性的决策，必须慎重，既要考虑市场的空白程度，也要考虑企业的既有资源，还要考虑市场内产品的盈利情况。错误的战略是无法用优良的战术来弥补的。确定目标市场时，一般应考虑以下因素。

1．市场因素

市场因素包括市场规模、市场容量、市场增长率、年销售增长率、市场生命周期、季节，以及消费者对价格、服务类型、外部因素的敏感程度等。

2．竞争因素

竞争因素包括竞争者的类型及对市场的重视程度、竞争类型的变化、竞争者市场份额的变化、新技术的替代性等。

3．经济因素

经济因素主要包括单件产品价格、市场销售量预估、分销渠道宽度、规模经济等。

4．技术因素

技术因素主要包括技术的成熟性及可变性、技术的复杂程度、技术被复制的难易难度（如是否属于专利技术等）、进入和退出的壁垒等。

5．社会政治因素

社会政治因素包括消费者的态度、价值取向、素质，以及法律法规等。

6．企业目标因素

企业必须考虑对细分市场的投资是否与企业的目标和资源相一致。某些细分市场虽然有较大吸引力，但不符合企业的长远目标，就要放弃；即使这个细分市场符合企业的目标，也必须考虑本企业是否具备在该细分市场获胜所必需的技术和资源。

7. 企业内部资源因素

无论细分市场多么有效,都必须考虑企业资源的匹配度。企业资源的局限性,往往会影响到企业整体运作的有效程度,具体表现为财务、定价、促销、人力资源等方面。要选择合适的目标市场,必须充分考虑这些条件的限制。

4.3.2 确定目标市场的步骤

确定目标市场可以简化为以下 3 个步骤。
(1) 选择目标市场。描述该目标市场,如细分市场。
(2) 说明选择该目标市场的原因。
(3) 目标市场消费者特征分析。只有详尽、准确地把握目标消费者特征,才能准确地分析目标消费者的需求。一般至少要列举 20 个目标消费者特征。

4.4 市场定位

市场定位又称竞争性定位,是指通过传递特定信息,确定产品在目标消费者心目中的形象,在消费者心目中塑造产品的独特个性,使之与具有同种效用的竞争产品有所区别,从而使产品能引起消费者的选择性需要,以占据细分市场的空间。

也就是说,市场定位就是根据目标消费者的需求描述消费者想要的产品。随着经济的发展,生产力水平的提高,品牌不断涌现,产品间的差异性越来越小,同质性越来越大,企业销售愈加困难,市场争夺日益激烈。企业应积极思考如何在竞争中获得成功。

尽力制造差异,追求与众不同,以使消费者易于将本企业品牌与其他企业品牌区分开来,并进而在消费者心目中占有一定的位置,便是一条有效出路。要脱颖而出,就要击中消费者的心,在其心中占据阵地。

4.4.1 市场定位的作用

市场定位主要有以下 3 个方面的作用。

1. 制造差异

市场定位有助于制造本企业产品与其他企业产品的差异。定位中的差异性可能来自本企业产品与其他企业产品之间的区别,如七喜与可口可乐、百事可乐之间的差别是含不含咖啡因;也可能来自众多品牌之间的区别,如宝洁公司推出的海飞丝、飘柔、潘婷 3 种洗发水,其差别在于去头屑、柔顺、营养 3 个方面。

具体而言,市场定位中的差别主要来自以下 7 个方面。
(1) 质量:本企业产品的质量是否比其他企业的产品更优越和经久耐用,能否做出保证。
(2) 美观:本企业产品是否更能满足消费者的特别审美要求。

（3）方便：使用本企业产品时是否更方便和更容易操作。

（4）舒适：购买本企业产品或接受本企业服务时是否能让消费者获得更为舒适、愉悦的享受。

（5）价格：本企业产品的价格是否更优惠，是否像产品本身一样具有吸引力。

（6）服务：是否提供了更多的超越竞争者的完善服务。

（7）利益：使用本企业产品究竟能给消费者带来多少利益和好处。

当然，市场定位中的差别远远不止这些，还包括很多有形或无形的因素。与竞争者的差别越多，越表示拥有了更多的市场定位优势，产品形象也会越突出。但没有多项差别也没关系，只有一项差异特别出色也能打动消费者的心，如服务最优良、质量最可靠、技术最先进等。只要做到其中一点，就可能在这一领域树立领导者地位。

可见，不管是销售某个产品，还是提供某项服务，或是经营某项文化事业，想在消费者心中留下深刻印象，便要与众不同。

2．是制定各种营销战略的关键环节

在具体营销策略中，往往需要回答涉及营销策略组合的多种问题。各项营销策略能直接影响营销目标的实现，而这些策略的依据是否正确则是其是否有效的关键。只有以市场定位为制定各种策略的依据，各种手段相互配合，向消费者传达产品的定位信息，才能使产品顺利击中目标市场。定位在一定程度上决定着营销策略组合，营销策略组合同时又是对定位策略的整合表现。

市场定位面向竞争者和消费者指明了产品应该向哪个方向走，要针对哪个目标市场，也决定了产品和品牌的前途与发展潜力。

广告是向消费者推介品牌的重要手段，其有效性取决于能否体现出品牌的市场定位。

【案例 4-1】　　　　　　　　　　**力士香皂的市场定位**

力士香皂自 20 世纪 20 年代推出以来，在世界上多个国家用统一策略进行广告宣传，并始终维护其市场定位的一致性和持续性。

力士香皂的定位不是清洁和杀菌，而是美容。比起清洁和杀菌，美容是更高层次的需求。这一市场定位巧妙地抓住了消费者的爱美之心。

那么，如何表现这个市场定位，与消费者进行沟通呢？力士打的是明星牌。通过国际影星推荐，力士很快展现在全球消费者的面前，把握了人们崇拜偶像的心理，以及希望像偶像那样被人喜爱的微妙心理。多年来，力士始终执行国际影星品牌战略，与无数世界著名影星签约，其中包括索菲亚·罗兰（Sophia Loren）、简·方达（Jane Fonda）、伊丽莎白·泰勒（Elizabeth Taylor）、奥黛丽·赫本（Audrey Hepburn）等，保持了市场定位的连续性和稳定性。力士的市场定位与表现方式相得益彰，从而成功地树立了力士的国际品牌形象。

（资料来源：亚洲策划师协会）

定价策略同样不能背离市场定位这一核心。若将某个品牌定位为中档，但在定价上以薄利多销为原则实行廉价策略，品牌形象就会遭到损害，吸引不到目标消费者。

3. 创造竞争优势

在市场定位时代，单凭质量上乘或价格低廉已难以获得竞争优势，关键的不是针对一件产品本身做什么，而是针对消费者做什么。国外的一项研究表明：市场上的各种品牌之间的品质差别远低于它们之间的价格差别。

具有某种优势是进行市场定位的有利条件，但市场定位不能被当成竞争优势，而只是创造竞争优势。在选择市场定位时会发现，定位表现的优势并不见得就是企业自身拥有的，甚至是企业的弱项，而之所以定位于此，是因为存在市场空隙。

4.4.2 市场定位的原则

市场定位需要遵循简明原则、差异化原则、动态调整原则、目标消费者原则等。

1. 简明原则

很多消费者有喜欢简单、厌恶复杂的心理。越是简单、明确的信息，越容易被消费者识别和接受。每种产品都各有特色，关键在于企业要预先筹划好想赢得消费者的特色是什么。一言以蔽之，突破这道屏障的诀窍就是定位简明，将力量集中于一个重点，并将其理念灌入消费者心中。

2. 差异化原则

有差别只意味着有距离，而距离是可以拉近的；无法拉近的是产品之间所形成的个性特征。个性特征往往是无形因素，人们知道它的存在，却无法追随。因此，市场定位应遵循个性化原则，赋予产品或品牌独有的个性，以迎合相应的消费者的个性。产品定位应该是有个性差异的，否则维持不了太久。

产品特征由两个方面组成：理性功能和感性符号。消费者挑选产品时，在理性上考虑产品的实用功能，同时评估不同产品所表现出的个性。当产品表现出的个性与自我价值观相吻合时，他们就会选择该产品。

差异化原则要求市场定位有创意、与众不同、有自己独特的点。即使这种个性与产品本身并无关联，是人为赋予的，但只要得到消费者的认同，就将成为企业战胜竞争者、赢得消费者芳心的有力武器。

3. 动态调整原则

动态调整原则要求企业在变化的环境中抛弃过去传统的以静制动、以不变应万变的静态定位思想，时刻对周围环境保持高度的敏感，及时调整市场定位策略。企业可以开发产品的新性能来满足消费者的新需求，也可以对原有的定位点进行偏移或扩大，以做到驾驭未来，而非经营过去。企业只有不断调整自己的经营目标、产品种类、技术水平、管理方式、营销策略等，才能适应环境，一直焕发生命力。

世界上唯一不变的就是变化，在动态的市场环境中，每个企业都应当严密监视市场环境，审时度势，依据环境、竞争者、消费者的观念态度、政府宏观政策的变化，在总基调下不断重新定位自己的产品和企业，修正企业的营销策略，以适应不断变化的新市场需要。

4. 目标消费者原则

目标消费者原则实质上就是如何为目标消费者提供满意服务的原则，也是不断强化消费者满意度的原则。

定位策略要以消费者为导向始终是一个颠扑不破的真理。

4.4.3 市场定位的方法

准确把握目标消费者的具体需求至关重要。要做到这一点，确定目标消费者特征是关键，要学会根据目标消费者特征扮演目标消费者，站在消费者的立场上，运用策划人员专业的需求素养，准确地分析、把握、确定目标消费者的具体需求。

市场定位有以下 8 种常用方法。

1. 根据消费者对产品特色的需求定位

品牌特色常用来与竞争者进行差异化比较。如果产品的一个特色表明了对目标市场有重要的利益，那么它就能成为市场定位的基础。例如，卡夫公司的"雪凝"牌酸奶抢占北京市场时，就是用产品特色对其酸奶进行定位取得成功的。曾经，北京的酸奶市场一直被十几家老牌企业占领，于是卡夫公司针对老牌产品的"缝隙"——包装简陋，对自己的产品进行定位，基于其"雪凝"牌酸奶"将容杯倒过来，酸牛奶不会出现倒流"的广告语表明产品特色，并以高于老产品一倍的价格销售，反而深得消费者喜爱，就连当时从不销售酸奶的中友企业、燕莎商城也把"雪凝"牌酸奶摆上了冷饮柜台。

2. 根据消费者对产品利益的需求定位

企业可以根据产品所能提供的利益进行定位，但必须注意当这个利益是由产品的某些特征产生的时，定位应强调对使用者的利益而不是具体的产品特征。例如，海飞丝洗发水强调的产品利益是去头屑；飘柔洗发水强调的是洗发、护发二合一，令头发飘逸、柔顺；潘婷洗发水强调的是含有维生素 B_5，兼含护发素，能令头发健康，加倍亮泽。

3. 根据消费者对使用时机的需求定位

当企业试图说明自己的品牌最适合某种特殊使用场合时，便可以将特殊用途和使用时机结合起来定位。例如，健力宝饮料就定位于体育运动之后急需补充体液和矿物质时引用。

4. 根据使用者类型定位

根据人口统计状况、人们的生活方式、人们对某种产品的使用频率等可以细分出不同的使用者类型。企业在进行定位时可以采用集中营销策略，专攻某个细分市场，吸引某些特殊使用者，实现自己的品牌定位。例如，爱威亚（Avia）运动鞋定位于认真的运动员穿的鞋，大大泡泡糖定位于儿童食用的泡泡糖等。

5. 根据消费者对与竞争品牌对比的认知定位

如果市场上有畅销的"第一名牌",则可以利用强势品牌在市场中的地位来建立自己的品牌形象。通常有以下两种做法。

(1) 宣传自己的产品是根据名牌产品设计的,自己的产品与领先者的品牌一样好或更好。使用这一策略的经典案例是艾维斯(Avis)汽车租赁公司使用的"我们加倍努力"(We try harder)广告。该广告强调,Avis 是美国第二大汽车租赁公司,但比当时美国第一大汽车租赁公司赫兹(Hertz)更关注消费者的满意度。其实,当时美国汽车租赁公司除 Hertz 这个巨头外,其他汽车租赁公司并不突出。由于这样定位,使得 Avis 从美国租车业中脱颖而出,成为真正的第二大汽车租赁公司。

(2) 寻求被竞争者忽略的"缝隙",突出宣传本产品在这一方面的特色。例如,前面所介绍的卡夫公司的"雪凝"牌酸奶,就是找到了老牌产品在包装上的"缝隙",从而建立了本产品的特色。

6. 根据消费者对产品类别游离的理解定位

采用这一定位方法,要强调自己的品牌"不是什么"。强调新产品"不是什么"比"是什么"更容易让消费者理解和接受,如将第一辆汽车称为"不用马的马车"。消费者可以用原来形成的概念来理解新概念,在头脑中形成鲜明的印象,这样有助于新概念的形成。若能在进行品牌定位时较好地利用这一策略,将容易获得成功。例如,1968 年,美国七喜公司将自己的柠檬饮料定位为"非可乐",目的在于使七喜成为可口可乐和百事可乐的替代性选择。

7. 根据消费者对产品价格的需求定位

价格是品牌的一个特征,用价格来定位可以认为是产品特色定位的一个特例。同时,在利用低价定位时,强调相当低的价格也可以认为是产品的利益定位。高价定位策略可通过高价与高质量联系起来。例如,宝洁公司在广州市场推出海飞丝洗发水时,就采用了"高价格、高质量"定位,可以与当时广州市场上众多的洗发水品牌明显地区分开来。

8. 根据消费者的综合需求定位

企业在进行品牌定位时,有时不止采用一种方法,而是综合利用多种方法。虽然根据消费者的综合需求定位可以满足消费者的多种需求,但存在一个弊病,那就是如果使用不当,就会导致目标市场没有清晰的品牌印象,品牌定位失败。

4.4.4 市场定位的步骤

市场定位是产品策划的核心环节。这里提出进行市场定位的一般步骤,也可依此步骤另辟蹊径。

(1) 根据目标消费者特征列举目标消费者对产品的需求,要求尽可能详尽,一般至少列出 15 条。

(2) 从上述需求中确定约 5 条主要需求进行分析。

(3) 根据上述需求描述消费者想要的产品的样子,要求尽可能形象、具体、生动,限定产品的功能、特点、外形、色彩等,达到根据这个定位做不出其他产品的程度。

【案例 4-2】　　　　　智能户外运动鞋的目标市场战略分析

1. 市场研究

1.1　市场现有产品状况：品种、规格、品牌、款式

1.2　现有产品价格、经营方式、促销方式、广告内容等

1.3　现有产品经营方式

(1) 广告营销：媒体广告、户外广告、网站广告、广告交换、电影/电视赞助。

(2) 货架摆放：线下门店，生动化陈列。

(3) 特价、捆绑销售。

(4) 免费体验。

(5) 产品推介会。

(6) 直播类带货，如网红直播促销。

(7) 网络推手：在热门帖子后面跟帖或创造热门跟帖。

(8) 关键词营销：购买搜索引擎排位。

……

1.4　现有产品促销方式

(1) 降价式促销（库存大清仓、节庆大优惠、每日特价）。

(2) 有奖式促销。

(3) 打折式优惠（特价区、节日周末大优惠、会员卡优惠、批量作价优惠）。

(4) 试用/试穿式促销。

(5) 展览和联合展销式促销。

……

1.5　现有产品广告内容

(1) 品牌整体形象。

(2) 产品本身特征。

(3) 产品设计理念。

(4) 与其他品牌的区别（差异化）。

……

1.6　消费者需求研究

(1) 内置计步器智能运动鞋。消费者可以借助此智能运动鞋，方便地计步、查看步频、轨迹、里程、热量消耗等数据。这样的智能运动鞋与手机、手表、手环等相比优势明显，无须在身上佩戴其他产品，因为手环可以不戴，但鞋子不能不穿。所有量化数据都可记录在鞋的智能模块里，可同步到手机或云服务器中，可给出分析反馈数据。

(2) 内置称重感应器智能鞋。消费者可以借助此智能鞋，方便地查看血压、心率、体重、体温等数据，能实现紧急情况自动通知，并且能远程获取上述数据，能够无时无刻监测自己甚至所关心的人的数据，有助于工作在外的子女跟踪父母的健康状况或父母监测孩

子的状况等。除此之外，对于每天称重的人（如减肥、健身人士等）来说，此智能鞋有助于其方便、快捷地实现健康管理。

（3）驱蛇/驱虫智能鞋。对于户外运动者，特别是长途徒步的人来说，不免会遇到毒蛇、毒虫等，被咬后如果不及时处理甚至会有生命危险。如果有解决这一需求的智能鞋，那么就能尽量避免这些事情发生。

（4）美观。

（5）舒适。

（6）方便运动。

2. 市场细分——需求分类

2.1 市场细分变量——与众不同

（1）按照年龄段分（45～65岁、66～75岁）。

（2）按照生活方式分（热爱户外运动、热爱一般运动）。

（3）按照城市规模分（一线城市、二三线城市）。

2.2 描述选择此市场细分变量的原因

（1）这个年龄段的人开始注意养生。

（2）中国进入老龄化，老龄消费者的需求还没有被发掘。

（3）城市规模不同，相对应的经济发展水平不一样，会影响消费者的购买力，也会影响消费者的新潮程度。

（4）生活方式在一定程度上决定了消费者是否需要这类智能鞋，热爱户外运动的人消费的可能性会更大。

2.3 描述细分市场

（1）细分市场1（45～65岁，热爱户外运动，一线城市）。该细分市场的特点：消费者人数多，需求弹性大，购买欲望大，购买流动性大，收入水平高，平均受教育程度高，易接受科技产品和新鲜事物；市场容量极大，企业利润空间较大。

（2）细分市场2（45～65岁，热爱户外运动，二三线城市）。该细分市场的特点：消费者略显保守，喜欢追随，追求健康，消费水平较高，可以承受的价格幅度较小；市场容量大。

（3）细分市场3（66～75岁，热爱一般运动，一二三线城市）。该细分市场的特点：消费者年龄大，身体素质下降，以测量身体数据、静养为主，需要子女或保姆照顾，需要监测身体状况，可支配收入高，喜欢舒适；市场容量大。

3. 目标市场确定

3.1 选择目标市场

选择细分市场3（66～75岁，热爱一般运动，一二三线城市）。

3.2 说明选择该目标市场的原因

（1）中国人口老龄化现象加剧，中老年人的保健检测需求量大。

（2）可支配收入水平高，购买能力强，可以承受的价格幅度较大；企业的利润空间相对也较大。

（3）老人及子女平均受教育程度高，易接受科技产品和新鲜事物。

（4）中老年人更加追求健康，对健康管理的关注度较高。

（5）对鞋的质量和舒适度要求较高。
（6）与企业现有资源相匹配。

3.3 分析和列举目标市场的消费者特征

（1）年龄特征：66～75岁。
（2）消费模式：主要是以家庭享受为中心的"享受消费型"。
（3）家庭成员：大多有子女和父母。
（4）经济能力特征：家庭月收入10000元/月以上，有一定的积蓄和投资项目。
（5）受教育程度：高中以上。
（6）可接受的智能鞋价格：1000元以上。
（7）生活方式：热爱户外运动，追求健康生活。
（8）需求特征：有监测和管理身体指标的需求。
（9）户外运动形式：定期/不定期的一般散步与游玩。
（10）对科技产品和新鲜产品的接受度：较高或较为关注。
（11）会操作智能手机，会在网上购物。
（12）对鞋子的质量和舒适度要求较高。

4. 市场定位

4.1 列举目标消费者的需求

（1）价格适当，1000元左右，性价比高。
（2）质量好，舒适度高。
（3）款式新颖，颜色艳丽，有活力。
（4）美观百搭，耐用性好。
（5）软硬件设施完善。
（6）操作简单，不烦琐。
（7）可提供完善的售后服务。
（8）可以线上+线下门店结合的方式购买。
（9）可测量血压。
（10）可测量血糖。
（11）可测量心率。
（12）可测量尿酸。
（13）可测量体重。
（14）可测量体温。
（15）跌倒可报警。
（16）具有可远程获取数据的功能，能监测自己或家人的数据。
（17）提供免费试穿/试用服务。
（18）优惠活动多样，如会员折扣、节日促销、多买返利等。
（19）独家专利，仿冒率低，"撞鞋"概率小。
（20）与手机端连接后，可远程监控对方的身体状态。

4.2 消费者的主要需求分析

（1）鞋底软，轻便，舒适。

（2）功能多样，可测量血压、血糖、心率、尿酸等数据，有助于消费者更全面地监测其健康状况。消费者群体是多样化的，应满足其不同的需求。

（3）实现智能运动鞋与手机端连接，数据能够远程查看。

4.3 描述消费者喜欢的产品形象

具体、形象、准确、完整地描述产品形象，至少15项。

（1）1000元左右。
（2）休闲鞋。
（3）男款/女款（主分类）。
（4）鞋带为系带/粘带。
（5）鞋底轻便。
（6）亮色组合。
（7）可测量血压。
（8）可测量血糖。
（9）可测量心率。
（10）可测量尿酸。
（11）数据远程传输。
（12）跌倒可报警。
（13）鞋面防水，鞋底防滑、耐磨。
（14）防变形鞋盒，颜色与鞋身颜色搭配。
（15）坡跟。

【本章小结】

目标市场战略分析是指在市场研究的基础上，进行市场细分、目标市场确定和市场定位。其中，市场研究与市场细分是策划成功的基础，成功的营销策划依赖与众不同的市场细分变量的选择。

选择目标市场时既要考虑市场的空白程度，也要考虑企业的既有资源，还要考虑市场内产品的盈利情况。

市场定位是根据目标消费者的需求描述消费者想要的产品。准确把握目标消费者的具体需求至关重要。要做到这一点，确定目标消费者特征是关键，要学会根据目标消费者特征扮演目标消费者，站在消费者的立场上，运用策划人员专业的需求素养，准确地分析、把握、确定目标消费者的具体需求。

【复习思考题】

1. 简述目标市场战略分析过程。
2. 简述有效市场细分的要求。
3. 简述市场细分的程序。
4. 市场定位的作用是什么？
5. 市场定位有哪些方法？

【实训题】

选择一个自己熟悉的消费品生产和销售企业，根据目标市场战略分析要求，进行目标市场战略分析。要求按市场研究、市场细分、目标市场确定、市场定位的步骤进行，小组研讨并形成分析报告。

[实训目的]
1. 掌握目标市场战略的内容。
2. 学习进行市场细分的基本方法。
3. 掌握进行市场研究与市场细分的目的和内容。
4. 掌握确定目标市场的考虑因素和步骤,重点掌握对目标消费者特征的描述。
5. 掌握市场定位的方法和步骤,重点掌握市场定位的具体化。

[实训重点和难点]
1. 消费者需求分析。
2. 市场细分变量的选择。
3. 目标消费者特征的描述。
4. 市场定位的具体化。

[实训内容]
1. 消费者需求列举
2. 市场细分
(1) 选择市场细分变量。
(2) 说明选择上述市场细分变量的原因。
(3) 描述细分市场的格式:
子市场 1 范围、子市场 1 特征。
子市场 2 范围、子市场 2 特征;
……
3. 目标市场确定
(1) 选择目标市场。
(2) 说明选择该目标市场的原因。
(3) 目标市场消费者特征分析。
4. 市场定位
(1) 列举目标消费者的需求。
(2) 消费者的主要需求分析。
(3) 描述消费者喜欢的产品形象,要求形象、具体、生动。

第5章 产品策划

【学习目标】
- 了解产品策划的概念和内容。
- 掌握产品策划的思路。
- 了解产品策划评价涉及的方面。
- 掌握单一产品策划的程序和内容。
- 了解单一产品策划方案的一般格式。

【思政园地】
社会主义基本经济规律是指决定社会主义社会生产目的及其发展的根本方向的经济规律,可反映社会主义经济活动中生产和需要之间的本质联系,决定社会主义生产发展的一切主要方面和一切主要过程。可将其概括为,用在高度技术基础上使社会主义生产不断增长和不断完善的办法,来保证最大限度地满足整个社会经济日益增长的物质和文化的需要。

5.1 产品策划概述

随着商品经济的发展,人们不再把设计活动看成一种产品活动或封闭的自我包含的活动,而是看成一种在市场竞争中与设计互相联系的开发活动。它要求设计部门在产品设计和开发过程中与销售、生产部门密切配合,以便开发出既有良好性能,又适应市场、便于制造和销售的优良产品。产品设计的首要任务是满足市场需要,企业要生存与发展,就要不断地开发出新产品,更好地适应市场和满足消费者需求。

要策划出目标消费者想要的产品,就必须由懂得市场、懂得消费者需求的营销策划人员提出,代表目标消费者向设计部门提出产品要求甚至方案。设计部门提供实现产品策划方案的技术支持。

【案例5-1】　　　　　　　　　　关于手机的思考

当前,手机市场竞争十分激烈,销售量高的手机产品集中于几个大的品牌。在中国市场上,华为、小米、vivo、OPPO等品牌成为市场主流,甚至有人说,未来的手机市场仍将集中于几个品牌,形成市场垄断。其实这是不符合营销理论的。

消费者在了解手机产品时,更多的是在品牌的引导下关注品牌、拍照技术、芯片技术、先进程度等,所以产品的同质化现象越来越严重。以手机拍照功能为例,其越来越强大,如华为的P50已经具有多机位拍照功能。可以想象,在不久的将来,手机也可以容易地拍出虚拟现实(VR)视频。这样看来,一般企业还真生产不了手机这一产品。

那么,在手机市场上,还有没有其他品牌的一席之地呢?中小手机企业能不能在激烈的竞争中逆袭呢?其实,逆袭的机会还是很多的。

试想，作为消费者，在购买手机时最需要什么呢？可以说，需求千差万别，有人爱自拍，有人喜欢玩游戏，有人喜欢看新闻，有人喜欢刷短视频、追电视剧，有人喜欢用自己的手机多做一点儿与自己专业相关的事情，也有人希望用手机来关爱自己的身体。

例如，国际糖尿病联盟在其官网发布的《全球糖尿病地图（第9版）》显示，中国的糖尿病患者（20～79岁）数量已达到1.164亿人。那么，他们是否特别希望手机具有测量血糖的功能呢？高血压患者是否希望能够随时用手机测量血压？饮食健康爱好者是否希望手机能够帮助自己测量食品的含糖量和含盐量？不同人群可能有许许多多不同的需求。

那么，手机能不能实现这些功能呢？实际上，随着科学技术的进步，只要将芯片技术与显示技术结合起来便可以做到。

仔细分析消费者对手机的需求，会发现消费者对手机的需求是多样化的，所以要求产品也多样化，这就为各种不同类型的手机企业创造了市场机会。大的手机企业可以主导手机的发展方向，研究技术；而小的手机企业可以给自己找一个小的目标市场，服务于小众人群。即便是这样一个小的目标市场，对于小的手机企业来说也已经足够大了，而大的手机企业又不屑。因此，小的手机企业应该寻找并确定自己的目标消费者，根据消费者需求构建新的产品，这样就有机会在现在的空白市场上打出自己的一片新天地，成为这个细分市场中的王者。手机市场如此，其他产品市场亦如此。

这个把市场需求分成不同的细分市场，又选定目标市场，然后根据目标消费者需求构建新产品的过程就是产品策划过程。

5.1.1 产品策划的概念

产品策划是指企业如何使本企业产品或产品组合适应消费者需求与动态的市场开发活动的谋划，是营销策划的重要组成部分。

在以消费者需求为中心的营销策划过程中，产品是企业制定营销策略的基础，在营销策划过程中处于极其重要的地位。产品策划是营销策划系统要素链的核心要素，直接影响和决定着其他市场营销组合因素的决策，对企业市场营销的成败起着关键作用，其他要素（如价格策划、渠道策划、促销策划等）都要围绕产品策划展开。在"物竞天择，适者生存"的市场经济条件下，企业要克敌制胜，立于不败之地，产品策划是关键。

进行产品策划的目的是使企业提供的产品和劳务能更好地满足目标消费者的需求，既可以作为独立策划，也可以作为企业营销战略策划的一部分。

产品策划不是产品设计，也不是通常所说的新产品开发，而是从营销的角度（消费者需求）来勾勒企业的产品与产品构成方案，以顺应消费者与动态市场需求的市场开发活动，使得产品容易为消费者接受。要使消费者满意，重要的是向消费者提供所需要的产品，且始终将这一准则作为实际工作基础，伴随整个工作过程。

任何一种可供企业选择的产品，都可以认为是一种投资。每种投资本身给资本的增值效力是大相径庭的。而这种区别显然取决于资本的周转速度和每次周转带来的增值这两个因素。要使产品销售得多而快，给资本带来较大的增值，消费者需求多、竞争者少和技术先进性都是重要手段。所有这些，企业完全可以通过优秀的产品策划和运行策划来实现。

5.1.2　产品策划的内容

从营销角度来看，完全产品概念包含 3 个层次的内容，即核心产品、形式产品和附加产品，如图 5-1 所示。

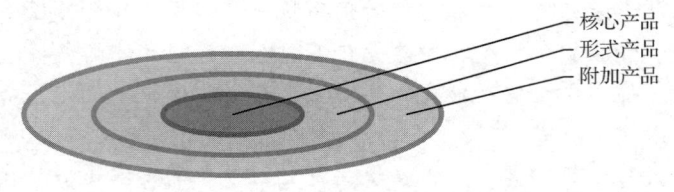

图 5-1　完全产品概念示意图

1．核心产品

核心产品是指产品为满足消费者的某种需求所必须具有的功能和效用，是消费者购买该产品的目的所在，是消费者追求的效用和利益。消费者购买一种产品，不仅为了占有一件有形的、可触摸的物体，更为了满足自身特定的需求和欲望。核心产品能给消费者带来实际利益，是消费者需求的中心内容，如照相机的核心产品是纪念、回忆、喜悦和不朽。

2．形式产品

形式产品即产品的实体状态和劳务情况，是核心产品的载体，主要包括产品所具有的结构、质量、特色、款式、牌号、色调、形态、价格、包装、商标等可以满足不同消费者需求的具体内容，是消费者能通过视觉、触觉、味觉、嗅觉、听觉等来感受的全部内容。

3．附加产品

附加产品又称扩大产品，即消费者在购买产品时所获得的各种附加服务或利益的总和，能满足消费者更多的需求，主要包括产品说明、产品保证、安装、维修、送货、技术培训、资金融通、售前与售后服务等。

进行产品策划时要从目标消费者的需求出发，按照完全产品的 3 个层次进行分析和构建，使得策划思路更加清晰。

在现代市场上，产品的核心部分其实是一致的，因为只有功能一致的产品才是一类产品，企业间的核心产品部分没有明显差别。所谓产品同质化，指的是核心产品、形式产品和附加产品有趋于"一致化"的倾向。所以，要避免产品同质化，就要对形式产品和附加产品进行差异化策划。

5.1.3　进行产品策划时的注意事项

1．注意技术进步与消费者需求的统一

发现和创造新技术与消费者满意的交集是产品策划的一个重要内容。在新产品开发中，技术进步是第一位的。从广义上说，技术进步与消费者需求是统一的。但在具体问题中，由于消费者本身就是一个复杂的集合体，其收入水平、消费心理不同，加之背景环境不同，致使两者在多数情况下并不是天然同步和吻合的。

近年来，国内企业新产品开发的商业失败率很高，其中一个重要原因就是没有注意到技术进步与消费者需求的统一，由此产生了高技术与高风险同在这一现象。事实上，该高风险产生的主要原因是生产企业没有对目标消费者的需求给予精确的把握，次要原因是对技术产品没有准确的策划定位，从而不能为目标消费者接受。

2. 注意分析消费者的隐性需求

需求可分为显性需求和隐性需求两大类。显性需求就是大家都看得见的需求，是整个消费市场的主体和基本组成部分。在短缺型经济中，需求大于供给，众多企业初涉市场，首先面对的就是显性需求。由于经验不足，仿制和市场跟进策略几乎是唯一最佳选择。这一策略确实也使大批企业获得蓬勃发展。当这个显性需求市场趋于饱和时，短缺型经济也逐步成为过去，此时由大量仿制和市场跟进策略所造成的同质性竞争越来越激烈，产品自身的重要特性——价格可比性也越来越突出，直至恶化为价格战。

价格战是同质性供给过剩的必然产物，身处此处境的企业实际上身不由己。当然，企业也可以通过促销性策划手段将产品的同质性弱化一些。但是促销性策划在竞争中的作用是操纵和运作产品，如果产品本身不行，那么再好的促销性策划也难有大的作为。一个显见的事实是，在种类繁多的价格战中，经常可以看到一些优秀的促销性策划，这确实给企业增色不少，但没有哪个企业的促销性策划可以使其跳出价格战的旋涡。

目前，显性需求市场上的同质性供给是市场的主体，其越丰富，对企业来说资本增值也越困难。

隐性需求就是可以转化为显性需求、尚未显现出来的需求。之所以强调隐性需求的作用，是因为隐性需求的特点是多数人包括消费者自己都看不到的。它是在对显性需求、目标消费者行为和心理进行深入研究之后的准确把握。正因为多数人看不到，所以其可能的竞争者也很少。从这个角度来说，产品策划是在对目标消费者的需求尤其是其隐性需求进行研究和准确把握基础上的一种定位恰当、差异性强的产品概念创造过程。

营销策划人员的专业性至少应该表现为对消费者需求理解的专业水准，也就是说，专业营销策划人员必须能够根据消费者特征和所处环境分析出消费者的隐性需求，必须比消费者自己更加了解消费者的真实需求。

一个优秀的产品策划应能够挖掘出高质量的消费者需求，甚至能够使企业独占某个细分市场，从而使企业以有限的资金获得合法的垄断利润。用产品策划实现的对细分市场的垄断，比用资金实现的垄断或高占有率所花费的成本和代价要低得多。

5.2 产品策划的思路

产品策划在企业营销策划中占据着重要地位，很多企业未对此给予足够的重视，产品策划缺乏科学性，还局限于灵感、点子，因此造成产品同质化日益严重，对企业发展危害甚大。这与我国策划业水平普遍较低、缺少专业的策划人员、策划过程随意性大、缺少策划规范程序的现状有直接关系。事实上，如何进行产品策划确实很难精准地进行描述，但是策划的思维规律和市场营销规律是客观存在的。下面提出产品策划的思路，仅供参考。

5.2.1 产品策划的指导思想

产品策划的指导思想是满足目标消费者的需求、满足企业营销战略要求和适合企业资源。也就是说，产品策划活动应围绕着企业营销战略规定的任务，各个具体的产品策划方案应该与企业战略方案保持一致，成为营销战略的支撑，而策划和制造产品的目的又是满足消费者需求。

从消费者角度考虑，产品策划要基于企业资源和企业战略，围绕消费者需求来做，如图 5-2 所示，三者的交集便是产品策划的目标区域。

从企业角度考虑，一个好的产品策划方案既应满足消费者需求，又应满足竞争需求，还应满足企业发展的需要，符合企业发展战略，适合企业现有资源，如图 5-3 所示。

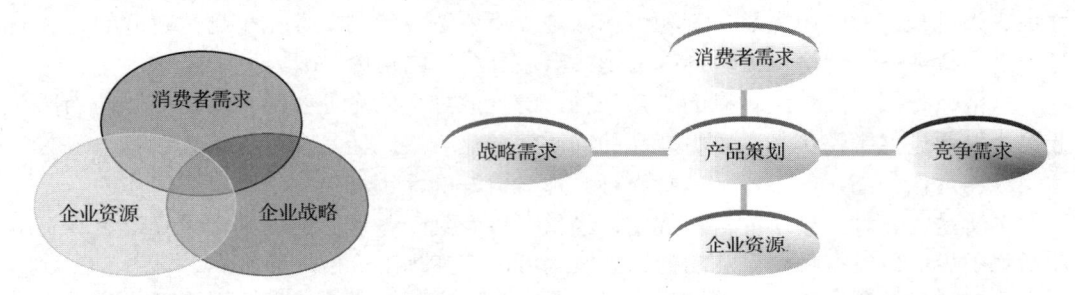

图 5-2　产品策划目标示意图（消费者角度）　　图 5-3　产品策划目标示意图（企业角度）

对于战略需求的考虑主要在于产品的研发是否与企业发展战略目标一致，是否与企业一贯特色一致，这对企业发展和产品形象的塑造都是非常重要的。

对于竞争需求的考虑主要在于细分市场、产品形象、营销手段等的差异化，这些都要通过对营销环境的分析找到出路。

对于企业资源的考虑主要在于企业资源是否具有生产能力和技术能力，是否能充分利用企业的营销资源（如原有的渠道、终端、形象、人员素质等）。

5.2.2 产品策划的消费者需求分析

对消费者需求的研究是产品策划的重点，没有对需求的把握，就不可能策划出令消费者满意并且具有鲜明个性、有竞争力的产品。进行研究时要考虑的因素很多，首先要搞清楚应该研究哪些人的需求，谁是目标消费者。

目标消费者需求的把握程度是策划能否成功的关键，必须认真研究，用营销术语来说就是要准确地进行市场定位。这就要求策划人员进行市场研究和市场细分，确定目标市场，通过这个过程知道目标消费者是谁，如图 5-4 所示。

对于消费者需求的构成，要特别注意进行深入分析。作为专业的策划人员，必须根据目标消费者的特征扮演目标消费者，站在目标消费者的立场上，运用自己的专业知识，去

发现不同消费者的独特需求。

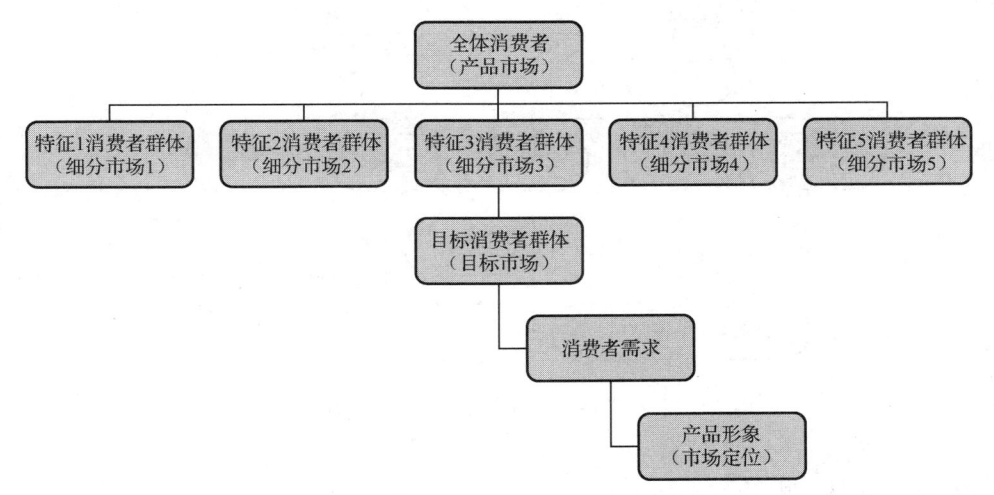

图 5-4　市场定位过程示意图

只有分析得细致、具体，才可能找到精准的消费者需求，这对产品策划至关重要。经常遇到的产品同质化问题主要就是由于需求分析粗糙，没有发现目标消费者需求的差异性。

为了避免进行需求分析时有遗漏，可以根据如图 5-5 所示的方面逐项进行研究。

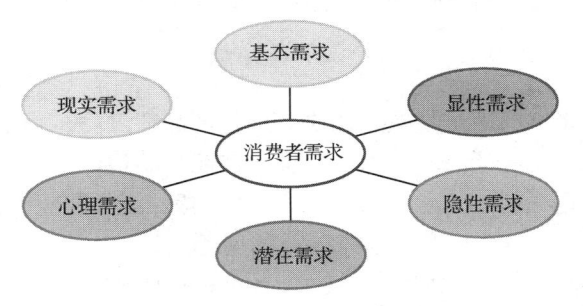

图 5-5　消费者需求构成示意图

其中，基本需求对应的就是产品的基本功能。对于消费者基本需求的把握，必须从需求的本质层面进行分析，看不到需求的本质就不可能真正把握需求。功能的实现以目标消费者的基本需求为出发点向外发散。例如，人们对化妆品的基本需求有两个，一是护肤，二是魅力，其实现手段可以不断延伸，关键在于策划人员的思维，如图 5-6 所示。

至于目标消费者需求的其他构成因素，也可以按照同样的方法与逻辑进行深入分析，这样就可以找到需求的差异点，制造出有差异性的产品。知道目标消费者需要什么，构思产品就不是什么大问题了。

综上所述，进行消费者需求分析时应该注意 3 个方面：一是搞清楚消费者认为自己需要什么，要注意调研对象的选取必须是目标消费者；二是必须认识到消费者对自己需求认识的非专业性，真正的需求概括应该是策划人员根据消费者特征分析出来的，特别是隐性需求更是如此；三是策划人员必须深入消费者中间，体会和了解消费者的生活状态及对事物的感受模式，了解其内心活动规律和真实想法与需求，即要强调策划人员对消费者需求的直观感觉。

77

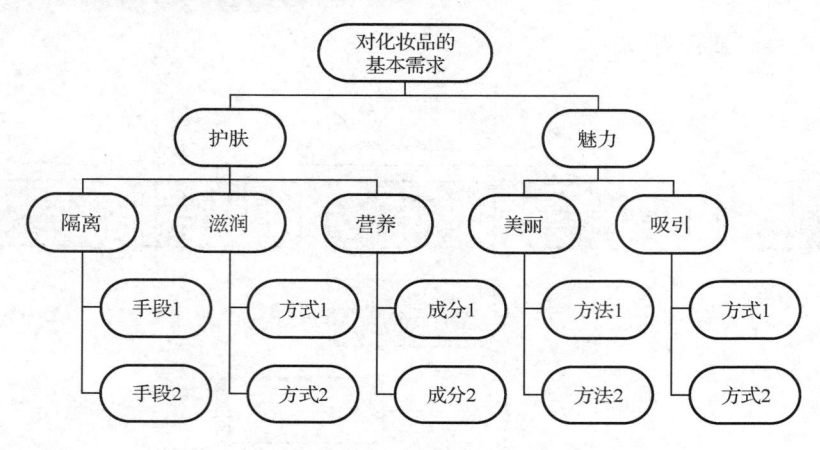

图 5-6　对化妆品的基本需求及其实现手段示意图

5.2.3　产品策划方案

通过市场定位，策划人员已经明确了消费者需要什么，产品应该具备什么样的特征，接下来的任务就是如何实现在消费者心目中的产品形象，这就是形成产品策划方案的过程。产品策划方案应该包括两个内容：概念产品和产品方案。

1．概念产品

从概念上来讲，概念产品是用概念性语言构建产品的过程，是运用完全产品的思想进行的产品分析和描述，是对产品总体系统特征、性能、结构、形式、商业特性（如包装、价格等）等的描述和实现过程，是企业根据消费者的特殊需要和偏爱为某个产品创造特色、确立产品形象的过程，即解决产品应该是什么的问题。

从内容上来讲，概念产品应包括产品的功能信息和原理信息，也包括简单的装配结构、产品形式（如形状、色彩、材质、包装等）、价格、服务与维修信息，但不要求有详细、精确的尺寸、形状、制造和装配信息，即要说明产品应该具备哪些功能、特色，以及如何实现。概念产品的详细内容十分庞杂，具体分析过程可以参照如图 5-6 所示的对化妆品的基本需求及其实现手段示意图。

从手段上来讲，产品概念从核心产品、形式产品、附加产品 3 个方面进行构建。

概念产品包括两个层面的含义：一是概念产品的设计过程，即运用抽象的实现手段构建产品概念的过程；二是抽象的目标产品，即通过概念产品过程得到的目标产品概念。

因此，概念产品不是直接用于生产、营销、服务等的最终产品，但企业可根据市场和消费者的需要，借助概念产品来表达产品的经济性、可竞争性、可生产性、可维护性等，作为制造企业开拓市场、赢得竞争的工具；可以用来评估、验证产品对目标市场的适应性和与产品需求的符合度，也可以用来制定、实施产品后续开发过程（如生产、营销、服务等）的计划。

通过概念产品，企业可以实现消费者的愿望，满足市场竞争要求，协调本产品与企业其他产品的关系，适应外部环境变化。

2．产品方案

产品方案包括两部分。

一部分是产品描述，就是根据概念产品对产品进行生动形象的描述，让设计师能够精准地知道这个产品是什么样子的，限定产品形象。

另一部分是产品概略营销方案，即目标消费者感觉产品是什么样的。产品概略营销方案其实就是产品（Product）、价格（Price）、促销（Promotion）、渠道（Place）策略的组合，简称4Ps，用于构建目标消费者心目中的产品形象，是设计具体营销方案的基础，要解决的问题是让消费者感觉到产品形象，如想让消费者觉得产品高端，渠道可以选择专卖店、精品店，促销可以选择买就送而非打折等。需要注意的是，这里的4Ps是一个基本的指南性框架，只解决方向性问题，不是可操作的具体实施方案。

产品本身是什么和消费者感觉到的产品形象不是天然统一的，很多时候，企业也制造不出消费者需要的产品。例如，几乎无法通过产品概念实现剃须刀的男人气概，所以必须依靠营销策略组合来让消费者从需要的角度去看待产品，使消费者认定该产品就是自己期望的产品，形成消费者心目中的产品形象。同样以剃须刀为例，企业可以把剃须刀的价格定得高一些，让消费者从价格上感受到尊贵。

5.2.4　产品策划评价

完成了产品策划方案后，还要对其进行评价。评价一个产品策划方案的优劣主要从以下6个方面进行。

1．产品能否代表主流方向

主流方向是一个相对概念，关系到企业可持续发展的问题。这不是一个单纯的技术问题，而是一个技术与消费心理、整体社会发展趋势相互作用、相互配合和相互协调的问题。从原则上来讲，使消费者更满意是主流方向，但在实践中，一般需要对多个创造方案进行多方位的比较分析之后才能确定，因为许多产品是可以相互替代的。

如果产品不能代表主流方向，当然在一定期间内也可以进入，但必须充分研究和注意市场的变化，并准备适时退出，否则很容易掉进自掘的陷阱之中。

2．市场定位是否恰当

市场定位就是瞄准市场，包括充分研究和分析目标消费者的心理、价格接受能力等。只有市场定位准确才能最大限度地为目标消费者所接受。

3．产品是否具有差异性

差异性与同质性是相对而言的，是产品策划的重要方面。

差异性主要表现在两个方面：一是价格可比较性弱，产品具有较高的附加值（这也是跳出价格竞争的根本出路）；二是消费者更有理由认同，即更容易接受。

4．产品是否具有不可替代性

不可替代性有两个方面的含义：一是横向的，因为在一个行业中看起来很优秀的产品很可能被另一个行业的某个产品出其不意地取代；二是纵向的，即产品本身的需求弹性小，必需性强，这要求产品具有独特性。

5．产品仿制和市场跟进的难易程度

由于现阶段多数企业都采用了仿制和跟进策略，其中有一些企业对这种策略的运用已经非常在行，以至于时常发生仿制者打败开创者的情况。某些产品一旦容易被跟进，其他企业就会在短时间内一哄而上。

因此，好的产品策划要注意设置进入壁垒，使其他企业仿制和跟进困难。

6．产品的目标市场容量

从理论上来说，目标消费者的数量与单个产品的价格可以确定目标市场容量。但在实践中，这个数量与价格都受到企业具体操作的影响。就国内企业现在的实际经营规模来看，即使独占一个一般的民用消费品细分市场，也足以成为该领域企业的巨人。

【小思考5-1】　　产品是什么样子的，目标消费者感觉产品是什么样子的

消费者在旅游景区购买首饰和在珠宝店购买首饰会有完全不同的感受：在旅游景区购买首饰时，消费者会感觉首饰不便宜，觉得这只不过是一件工艺品；而在珠宝店购买首饰时，会感觉到满满的诚意，想到永恒的纪念。

为什么会有不同的感觉呢？这是因为产品的销售渠道不同，使得消费者对同一产品产生了不同的认知。同样，不同的价格和促销方式也会使消费者产生不同的认知。

请举出同一产品，因不同价格、不同促销方式而使消费者对产品有不同认知的例子。

5.3　单一产品策划

5.3.1　单一产品策划的程序和内容

产品策划分为单一产品策划和产品组合策划。产品组合策划是研究产品线的构成组合方式的，所以这里主要研究单一产品策划的程序和内容。

策划没有固定不变的程序。根据策划思路，策划实践中产品策划的程序和方式多种多样，但其基本过程是一致的。

1．明确产品策划目标

进行产品策划时，首先要按企业战略、企业营销目标等规定的方向提出产品策划目标。

2．进行环境分析和需求分析

产品策划必须根据产品策划目标进行环境分析，再在充分的环境分析的基础上发现需求和营销机会。

（1）在宏观环境方面，应根据不同产品与宏观环境的关联程度，有针对性地进行分析，需要详细说明的部分则详细分析，不需要详细说明的部分则概略分析，甚至省略。

（2）微观环境分析和需求分析是产品策划的基础和前提，违背上述基础和前提的产品策划方案是不可实施的。环境是客观的，客观的环境是不断变动的，要注意变动的环境中各种因素之间具有变动的相关性。

在整个策划过程中，分析占据着重要的地位，分析什么、根据什么分析都非常重要，一定要结合各个阶段的任务和目的进行选择。

3．进行市场研究

此部分实际上就是一般意义上的市场研究，主要研究对象是市场中本类产品的消费者。市场主体研究是产品策划的关键，只有把握住消费者特征和需求特点，即掌握消费者特征和消费者需求特点的同质性与差异性，才可能进行成功的市场细分。

要准确把握消费者的差异性和影响需求的具体差异点，具体描述消费者的典型特征，不可笼统概括，否则就无法进行进一步的分析。

4．进行市场细分

根据上述分析结果研究市场特性，围绕产品策划目标寻找市场的同质性标准，并依此进行市场细分。进行市场细分的目的在于找到与众不同的细分市场，创造市场竞争力。具体内容包括选择细分变量和细分市场，准确描述细分市场的一般状况、规模、构成特性等。

消费者需求的差异是客观的，否则也不会出现市场上的产品琳琅满目，消费者苦寻无门的现象。前已述及，细分市场不在于多，而在于独特，策划人员必须注意观察市场的独特性，选择的细分变量必须与其他企业选择的细分变量有明显差异。

5．确定目标市场

确定目标市场就是界定产品的最终目标消费者群体，包括以下3个方面。

（1）根据企业资源状况、市场细分情况和选择目标市场的规则确定目标市场。简单标准包括：市场空间够大；产品利润空间够大；竞争不激烈或竞争者的水平较低；与本企业的资源相一致。找到理想目标市场的办法很简单——用与别人不同的标准去细分市场。只有看问题的角度和方法与其他企业不同，对市场的看法就不同，其他企业就无法与本企业竞争。

（2）对目标市场的特征进行详细描述。这是最终的研究对象，所以必须比进行市场细分研究时更仔细。

（3）要求准确而具体地对构成目标市场的目标消费者的状况、环境、消费行为、消费需求进行认真分析。对目标消费者的了解要达到像对恋人、亲人般的了解程度。

6. 市场定位

消费者最希望产品具备的属性，是消费者的理想点。必须将理想点和产品的独特性贯穿到产品策划工作中。

市场定位就是要准确把握目标消费者的真实需求并对这些需求进行分析，找到消费者需求与企业目标和企业资源的交集，包括列举和发现消费者需求、进行需求分类和系统化等过程。在此过程中，要特别注意目标消费者的隐性需求或延伸需求的发现与描述，当然，这需要很强的专业能力。

市场定位强调的是企业在满足市场需要方面，与竞争者比较，应当处于什么位置，使消费者产生何种印象和认识。产品在目标消费者心目中的形象是根据消费者的需求勾勒出来的。消费者对产品的认识是企业及其竞争者产品在消费者心目中形成的印象。

7. 形成产品策划方案

产品策划方案主要回答两个问题。

（1）产品是什么样子的。回答这个问题时，要运用完全产品概念，生动、具体、有限定性地从核心产品、形式产品、附加产品3个方面对产品特征进行完整描述。企业产品策划工作的关键在于最终市场如何看待产品组合中的各种产品。企业必须付出努力，使得产品产生差异化，使自己的每种产品看上去都具有某些独一无二的特征，而且这些特征是目标市场所需要的，也就是将差异化转化成差别优势。

在这个阶段，企业应根据消费者的认识和愿望、同行竞争情况、公司的其他产品、环境变化等来描述本企业产品各个方面的特征，而且该概念产品应该可以满足消费者的大部分特殊需求和偏爱，包括但不限于特色概念、功能概念、属性概念、类型概念、档次概念、时间概念、价格概念等。

【案例 5-2】　　　　　　　　形成空调机概念产品的过程

空调市场上，产品竞争十分激烈，竞争的焦点集中在品牌、技术和价格上。对于一些二线品牌企业来说，与格力、美的这类空调企业竞争，实在是讨不到好处。因此，只有运用科学的产品策划程序才能保证产品的竞争力。

1. 细分市场

将消费者分为团体大客户和个体小客户，再将个体小客户分为普通客户和体弱的老人与孕妇、儿童客户。

2. 选择目标消费者

选择收入比较高的体弱的老人与孕妇、儿童作为目标消费者。

3. 确定产品的市场定位

分析目标消费者的需求，确定产品的市场定位。

（1）产品外观与环境合一，甚至成为环境中的点缀。

（2）冷气不能过强，还要让人感到舒服。

（3）针对长期在密闭环境下使用者，要保证密闭环境的空气新鲜。

（4）让消费者感到使用该产品能受人尊崇。

4. 形成概念产品

根据前面的分析,用完全产品概念和概念性语言构建产品,为设计师提供限定性产品思路。

(1) 核心产品:提供舒适、新鲜的环境。

(2) 形式产品。

外观:在保证功能的基础上使用仿真树的形象,美化室内环境。

原理:低分贝机器制冷;脉动式送风,让人体通过感受冷热交替增强体感舒适度,避免持续冷风给人体造成的伤害;增加负离子发生器,提高空气新鲜度;设置加香口,可制造森林、海洋、花海的味道。

价格:比同功率的空调机贵15%。

包装:暖色调;软体泡沫外壳。

(3) 附加产品:优质的上门安装、售后使用指导与定期上门质检服务。

(2) 目标消费者感觉产品是什么样子的。形成产品策划方案在于用什么样的营销手段让目标消费者正确认识产品形象,也就是运用4Ps来制定产品的基本营销方案,形成产品在目标消费者心目中的形象。

在回答"产品是什么样子的"这个问题时,已经围绕目标消费者的需求刻画了产品,但是有一些需求特征并不能完全依靠概念产品满足,还有一些可以满足消费者需求的概念产品没有被消费者理解。所以,产品策划方案不但要说明产品是什么,还要制定一定的营销策略组合,帮助目标消费者从策划人员规定的角度,用策划人员规定的方法正确地看待产品,让消费者看到自己满意的产品形象。

【案例5-3】　　　　　　　　差异化策略让奥古斯都"一飞冲天"

一位在温州制造皮鞋的老板有感于每次出差总要换下一堆臭袜子,想到要为像他一样出差的人生产一双可以抗菌防臭、卫生自洁的皮鞋,从此不仅创造了一个引领消费时尚的全新品牌,而且成为推动中国抗菌产业发展的领头企业。这就是温州奥古斯都鞋业有限公司(简称"奥古斯都")和其出品的抗菌皮鞋的"出生背景"。

当中国的皮鞋在款式、材质、做工等方面已经相差无几的情况下,奥古斯都把目光转移到抗菌皮鞋可以解决"皮鞋内细菌含量高,卫生清洁难"的问题上,这也是挖掘产品差异化卖点的一个成功代表。奥古斯都也由此跳出皮鞋行业胶着的竞争困境,被市场和代理商追捧,企业发展神速。

2003年6月25日,一个新的认证标志——抗菌标志(CIAA)认证在北京颁布。第一批通过认证的有11家企业的35个产品,奥古斯都的纳米抗菌皮鞋作为唯一入选的皮鞋产品名列其中。

1. 构思产生、概念测试、筛选

奥古斯都是怎样在传统制鞋行业中产生并导入"抗菌"概念和构思的呢?奥古斯都的老板李上辉如实道出亲身经历:每次出差,走路多了,鞋里湿闷,总有些异味,每次出去都带一打袜子,每天换一双,扔一双,还是不管用,脚还是不舒服,总觉得累。职业的敏感性让李上辉不断思考:我是做鞋的,知道问题出在皮鞋里细菌含量过高。如果我穿的皮鞋可以抑制细菌生长繁殖，保持鞋内清洁和卫生，这种鞋肯定有市场。不算外出旅游的人，只算本身有脚臭烦恼和重视生活质量的人群，市场就是相当可观的。一个新产品的构思和设想在李上辉脑中出现。

如果差异化产品没有实际效果，仅仅停留在概念或说法上，肯定是"一锤子"买卖，于是，奥古斯都事先考虑好市场将会出现的种种情况，并在产品款式开发和抗菌功能上做足功夫，送至各权威部门检验，证明其抗菌率的确达到99%以上后，才推向市场。

2. 产品定位

皮鞋是时尚产品，消费者选购皮鞋主要看款式，奥古斯都在定位抗菌皮鞋时也注意到了这一点。因此，在产品定位上，奥古斯都不但强调抗菌皮鞋的功能，而且在皮鞋的款式、材质、做工甚至价格方面都很认真地进行设计，以便让消费者易接受，能买得起，不脱离消费者。

将目标消费者群体定位为4类人群：商务人士、外出旅游者、有小宝贝的家庭和本来就有脚臭烦恼的人群。

3. 品牌命名、包装、品牌传播

盖维斯·屋大维·奥古斯都（Gaius Octavius Augustus）是罗马帝国创建者的名字，他曾说过："我接受了一座用砖建造的罗马城，却留下了一座大理石的城。"盖维斯·屋大维·奥古斯都给罗马带来了200年的繁荣。

因此，该皮鞋公司起名为奥古斯都的确出于一种良好的愿望，与消费者的洋气、时尚、良好祝愿等消费心理是比较贴近的。

奥古斯都的包装和标志都非常考究和到位，导入了企业识别系统（CIS）。整体视觉显得非常个性化和有亲近感；文字造型和图案结构非常协调，组合得当，错落有致，卓尔不群，给人耳目一新的感觉；色彩搭配时尚、鲜艳，易被消费者接受。

品牌传播方面，奥古斯都也有一定计划，如在第三届中国抗菌产业发展大会这个中国和日本专家、学者、皮鞋业人士云集和客商交流的盛会上，奥古斯都占据了九号馆的一层和二层两个楼层，以大手笔、大气势展出了180款产品，包括休闲、绅士、运动三大系列的抗菌产品，大放异彩，成为亮点。

遗憾的是，因资金问题，奥古斯都于2013年申请破产，但其生产和销售的抗菌皮鞋在中国鞋业史上留下了重重的一笔。

5.3.2 单一产品策划方案的一般格式

为了让初学者制定产品策划方案时有所依循，下面给出简化了的单一产品策划方案的格式。

1. 封面

封面中一般包括以下内容。
（1）文案名称，可以有副标题。
（2）策划人。
（3）委托单位。

（4）策划时间。

2．目录

目录应能反映策划过程与思路，一般有以下两点要求。
（1）思路清晰，能够概括各个部分的内容。
（2）有页码。

3．前言

前言中一般应清楚交代以下事项。
（1）策划任务的由来，为什么要策划。
（2）策划背景。
（3）策划目标。
（4）策划指导思想与策划思路。
（5）执行方案后预期达到的水平。

4．环境分析

这里的环境分析内容一般是宏观环境分析，侧重于影响策划产品的政策、人口、经济等内容，影响不大的话，可以根据具体情况省略。

5．行业背景分析

行业背景分析部分主要给出以下3个方面的内容。
（1）行业发展状况，揭示行业的未来发展趋势。
（2）行业中各类企业的状况，揭示该行业的竞争者、竞争产品状况、本企业在行业中的地位与作用等。
（3）竞争分析，揭示主要竞争者的相关状况。

6．企业背景分析

企业背景分析部分主要给出以下7个方面的内容。
（1）企业规模。
（2）生产能力。
（3）资金状况。
（4）技术状况。
（5）营销状况。
（6）品牌状况。
（7）比较优势与行业中的地位。

7．市场环境分析

市场环境分析部分主要给出以下两个方面的内容。
（1）市场现有产品状况，如品种、规格、品牌、款式、价格、经营方式、促销方式等。

(2)消费者需求状况。

8. 细分市场

细分市场部分主要给出以下 3 个方面的内容。
(1)细分市场的标准。
(2)选择此细分市场标准的原因。
(3)选定的细分市场。

9. 目标市场

目标市场部分主要给出以下 3 个方面的内容。
(1)选择目标市场。
(2)选择该目标市场的原因。
(3)目标市场消费者特征分析。

10. 市场定位

市场定位部分主要给出以下 3 个方面的内容。
(1)目标消费者需求。
(2)主要需求分析。
(3)消费者喜欢的产品形象,要求具体、形象、准确。

11. 概念产品

根据市场定位,用完全产品概念描述产品构成的每个部分。
(1)核心产品,包括功能、特性等。
(2)形式产品,包括价格、原理、材料、包装等。应限定产品形象,达到按照该描述做出来的产品不会是其他形象的产品的标准。
(3)附加产品。

12. 具体产品描述和产品概要营销方案

(1)完整描述产品,最好有产品样图。
(2)产品概要营销方案,一般包括产品诉求点、营销渠道、促销方式、广告形式、价格档次等。

5.4 产品策划相关知识

产品策划涵盖的范围较广,如产品开发策划、产品包装设计策划、产品品牌策划等。下面对其相关知识进行简要介绍。

5.4.1 产品开发策划

1. 产品开发策划的内容

一般来讲，产品开发策划的内容包括产品的开发和定位、产品设想的筛选等，应将侧重点放在现有产品市场营销方案的改良、新产品的开发等方面。

就单一产品而言，产品开发策划的内容应包括对市场营销环境、替代品、目标消费者、市场定位等的分析，以及对产品、质量、规格、商标、包装等的策划。

具体而言，美国营销协会认为，产品开发策划的内容应该包括新产品的创造与发明；构想的审查；研究活动和产品开发的调整；产品的命名、包装和商标的决定；产品的上市；产品的市场开发；产品的改良及市场调整；产品新用途的发掘；产品服务；产品的报废。

产品开发和定位是企业为某种产品创造一定的特色，树立良好的形象，通过设计产品和市场营销组合，以满足消费者的特殊需求和偏爱的过程。它包括特色定位、地域定位、属性定位、类型定位、档次定位、时间定位、价格定位等。

此外，还必须注意产品的竞争性定位。产品的竞争性定位使企业的产品在消费者看来比竞争者产品更理想，使消费者能更清晰地看到本企业不同产品的差异。进行产品定位的目的是使企业每种产品的定位都接近消费者不同的理想点。

消费者具有不同的需求，从而会被不同的产品吸引。企业必须付出努力，使本企业的每种产品看上去都具有某些独一无二的特征（产品差异化），而且这些特征是目标市场所需要的（将差异化转化成差别优势）。任何企业或产品都可实行差别化，应将无差别的产品转变为有差别的产品。

产品开发策划的关键在于消费者如何看待产品组合中的各种产品。产品组合标志着一个企业经营管理水平的高低。如何确定一个科学、合理的产品组合，对企业节省费用、增加利润、提高竞争力具有十分重要的作用。

【案例5-4】　　　　　　　　　某胶鞋厂的新产品

某胶鞋厂根据消费者的年龄、性别、职业、地理状况等设计、开发和生产不同的新产品：为适应工矿企业的需要，生产工矿鞋；为适应体育运动的需要，生产乒乓球鞋、足球鞋；为适应农业生产的需要，生产农田鞋、插秧鞋；为适应年轻女士的需要，生产各种彩色雨鞋、印花胶面雨鞋；为适应老年小脚妇女的需要，生产尖足雨鞋；为适应旅游的需要，生产旅游鞋……由于企业采取了差异性产品策略，满足了各种消费者的需要，销售额逐年增长。

（资料来源：蔡寅仁.市场营销学[M].大连：东北财经大学出版社）

2. 新产品应具备的一般特点

新产品本身的特点是影响它是否能被消费者接受的重要因素。成功的新产品应具备以下5个特点。

（1）相对差异优势。相对差异优势即产品的比较优势。相对于已有的产品或竞争产品，新产品应具有独特的优势，这种优势越大、越明显，能给消费者提供的利益越多，就越容易被接受。

（2）较好的适应性。如果新产品与当地消费者的消费习惯、价值观念、社会文化风俗等比较适应，就比较容易被接受；反之，差距越大，就越难以推广。因为使消费者改变旧的消费习惯和养成新的消费习惯比较困难。

（3）简易性。新产品的结构和使用方法要简便易懂，否则不易被消费者接受。

（4）可分割性。由于不同消费者在购买力、生活习惯、消费方式等方面存在差别，因此新产品应具备可分割性。可分割性越大，新产品被接受的过程越短，如大多数食品、日用品等都有这种要求。

（5）产品介绍的明确性。新产品的特点和使用方法介绍应明确实在，切忌抽象空泛，使人产生怀疑。宣传越切合实际，说服力越强，产品越容易被较快接受。

5.4.2 产品包装设计策划

产品包装是指采用适当材料或容器，以一定的科学技术手段，包封产品并加以装潢和标志，以便运输、陈列、销售和消费，是产品策划的一个重要内容。对于很多消费者来说，包装是决定选购的重要影响因素之一。

1. 包装的作用

包装是产品的"无声促销员"，不仅能保护产品，便于产品的出售和使用，而且具有识别功能、传递信息功能、诱发购买功能和使产品增值功能。

从营销角度来看，包装有保护和美化产品的作用，方便运输与保护产品；能影响消费者对产品形象的认识，促进产品的销售，增加利润。

良好的产品包装能够以其独特的外形、丰富的色彩和图案吸引消费者，引起消费者的注意，充分展示产品的特色，给消费者一个良好的印象，激起消费者的购买欲望。

产品包装上的说明、功能介绍和注意事项也能起到很好的促销作用。

2. 包装设计要求

包装设计要符合下列要求。

（1）包装设计应与产品价值或质量水平相一致。对于贵重物品、艺术品和化妆品，包装要烘托出高雅和艺术性；对于一般产品或低档产品，则不宜采用过分华丽的包装，否则包装的价值将超过产品的价值。

（2）包装造型美观大方，图案形象生动，避免模仿和雷同。

（3）包装设计应显示产品的特点或风格。

（4）包装设计应符合消费者的风俗习惯和心理需求。

（5）包装的文字说明应能增强消费者对产品的信任感并指导消费。

（6）包装造型和结构设计应便于销售、使用、保管和携带。

3．包装设计的内容

包装设计要基于科学、经济、牢固、美观和适销原则，针对以下方面展开创意设计。

（1）包装形状。产品包装的形状主要取决于产品的物理特性（如固体、液体等），方便运输、装卸、携带等；兼顾美化产品，吸引消费者。

（2）包装大小。产品包装的大小主要受目标消费者的购买习惯、购买力大小、产品有效期等因素的影响，应力求让消费者使用方便、经济。

（3）包装构造。产品包装的构造要突出产品特点，具有鲜明特色，使产品外在包装和内在性能完美地统一起来，给消费者留下深刻印象。

（4）包装材料。产品包装的材料要能充分地保护产品，如具备防潮、防震、隔热等作用；开启方便，便于营销、储存、陈列等；节约包装费用，降低产品售价。

（5）包装的文字说明、配图、色调、品牌与标签。根据不同产品的特点，文字说明既要严谨，又要简明扼要，主要内容包括产品的名称、数量、规格、成分、产地、用途、使用与保养方法等。有些产品包装应标明注意事项、副作用等，借以增加消费者对该产品的信任感。

4．包装设计策略

（1）类似包装策略。类似包装又称产品系列包装或统一包装。企业所生产的各种产品，在包装外形上采用相同的图案、近似的色彩，有共同的特征，使消费者容易辨认。特别是新产品上市时，类似包装策略能利用企业的信誉消除消费者对新产品的不信任感。同时，采用类似包装可节省设计费用，适用于质量水平相近的产品，如果质量相差悬殊，优质产品则将蒙受损失。

（2）组合包装策略。组合包装策略是指企业可将使用时有关联的各种产品放在同一个包装内，便于消费者购买和使用，如针线包、工具箱、节日礼品等。

（3）复用包装策略。复用包装策略是指消费者所购产品的包装可做他用，如空罐、空盒、空瓶可改作其他用具。这种包装能够发挥广告的作用，刺激消费者的购买欲望。

（4）附赠品包装策略。附赠品包装策略是指在包装物内附有赠品，利用赠品促使消费者重复购买，如购买儿童饮料附赠课程表，购买儿童玩具、糖果等附赠连环画、彩色人物照片、赠品券、奖券等。

（5）改变包装策略。改变包装策略是指当企业的某种产品在市场上销路不畅或者一种包装采用时间较长而不利于产品销售时，就应该改进包装设计策略。采用这种策略，必须使产品本身的质量与改变后的包装相适应。

（6）等级包装或分类包装策略。等级包装或分类包装策略是指企业将产品分成若干等级，高档优质品采用优等包装，一般产品采用普通包装，使包装的价值和产品质量相称，表里如一，方便购买力不同的消费者按需选购。

5.4.3 产品品牌策划

品牌是构成产品整体的一个重要组成部分。一个好品牌有助于新产品尽快被消费者所接受，吸引消费者购买，扩大销售，提高产品身价。

品牌在市场营销中的作用日益明显，企业如何用好品牌策略，必须进行行之有效的策划，充分发挥品牌对企业市场营销的促进作用。

1．品牌的概念

品牌是一种名称、术语、标记、符号、图案或它们的组合，用以识别某个或某群销售者的产品或服务，并使之与竞争者产品和服务相区别，促进消费者理性和感性需要的满足。

企业使用品牌的目的是让消费者易于识别自己的商品与其他商品的区别，树立良好的形象和信誉，扩大市场覆盖面和占有率。

品牌是以下多个名词的总称。

（1）品牌名称。品牌名称是指品牌中可以读出声音的部分（词语、字母、数字、词组等）的组合，如海尔、雅戈尔、999、TCL、正泰等。

（2）品牌标志。品牌标志是指品牌中可以识别，但不能读出声音的部分（符号、图案或明显的色彩或字体等），如小天鹅的天鹅造型、IBM 的字体和深蓝色的标准色等。

（3）商标。商标是指受到法律保护的整个品牌或组成品牌的一个或几个部分。为了享有专用权，使用商标前应注册，以"R"或"注"明示。

需要注意的是，商标是一个静态、单一的概念，而品牌是一个动态、多元的概念。前者强调的是法律保护，后者强调的是经营策略。因此，品牌中含有商标，但不仅仅是个商标。品牌经营除注册商标、获得法律保护外，还有丰富的操作内涵，已形成了相应的研究领域。

2．品牌的命名

品牌的命名，既要能与其他商品相区别，突出给消费者带来的实际利益，又要富含深厚的文化底蕴。

品牌的命名一般采用以下几种方式。

（1）效用命名。效用命名是指以产品的主要性能和效用命名，使消费者迅速理解产品的用途和功效，便于联想与记忆，如青春宝、感冒通、美加净等。

（2）人物命名。人物命名是指以某传奇人物、历史人物、产品发明者或制造者、对产品有特殊偏好的名人的姓名命名，如张小泉、李宁等。

（3）产地命名。产地命名是指以产品的产地命名，旨在反映产品的历史渊源和产地优势，使消费者由此产生美好的联想，如西湖龙井、青岛啤酒、古越龙山等。

（4）吉利命名。吉利命名是指以具有良好的祝愿、吉利意义的词语命名，既能烘托产品的优良品质，又能迎合消费者喜爱美好之情，如福寿酒、乐口福、金利来等。

（5）制法命名。制法命名是指用名称显示产品的独特制造工艺或艰苦研制过程，赢得消费者的信赖，如二锅头、千层饼等。

（6）形象命名。形象命名是指以动植物形象或含有某种寓意的图案为产品命名，烘托产品的优良品质和对目标消费者的适应性，并引发其美好联想，如小白兔牙膏、春兰空调、乘风电扇、野马自行车等。

（7）企业名称命名。企业名称命名是指以生产该产品的企业名称作为品牌，适用于享有盛誉的著名企业，借助企业的美誉，迅速提高产品的声誉，如松下电器、长虹彩电等。

（8）译音命名。译音命名是指将原产国品牌名称以正确译音进行命名后进入别国市场。译音命名要求顺口、有趣、易生联想，如德国的奔驰（Benz）、我国的美加净（maxam）均为佳作。

3．品牌设计要点

特色是对品牌的重要要求，因为品牌的第一作用是区分和识别产品。有特色的品牌才具有吸引力，易引起消费者的兴趣，所以，特殊的设计和有强烈刺激力的图示是许多新品牌的共同要求。

具体来讲，进行品牌设计时应注意以下几点。

（1）要与营销组合相适应。首先，品牌要与产品、产品所强调和拟建立的形象相适应；其次，品牌要与所进入的市场和所服务的消费者相适应。

（2）应对产品具有提示作用。这种作用是指通过唤起消费者的兴趣，激发其进一步了解产品的质量、效益和特色的欲望。

（3）名称应易读、简短和易记。易读即不使消费者感到难念，简短有助于拼读和记忆，易记是品牌迅速扩散的重要条件。

（4）应与广告媒介相适应。比如，某产品主要通过广告传达信息，那么，品牌名称要清晰，印刷品上的字形要优美。

（5）企业的各个品牌要相互协调和对应。这样做有利于产品线的扩展，如"声宝"适合家用音响设备、电视机等与"声音"关系密切的产品，而不适合洗衣机、电冰箱之类的产品。

在具体实践中，重要的是针对具体情况，灵活运用上述要点，与包装设计同时进行，实现统一协调的营销效果和艺术效果。

【本章小结】

产品在营销策划过程中处于极其重要的地位。产品策划是营销策划的重要组成部分，是营销策划系统要素链的核心要素。产品策划的指导思想是满足目标消费者的需求、满足企业营销战略要求和适合企业资源。

单一产品策划的程序和内容包括：明确产品策划目标；进行环境分析和需求分析；进行市场研究；进行市场细分；确定目标市场；市场定位；形成产品策划方案。

单一产品策划方案的一般格式：封面；目录；前言；环境分析；行业背景分析；企业背景分析；市场环境分析；细分市场；目标市场；市场定位；概念产品；具体产品描述和产品概要营销方案。

产品包装设计策划是产品策划的一个重要内容。包装是产品的"无声促销员"，不仅能保护产品，便于产品的出售和使用，而且具有识别功能、传递信息功能、诱发购买功能和使产品增值功能。

品牌是构成产品整体的一个重要组成部分。一个好品牌有助于新产品尽快被消费者所接受，吸引消费者购买，扩大销售，提高产品身价。

【复习思考题】
1. 简述产品策划的概念。
2. 简述产品策划的思路及各阶段的目的。
3. 简述单一产品策划的程序和内容。
4. 针对市场上的某个产品,对其包装进行评价。
5. 试述产品品牌命名的方式,并举例说明。

【实训题】
针对目标企业进行新产品策划,制定产品策划方案。要求产品为自己熟悉的消费品,目标市场为空白市场或竞争不激烈的市场。策划方案要求具体化,有可操作性。

[实训目的]
1. 通过产品策划,掌握空白市场的寻找方法。
2. 掌握目标消费者特征的把握。
3. 掌握市场定位的方法。
4. 掌握形成概念产品的过程。

[实训重点和难点]
1. 产品策划的思路与程序。
2. 市场定位。
3. 概念产品。

[实训内容]
1. 针对目标企业进行新产品策划,注意策划应按照程序由分析得来。
2. 撰写产品策划方案。
3. 进行产品策划报告。

第6章 促销策划

> 【学习目标】
> - 了解促销策划的概念。
> - 了解促销工具的种类。
> - 掌握促销策划的思维方法。
> - 掌握促销策划的程序。
>
> 【思政园地】
> 注重培养学生爱岗敬业、诚实守信的职业道德,以及君子爱财,取之有道的职业规范,批判为达目的,不择手段的卑劣行径。

6.1 促销策划概述

企业促销通常可以运用多种促销工具和促销方法。由于促销工具和促销方法在形式上多种多样,因此,促销手段在运作中具有诸多不可控制、不易控制的特点。促销手段对外部环境、市场条件的依赖性强,促销效果容易受不确定因素的影响。营销策划人员想策划出适合企业、产品和市场的促销方案,就应该掌握促销策划的基本原则和方法,抓住促销的本质,利用促销形式具有的多样性实现企业预期目标。

促销是企业经营管理中的一个重要环节,其好坏直接决定着企业在市场竞争中的命运。促销策划可以减小促销活动的风险,最大限度地提高促销活动的效益,因此,进行系统、全面的促销策划是促销活动成功的基础。企业只有将正确的促销目的、准确的市场定位与适当的营销要素整合在一起,才有可能真正达到预期效果。在现代营销策划中,多促销手段协同的战术使用较多。

【案例6-1】　　　　　　　　　立普顿的金币促销

风行世界的苏格兰立顿红茶的开山祖师立普顿,由于擅长心理宣传,使自己开设的食品批发店生意日渐兴隆。

有一年圣诞节,立普顿先生想到欧美圣诞节的一个传统说法:在圣诞节前后所吃的苹果包装中若含有6便士(英国货币辅助单位)的铜币,明年将终年吉利如意。立普顿从中受到启发,在每50块乳酪中挑一块装进一枚1英镑的金币;同时借助气球在空中散发传单,制造声势,以招徕顾客。于是成千上万名消费者在气球的震撼与金币的诱惑下,拥进贩卖立普顿乳酪的经销店,想买到有金币的乳酪。

立普顿的发达遭到了竞争者的嫉妒,他们向法院控告立普顿的做法有赌博的嫌疑。立普顿并没有因为竞争者的抵制而退缩,反而以退为进,在各地经销店张贴通知:"亲爱的顾客,感谢大家享用立普顿乳酪。但若发现乳酪中有金币,请将金币退回,谢谢您的合作。"

果不其然，消费者不但没有退还金币，反而在"乳酪含金币"的声浪中踊跃购买。苏格兰法院认为这已是纯粹的娱乐活动，而不再加以干涉。

立普顿的竞争者仍不罢休，又以安全理由要求法院取缔这次危险活动。在法院再度调查时，立普顿乳酪又在报纸上刊登了一大页通告："法院又来一道命令，故请各位享用者在食用立普顿乳酪时，注意里面可能有金币，不可匆匆忙忙，应十分谨慎小心，方不至于吞下金币，造成生命危险。"结果前来购买者更多，竞争者也无招架之力了。立普顿乳酪因此占领了绝大部分市场，获得了巨额利润。

这个案例是立普顿乳酪利用金币进行的典型的让利诱导促销，具有以下特征。

（1）让利价值远远高于让利商品乳酪的单价。正是这样，一些消费者才在赌博心理的驱使下去购买乳酪。

（2）乳酪是欧洲人的主要食品之一，在西方食品店比比皆是，有很强的替代性。由于立普顿乳酪中含有金币，消费者这种可能获利的心理使立普顿乳酪的销售量大增。

（3）合理借用了欧美圣诞节的某个传统说法，消费者很容易接受这种让利促销方式。

（4）这种策划方案在促销上由于与直接获利有关，因此，在法律上有破坏自由竞争之嫌疑，在竞争者的控告下，立普顿不是立即退缩，而是利用守法，以退为进，不仅平息了法律纠纷，而且利用法律进行进一步宣传。因为消费者如果真正在食用乳酪时得到金币，是不会退回经销店的，客观上等于在进一步利用金币进行促销。

（5）针对竞争者以安全为由要求取缔该活动后，立普顿乳酪所发布的通告，实质上仍是一则金币促销广告，从表面上看是提醒消费者食用乳酪时不要将金币吞下，其实恰恰是在暗示消费者立普顿乳酪里仍然有金币。正因如此，每次法院干涉，都进一步刺激了立普顿乳酪的销售。

这个案例给今天的营销策划人员带来了很多启示：让利促销策划必须选择好所让利益与让利商品，如果选择不当，消费者可能不会响应，如果乳酪里放的不是金币，而是一枚铜币，或者金币不是放在乳酪里而是摇号抽奖等，结果可能就大不一样；让利促销在当今有很大风险，由于世界各国都纷纷颁布了反垄断、反不正当竞争相关法律，让利太小则无法引起消费者的兴趣，让利太大则极有可能违反法律，而立普顿乳酪在此方面能给策划人员以更多的启示。

6.1.1 促销的概念

在营销活动中，企业可以运用的促销手段和方式有多种。企业开展促销活动前需要进行系统的分析和策划，以达到成功沟通与推动销售的目的。这就要求营销策划人员准确把握促销的本质。

促销是指企业应用各种促销手段和方式，向消费者传达企业及商品信息，实现双向沟通，使消费者对企业及其商品产生兴趣、好感与信任，进而做出购买决策的活动。促销的本质是沟通信息，作用在于赢得信任、诱导需求，促进购买与消费。

促销活动是指销售促进，经常仅限于营业现场的促销活动，一般定义为通过提供一些临时性的附加利益实现对消费者、中间商、营销人员等交易行为的积极影响，以刺激消费者购买和提高经销商绩效的种种企业产品销售策略性活动，比较常见的有现场促销、多样化陈列、推广式演出、产品展销、会议销售、示范表演等。

以销售促进为主要促销手段和方式应该满足以下条件。

（1）产品可以不通过其他流通中介而直接满足消费者的购买要求。

（2）产品具有复杂的技术性能，售后服务要求较高。

（3）产品具有比较明显的随机性购买倾向。

（4）目标消费者群体具有足够的时间在营业推广场所参观和选购。

（5）企业拥有或可以利用某些宽敞、交通条件优越、便于消费者参观和选购的营业推广场所。

（6）营业推广场所能满足企业对促销活动的设计要求，能充分展示产品的优点。

如果产品和企业能满足或基本满足以上条件，则企业可选择以销售促进为产品的主要促销手段，进行定期、不定期或常年性营业推广。对定期或不定期的营业推广，企业在广告和人员促销方面应予以配合，以保证营业推广的促销效果。

6.1.2 促销策划的概念

本章介绍的促销活动策划主要指狭义的促销策划，即销售促进策划，以下简称促销策划。

促销策划是在目标市场的导向下，使促销与多种市场工具实现良好交互的策略设计、策略评价和策略控制，并促进销售增长的一系列有预谋的策略制定活动；或者说，它是通过提供一些临时性的附加利益，追求促销活动效益最大化，来进一步实现对消费者、中间商、营销人员等的积极影响的策略规划活动。促销活动是一种有着明确目标的市场营销工具，在某种情况下，促销策划就是对促销对象进行刺激以求短期内达到效果的系列促销方法。

促销策划是促销活动中很重要的一个部分，良好的促销策划对品牌建设和产品销售都将起到推波助澜的作用。促销策划方案是企业在短期内提高销售额、提高市场占有率的有效行为。如果是一份创意突出、具有良好的可执行性和可操作性的促销策划方案，无论对于企业的知名度，还是对于品牌的美誉度，都将起到积极的提高作用。

促销策划方案是相对于整体市场策划方案而言的，严格地说，它从属于整体市场策划方案且互相联系，相辅相成。促销策划方案基于企业的整体市场营销思想和模式展开，因为只有在此前提下做出的整体市场策划方案和促销策划方案才是具有整体性和延续性的促销行为。也只有这样，才能够使目标消费者群体了解到统一的品牌文化内涵。而促销策划方案也只有遵从整体市场策划方案的思路，才能够使企业保持稳定的市场份额。

促销策划是现代营销的关键，销售的成功始于成功的促销策划。

6.1.3 促销工具的种类与影响因素

企业要达到促销目标，就要选择恰当的促销工具。促销工具选择得当，可取得事半功倍的效果，否则，促销效果可能与促销目标南辕北辙。

1. 促销工具的种类

促销工具可大致分为对消费者、对中间商和对企业内部三大类。

（1）对消费者的促销工具，如处理样品、发放优惠券、现金折扣、提供特价包装、提供赠品、购买奖励、免费试用、消费者组织化、销售现场陈列和表演等。

（2）对中间商的促销工具，如折让政策（包括购买折让、广告折让、陈列折让等）、销售竞赛、广告技术合作、派遣店员等。

（3）对企业内部的促销工具，如企业内部、营销人员销售竞赛、营销人员教育培训、销售用具制作、促销手册制作等。

实际上，促销工具的形式千变万化，出新是促销策划的生命，列举上述工具只是为了引发营销策划人员的促销活动思路。

2. 影响促销工具选择的因素

选择促销工具时主要应注意以下几种因素。

（1）促销目标因素。选择的工具必须有利于达到促销目标。

（2）企业市场战略因素。

（3）消费者特征因素。

（4）市场因素。应根据市场特性选择相应的工具。

（5）产品因素。选择工具时要考虑产品的类型和特点，以及商品内在的价值和所处的生命周期。

（6）企业自身因素。要充分考虑企业自身的优劣势和可利用资源，并要符合企业自身的外在形象。

6.2 促销策划的思维方法

6.2.1 促销策划的指导思想与原则

随着市场竞争的加剧，促销活动将逐步得到规范，促销策划过程也将走向规范。促销策划的形式多种多样，营销策划人员在进行促销策划时，要按照正确的指导思想，依据本企业的实际情况及环境的具体情况选择合适的策划形式。

促销策划的基本思路：首先研究产品的卖点，产品有很多卖点，每次促销都要找准一个卖点才能打动消费者；其次研究目标消费者，分析这次促销活动的消费者群体，目标消费者的兴趣点和敏感点，确定促销内容是目标消费者喜欢的促销方式；最后研究目标消费者获取信息的渠道，确定传播信息的途径。

营销策划人员在进行策划时，应力求将促销内容与促销形式（工具、地点、时间、人物、事件等）巧妙结合，用形式衬托主题，以最大限度地达到促销目的。在促销策划的步骤上要注意每个环节的衔接，确保促销策划的准确、严密和完整，从而提高策划方案的有效性。

一般来讲，促销活动应遵循以下指导思想与原则。

1. 必须从消费者的需求和特点出发

要提高促销活动的效果，就要围绕消费者的心理需求，以吸引消费者注意力、加深消费者对品牌的印象为目标。促销策划应该真正以消费者为中心而不是单纯以企业利益为中心，以塑造品牌形象为中心而不是单纯以提高销售量为中心，只有这样才能真正起到既促进销售又提升品牌影响力的作用。因此，应从消费者的需求和特点出发，找到其敏感点，有针对性地进行促销策划。

2. 主题要明确且单一，符合总的营销思想和战略

在策划促销活动时，首先要根据企业本身的实际问题（包括企业活动的时间和地点、预期投入的费用等）和市场分析情况（包括竞争者当前的广告行为分析、目标消费者群体分析、消费者心理分析、产品特点分析等）进行准确的判断，进行 SWOT 分析，扬长避短地提取当前最重要也最值得推广的一个主题。需要注意的是，只能是一个主题，在一次活动中不可能做所有的事情，"有所为，有所不为"，才能把最想传达的信息充分地传达给消费者，才能引起消费者的关注，并且比较容易地记住企业所要传达的信息。

3. 应直接说明利益点

在形成了明确的主题之后，应该注意直接凸显利益点，使得消费者能够在接受企业所要传达的信息时产生购买冲动。应该让消费者清晰地看到对自己有直接关系的利益点。例如，如果是优惠促销就应该直接告诉消费者，而如果是产品说明，就应该贩卖最引人注目的卖点，使消费者在接触了直接的利益信息之后产生购买冲动，从而形成购买行为。

4. 要围绕主题进行并尽量精简

促销活动应尽可能简单。很多营销策划人员在策划活动时往往希望执行很多活动，认为只有丰富多彩的活动才能引起消费者的注意，其实简单的才是科学的。

首先，复杂的促销活动容易造成主次不分。很多促销活动搞得很活跃，也有很多人参加，场面壮观，但是在围观者和参加者当中，没多少人是企业的目标消费者，即使是目标消费者，他们在参加完活动之后也没有购买产品。因此，一些营销策划人员经常抱怨围观者的参与道德问题，说很多人经常看完了热闹就走，或者拿了企业发放的礼品就走。其实问题就在于活动的内容和主题不符，所以很难达到预期效果，在目前的促销活动中，有一些活动既热闹又能达到良好的效果，就是因为活动都是紧紧围绕主题进行的。

其次，过于繁杂的促销活动易提高活动成本，执行不力。如果在一次策划中执行了太多活动，不仅要投入较多的人力、财力和物力，直接导致活动成本增加，而且容易导致操作人员执行不力，最终导致促销活动失败。

5. 具有良好的可执行性

好的促销策划方案应该具有良好的可执行性。促销活动是否能取得成功，在很大程度上取决于其是否具有良好的可执行性。促销策划要做到具有良好的可执行性，除需要进行

周密的思考外，详细的活动安排也是必不可少的。安排活动的时间和方式时必须考虑执行地点和执行人员的情况，进行仔细分析，在具体安排上尽量周全，另外还应考虑外部环境如天气、消费习惯等的影响。

6. 要进行认真的市场调研

在进行促销策划的前期，市场分析和调查是十分必要的。营销策划人员只有通过对整个市场局势的分析，才能清晰地认识到企业或产品面对的问题，才能有针对性地寻找解决之道，仅凭主观臆断很难成功。同样，在策划书的制作过程中也应该避免主观想法，切忌出现主观类字眼。因为策划方案没有付诸实施之前，任何结果都可能出现，仅凭主观臆断将直接导致执行者对事件和形式产生模糊的理解。

7. 要注意连续性

促销活动应该根据整体营销战略连续进行。也就是说，想让消费者成为企业的忠实消费者，就必须从产品走向市场那一刻起，连续推出多次有着各自的明确目的而又环环相扣的一系列促销活动，让消费者迅速从不了解到了解，从了解到喜爱，再从喜爱到变成这一产品的拥趸。如果能成功地搞出这样一系列的活动，产品就一定会强势冲入市场并长期占有相应的市场份额。

一次促销不可能达到巨大的效果，也不可能因此就使品牌成为名牌，所以，在品牌的建设和产品的销售上，只有坚持正确的营销思想，在适当的时间和地点进行适当的促销活动，才能使企业更快、更好地发展下去。

具体到每次的促销活动，首先，应有明确的目的，即是让消费者认识这一品牌，让消费者主动购买产品，还是强化消费者的购买习惯；其次，促销策划要与此前及此后的促销活动相结合；再次，要尽量少花钱、多办事，尽量制造一些具有轰动性的新闻效应，让各个新闻媒体主动报道；最后，活动所设置的奖项应该让多数参与者"够得着"，能够得到实惠，而不是设置特别高的奖金，结果仅有几个人能得到，那样消费者的积极性一般不会很高。

促销是企业整体营销策划中的重要一环，企业必须全盘规划促销活动，使整个促销活动相互衔接，形成整体的力量，避免为了促销而促销，把每次促销活动搞成单个的、互不关联的促销。必须牢记，整体性和目的性是策划出成功的促销活动的两个基本点。

6.2.2 促销策划的目标

进行任何策划活动，只有明确所要达到的目标才有冲刺的动力，才有可能依据科学的目标制定战略和战术。因此，确定策划目标是促销策划的首要任务。实践中，首先应对企业的即时营销背景进行分析，如国家或行业的宏观大环境和大趋势、企业自身的微观 SWOT 分析等，只有在搞好这些市场综合行情分析的基础上，找出问题，并在企业战略目标的指导下去发现营销机会，才能制定出切实可行的促销策划目标。

促销通过提供给消费者正常销售外的附加利益来刺激消费者的需求，总是要付出一定代价的，所以要求相应的回报，如企业希望每投入 1 元的促销费用便产生 15 元的销售收入。

当然，不同的促销活动对投入和产出的要求不同，也不完全体现在销售收入上。营销策划人员只有对每次促销的目的有清晰的认识，才好确定具体的促销目标，才能有效地设计促销活动，才能对促销活动的效果进行评估。

然而，进行具体的促销活动时，目的往往是模糊的，如只是笼统地讲要"提升销售量，扩大市场占有率"，在如此模糊的目的下，也就不会有清晰的目标，整个促销活动便缺乏控制和指引，也无法为将来的促销活动提供借鉴。目标不清晰，促销很难有针对性，资源浪费和促销效果差就不可避免了。

促销活动的目标根据不同企业、不同产品、不同环境有所不同。下面列举的目标只是便于开拓营销策划人员的思路，具体情况还要具体分析。

（1）增加市场销售额。
（2）发展新的消费者群体。
（3）激励消费者连续、反复地购买。
（4）培养和增加消费者的忠实性。
（5）扩充产品的价值。
（6）调动消费者的兴趣。
（7）塑造消费者的品牌意识。
（8）转移消费者对价格的注意力。
（9）寻求相关机构的合作。

企业在确立促销活动的目标时应该抓住主要矛盾、解决企业急于解决的问题，并注意掌握目标的针对性和实用性原则，考虑企业现阶段的经营实力等多方面情况。

6.2.3 促销策划的时机

企业的促销活动必须根据制定的策略进行整体安排，如大约投入多少资源进行促销，在哪个时间段进行，要留出多少资源来应对意外的变化，要安排多少资源用以扰乱竞争者等。具体来说，促销活动的时机可从以下几个方面来考虑。

1. 根据产品本身的销售规律，以促销实现淡季和旺季的平衡

很多产品的销售都有淡旺季，如空调、电扇、羽绒服等。强烈的淡旺季落差会使得企业生产、销售、资金调度难以协调，所以需要利用促销来尽量平衡淡旺季，如可通过在淡季给予经销商较为优厚的销售政策，吸引经销商分担库存压力和提前打款，也可以进行适度的反季节销售来刺激消费者的购买热情。

另外，我国幅员辽阔，不同区域的气候相差极大，淡旺季的时间差也非常明显。企业要学会利用这样的时间差，使得销售政策显示出必要的灵活性，总体上处于淡季时，对于仍处旺季的区域给予特殊的政策和资源支持，从而平衡企业的销售节奏。

2. 在重要的时间段造势，提升品牌影响力

重要的节假日是零售市场的旺季，消费者的购买热情高涨，常常会有意识地去搜集各种促销信息。这个时候即使不是本企业产品的销售旺季，企业也可以开展一些促销活动来吸引消费者的注意力，为消费者日后选择本企业产品打下基础。

另外，像企业的纪念日、产品生产总量达到某个数字的日子都是开展促销的时机。这个时候开展促销的目的不仅仅是提升销售量，还有让消费者更多地了解企业，相信企业的实力，往往是"促销之意不在'量'"，与其说是在"促销"，不如说是在进行"推广"，而且这个时候没有其他企业进行类似的活动，也比较容易博取消费者的眼球。

3. 配合新品推出的促销活动

不断地推出新品是企业得以长久发展的基础，因为新品最终会替代老品成为企业收入的主要来源。相当多的企业对于新品上市不太重视，悄无声息。有的企业则十分重视新品上市，希望通过大力度的促销来帮助消费者尽快认识和接受新品。以这样的指导思想来设计促销，往往局限于买赠、品尝、试用等常规做法。从更深的层次考虑，将新品高调推出的目的除了让消费者尽快购买，还包括以推出新品为契机宣示企业的理念、目标和研发实力。企业在新品上市时策划大力度的促销行为实际上是企业整体推广策略的一部分，这样，为新品上市进行的促销活动的目的就不仅仅是提升销售量了。

所以，这些更深层次的目的还必须让企业的营销人员理解。营销策划人员也必须善于从更高的站位来安排促销活动。

4. 根据竞争者的促销活动，有针对性地安排促销活动加以阻击

如果竞争者采取的促销活动取得了良好的效果，形成了较好的销售势头，就必须紧急采取行动加以阻击。这种情况会经常发生，有些营销人员只习惯于按照预先安排行事，对突发的变化不敏感，或者由于事先没有预案，一时拿不出有力的反击对策，在仓促中虽进行了有针对性的活动，效果却不明显。在市场竞争中，不是主动就是被动，只有时时掌握主动权才能游刃有余，提升业绩。这也要求营销人员熟悉各类不同的促销活动，能够迅速拿出应对方案。

另外，企业在进行促销策划时，要留出部分预备资源在关键时刻使用。企业必须意识到，任何严密的计划都有不足之处，必须设想一旦出现意外该如何应对。只有做好了各种准备，才不会在突如其来的变故前手足无措。

5. 打乱竞争者的销售节奏，冲击竞争者的市场

《孙子兵法》中强调"兵无常势，水无常形"，同样的道理，市场竞争中也没有绝对的事情。竞争者如果按照某类产品常规的销售规律来操作市场，本企业就可以反其道而行之，使竞争者力不从心。

6.2.4 促销策划的思路

为了保证使初学者能够科学地策划出适合的促销方案，图6-1给出了促销策划的一般思路，在实际策划时需要结合营销的实际经验灵活运用。

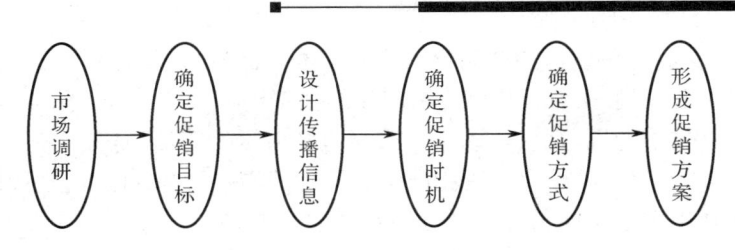

市场调研 → 确定促销目标 → 设计传播信息 → 确定促销时机 → 确定促销方式 → 形成促销方案

图 6-1　促销策划的一般思路

为了激发较早或较强的市场反应，企业促销通常运用许多促销工具和方式。由于促销工具和方式在形式上多种多样，因此，许多营销策划人员都认为"企业促销无定法"，即只要有利于企业销售，促销方法就是好的。其实这种认识是片面的。有利于企业销售的方案来源于正确的策划思路，对一个营销策划人员来说，应该掌握促销策划的基本思路。

当促销成为企业必要的营销手段时，应在突破促销传统观念的基础上，关注促销的内在需求。促销时，把促销的各项功能发挥出来。一般来说，促销方式比较简单，任何企业都可以实现，所以企业在促销上下的功夫往往不深，促销条件、程序、环节、执行情况等大同小异，消费者看不到有特色的促销活动。

6.2.5　促销策划的技巧

各种类型的促销策划的目标不同，关注的重点不同，考虑的相关内容细节也不同。现以节日促销策划为例，讲述促销策划的技巧。

节日促销是企业销售的重头戏，也是发挥促销功力的关键时刻，需要在一般促销任务的基础上，在促销管理、促销执行、促销反馈方面有新的突破。节日促销受传统的影响较大，所以需要注意节日的各种风俗、礼仪、习惯等。

企业进行节日促销都是有目的的，有的是为了提升品牌知名度，有的是为了提高销售额。跟踪与反馈节日促销的由头与目标是节日促销的重要内容，是节日促销成功的基本保证。单纯为了节日而促销的促销，只能产生一种附加的广告效果，甚至会起到反面的展示作用。因此，在节日促销中，理性促销与细心促销成为抓住消费者的关键。

1. 促销包装

当节日到来时，节日消费随之兴起，企业就需要在节日促销活动中引导消费者加入消费浪潮，向消费者传递企业产品与节日的关联，如送礼与喜庆的关联、节日折扣与赠品的关联、节日庆祝与特色的关联等。这些信息需要通过产品和与之相关的各个方面来传达，而包装便是发布这些信息的重要媒介，所以，包装的意义重大。

这里所说的包装指的是对终端各方面的装饰。包装分为技术包装和服务包装两种，技术包装指的是产品、台面等的包装，服务包装指的是环境、人员等的包装。如何设计促销包装，要注意以下几个方面，并根据不同的节日和不同类型的产品区别设计。

（1）促销产品包装。节日促销产品的包装需要固定，不能随心所欲，要根据产品针对的消费目标、消费价值、消费周转期、消费习惯等来确定。

① 消费目标。消费目标主要指产品的用途，要明确说明。

② 消费价值。经过包装后的产品价值应与同类产品持平或稍高。

③ 消费周转期。一般来看，节日促销产品的消费周期不会太长，除非是固定使用的产品（但此类产品不需要特别包装），因此，产品包装应尽量简洁明快。

④ 消费习惯。地域差异导致消费者产生了不同的消费习惯，因此，可以在产品的包装和促销方式上体现出企业考虑了不同区域消费者的习惯。

（2）促销台面包装。促销台面不仅仅包括产品的地堆、专柜、专卖区域等，它是一个综合的促销平台，所以，从平台角度来看，其延伸的区域非常大。企业买下地堆或专柜后，常规做法是布置好内部，尽量做到醒目、有节日氛围。此外，如果可以使用多种高科技手段来刺激消费者的眼球，如增加声、光、电等的包装，将是促销台面对消费者的一种很好的吸引方式。从延伸的角度来看，促销台面需要有外围（如门口、导购台、咨询台、引导员等）的引导，即将多处需要标识产品的对象集中延伸展示才是综合促销平台的着眼点。

（3）促销环境包装。促销环境与整体环境互相作用才能产生效应，因为良好的环境有助于创造效益，对提升消费者的心情分数有很大的帮助。

① 基于对节日文化的了解，将节日与相应的促销有机结合，提升促销效果。

② 重视人文环境，将其作为产品展示的文化平台，做到人文环境展示与产品销售捆绑进行，大大缩短与消费者之间的接触距离。

③ 确定自己的促销特点，如民族风，并在赠品、包装、折扣等方面鲜明地树立起特色旗帜，把特色促销做到底，区别于大多企业在节日促销时所用的统一"红"格局。

④ 控制好促销氛围。节日促销期间氛围比较统一，以喜庆为代表，但不同场合或不同产品可以有所区别，表现出主动的促销氛围，展示出促销氛围中的个性，如重促销手段、轻产品功能，重促销礼物、轻促销承诺等。

（4）促销人员包装。对于促销人员的包装，需要着重提示的不是知识的准备，而是亲和力的准备。促销购买是瞬间的购买行为，感性成分较大，所以提升促销人员的亲和力非常重要。企业应规范亲和力相关礼仪，构建系统的产品促销规程，促进产品与消费者、环境、服务等的融合。

2. 促销定性

节日促销会达到销售高潮，因此许多企业都不会放过这个时期。有些企业在对促销的含义并不十分清楚的情况下就盲目促销，效果也只是视人气高低而定。真正到了促销现场就会发现，事先制定的促销规定得不到有效执行，而往往是根据现场的情况临时确定的，这样的节日促销没有特色，和普通促销无异。由此看来，促销定性十分重要。

（1）明确为谁促销。无论在什么情况下，消费者永远都是要牢牢把握的，促销人员需要清楚向谁促销，要把产品卖给谁。

（2）促销优惠的条件要简化。在节日促销期间，各企业间竞争激烈，驻足观望的消费者很多，但也很挑剔，所以促销优惠的条件与优惠的程序一定要简化，而不能到了节日来临的关键时刻因为解释不清楚而浪费时间和资源，错过大部分消费者，失去促销的意义。

（3）统一促销方式。在相同的环境下，促销方式需要与其他企业统一。例如，在集中的卖场中，如果其他企业在进行促销优惠等多种活动，而自己的促销方式简单或单一，就无法参与竞争。在促销环境下，促销手段可以创新，促销项目的多少、新颖度可以成为亮点,但促销氛围绝对要保持一致,促销行为要统一,尤其是在节日促销的关键时刻,甚至可以以低价换取销售规模。

(4) 动态促销。节日促销过程中需要有动态促销,也就是说,促销要按照节日推进的阶段进行,而不能一成不变,节日前期与节日中期可能变化较小,但节日后期的变化非常明显,企业在进行节日促销时往往会忽略这一点。跟不上市场变化的节奏,容易出现节日促销"空虚症",具体表现是没有管理、没有促销技术跟进、没有促销产品转换、没有新的促销亮点、没有促销反馈数据、没有竞争压力分析等,结果是促销人员按部就班,满足于"让节日促销动起来就是胜利"。

3. 促销技巧

促销技巧是指将促销手段应用在促销过程中,使得促销成为消费者过节日的标志。这是适应消费需求的一种表现,实际上是把促销按照不同的规程,在有效的时间段内,进行不同的组合,使得促销的质量有所提高。

4. 促销时限

有促销时限是目前比较流行的做法,如限定节日的第 1 天为某节日的促销时段。限定消费时间有助于促使消费者消费,在固定的时间内满足企业的促销需求。

5. 促销量化

限定要销售的产品数量也是常规的做法,但在节日促销尤其是销售旺季的节日促销中不适合采用这样的做法,因为容易被竞争掉。

6. 促销目标具体化

促销目标具体化是很好的促销工具和手段,有助于将促销限定在一定的范围内让消费者选择,也有助于企业对销售情况进行梳理。

进行节日促销策划时,在促销技巧的合理配置和保鲜、促销过程中遇到的困难与问题等方面考虑的内容要比在技巧展示方面考虑的内容重要得多。在环境发生变化、促销难度加大、成本提高、管理变得困难时,都需要对促销进行合理部署。当然,技巧不是最重要的,对技巧的调度、对技巧的现场控制、对技巧的困难分析其实更为重要。

6.3 促销策划的程序与相关内容

促销是企业营销过程中的重要环节,决定着企业产品能否让目标消费者知晓并促使其产生购买行为。因此,企业应建立以沟通为核心的促销策划模式,使促销效果最大化。这是促销策划的关键所在。

6.3.1 促销策划的程序

开展促销活动时,为了与目标市场进行有效的沟通,企业必须对目标市场进行定位,选择发布信息的各种渠道，确定行之有效的促销方式。显然，促销活动是一种综合性的活动，必须从整体层面设计促销方案，以便有效实现预期促销目标。在实施具体的促销计划前，可以按照以下9个步骤来制定总体促销方案。

1. 确定目标市场，选择目标消费者

企业要使自己的促销策划工作保持持久的生命力，就必须确定目标市场，找出目标消费者及其需求、态度、偏好和其他特征，作为确定信息沟通目标的前提。

所谓确定目标市场，其实就是确定产品或服务针对的消费者。在潜在市场中，哪些人需要企业产品，哪些人在使用企业产品的过程中受益，那么，这部分人就是企业的目标消费者。只有认准了目标消费者，企业才能采取有效的促销手段，与其进行营销沟通，并在沟通过程中传达适当的营销信息。

选择目标消费者的方法有产品分析法、市场调查法等。

产品分析法是指确定企业的产品有何功能、将要服务的消费者是谁、对消费者来说有何利益点、产品的品牌有哪些优势、包装及式样有哪些优势与劣势、消费者对产品有哪些认识等，以此来分析企业将对消费者提供的产品及将要宣传的卖点。

市场调查法是指通过市场调查找出消费者对产品的需求、企业和竞争者的目标市场、企业将要采取的宣传方法，以及消费者对产品的印象和企业期望消费者产生什么印象。

2. 确定促销信息传播的具体目标

企业要知道消费者的敏感点在哪里、如何把消费者从目前所处的位置推向更高的准备购买阶段、期待消费者对促销活动做出何种反应，如促使消费者获取购物优惠券并进行购物。如果企业希望通过刺激消费者的购物欲望来达到提高销售业绩的目标，就要更准确地确定各项促销方式与手段。多数刚从事市场营销的人员都会犯这样一个错误，就是不能准确地确定开展促销活动所要实现的各项具体目标。

一般消费者针对企业和产品的购买心理分为3个阶段：认知阶段、感情阶段、行为阶段。根据AIDA（Attention——注意；Interest——兴趣；Desire——欲望；Action——行动）模式，这3个阶段又经过注意、兴趣、欲望、行动4个行为来完成对产品或服务的购买，如图6-2所示。企业需要通过对消费者在各个阶段的购买心理进行分析来确定信息传播目标。

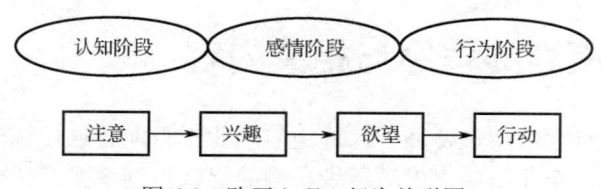

图6-2 购买心理—行为关联图

在认知阶段，企业进行信息传播的目标就是引起消费者注意，促使消费者知晓企业或产品，一般是从使得消费者认知企业或产品名称开始的。

在感情阶段，按AIDA模式又分为两个步骤，即引起购买兴趣和激发购买欲望。在这个阶段，消费者一般已经知道了存在某产品，这时企业就要开展信息传播战役，以建立消

费者对产品的喜爱之情,这就是引起消费者购买兴趣的阶段。消费者可能喜爱这个产品,但并不一定产生购买欲望,在此情况下,企业进行促销策划时应设法建立消费者的偏好,可以在宣扬产品的质量、价值、性能和其他特征上下功夫,以促使消费者产生购买欲望。

在行为阶段,即购买阶段,当消费者开始确信喜爱企业的产品并产生购买欲望后,企业的促销策划工作重点就是承诺给予消费者较好的性价比,促使消费者迈出这一步,产生购买行为。

3. 设计促销传播信息

促销传播信息实质上就是企业在与消费者沟通时用以吸引消费者的信息内容。在与消费者进行促销沟通时,必须在促销信息中以充足的理由表明应该对本企业所传达的促销信息做出反应的原因、企业所提供的产品能够给消费者带来的何种益处。例如,麦当劳不仅营造了家庭的温馨氛围,还设计了一整套儿童故事及卡通人物形象,深受儿童的欢迎。麦当劳的文化正是随着这些具有鲜明个性的人物形象在消费者群体中传播开的。

4. 确定促销预算

企业经常在竞争者促销预算的基础上确定自己的促销预算。对竞争者促销预算进行评估的目的只是以其为借鉴,在此基础上根据具体情况做出适合本企业实际的促销方案。

更为准确的方法是,企业首先在不考虑费用问题的情况下将计划采用的促销方案列出一份清单,然后根据收费标准计算促销方案中所有促销项目的预算,并根据实际情况对促销方案进行调整,直到调整的促销方案对企业而言可以接受为止。

在进行促销策划时,一定要根据量入为出法、销售百分比法、竞争对等法、目标任务法等考虑费用效益比。

5. 确定促销工具

在促销传播信息内容确定之后,企业可根据现有资源,确定用何种促销工具最为合适。选择的促销工具不宜过多,能达到制造氛围且有利于信息准确传递的目的即可。然后选择进行促销的时机。这些都需要根据目标消费者的消费习惯进行安排。

6. 确定促销时机

促销活动的时机和方式选择得当,会事半功倍;选择不当,会费力不讨好。促销活动的设计,在时间上要尽量让消费者有空参与,在地点上要让消费者方便参与,且要事前与城市管理执法部门、市场监督管理部门沟通好。

发动促销战役的时机和方式很重要,持续多长时间能达到最好的效果也要进行深入分析。持续时间过短会导致在这一时间段内消费者无法重复购买,很多应获得的利益不能获得;持续时间过长又会导致费用过高或失去热度,并降低在消费者心目中的身价。

7. 形成促销方案

在明确促销活动的目的和具体要求以后,企业将根据不同促销手段和促销方式的作用、特点和各方面的适宜性确定促销方案,明确人员数量、促销地点、现场布置方式,进行气候预测、费用预算、奖品设置等。促销方案的目的、手段、方式及组合结构应具有良好的系统性,需要企业进行周密的分析和策划。企业必须自始至终协调和整合总体方案中所采用的各种不同的促销手段,制定详细的推行计划,这是保证促销方案顺利实施的前提,对实现预期促销目标来说显得非常重要。

促销方案是实施促销活动的指导性文件,促销活动必须严格按照促销方案执行。促销方案一般包括促销活动的目的、促销活动的主题;促销活动的宣传口号或广告词、促销活动的时间和地点、促销活动的内容、执行促销活动的人员、开展促销活动需准备的物资清单、促销经费预算、促销效果评价方案、促销活动注意事项等内容。也就是说,促销方案要尽可能周全、详细和具体,以便操作实施。

8. 试验促销方案

为了避免盲目实施不合理的促销方案带来的风险,在实施促销方案之前应进行必要的试验来判断促销工具的选择是否正确、刺激程度是否合适、现有的途径是否理想,以便能够及时改进促销方案中的缺陷与不足,将最能有效刺激消费者购买的促销方案呈现在目标消费者面前。

很多促销活动没有试验这道程序,在促销创意、方案制定后直接进入市场操作,一旦失败,则损失很难弥补。所以,为了降低促销活动失败所带来的损失,这道程序必不可少。

试验促销方案的通常做法是在一个比较小的市场上进行一次短期操作试验,或者组织公司内部专家(营销经理、一线市场人员等)对这次促销活动的各方面问题进行质疑提问,相关人员答辩。

9. 进行改进和完善,确定促销方案

对促销活动试验进行总结,对促销方案不妥或不完善的地方进行修改,形成最终促销方案。

每次活动都有可能出现意外,如政府部门干预、消费者投诉、天气突变导致户外的促销活动无法继续进行等,必须对各个可能出现的意外事件进行必要的人力、财力和物力等方面的准备。

6.3.2 超市促销策划的要点

促销策划的类型很多,策划活动需要考虑的内容各不相同,因此书中无法面面俱到地介绍各种策划的细节,但是各种策划是相通的,可以互相借鉴。下面介绍超市促销策划的要点。

1. 选择合适的卖场

(1)卖场必须有较强烈的合作意愿,愿意配合促销、备货、陈列、让利、宣传、定价等。

(2)卖场应人流量大,形象好,地理位置好。

(3)卖场及其商圈的定位和消费者群体与促销产品相一致。

2．制定有诱因的促销政策

（1）以节庆贺礼、新品上市之名消除企业变相降价促销的负面影响。

（2）尽量不做同产品搭赠（如买二送一），避免降价抛售之嫌，也可能"打不中"目标消费者。

（3）可用新品牌捆绑成熟品牌销售，但要注意两者的档次，定位必须在同一层次上（如果老品牌已面临种种品牌危机或形象陈旧，则不可取）。例如，可口可乐公司推出新品牌"醒目"时，定位在二、三级市场，于是捆绑本公司的受欢迎品牌"雪碧"进行销售，取得了良好的效果。

（4）注意与重点超市联合促销，既促销产品，又增进感情。例如，购买本企业产品满××元，赠送该超市购物券一张；购买该超市产品满××元，赠送本企业产品一份。

（5）提供多种促销政策供消费者选择，但门槛不宜太高。

3．选择合适的广告宣传品

（1）广告宣传品风格应与目标消费者群体的心理特点一致。例如，运动饮料的宣传与体育赛事结盟，注重有活力、迅速补充体力；针对中低价食品宣传更实惠、量更大、更有营养；针对儿童用品宣传产品卡通化、好吃/好用、赠品好玩。

（2）POP（卖点广告）上同时标出广告宣传品的促销价和原价，以示区别；尽可能减少文字说明，使消费者在 3 秒钟内看完全文，清楚地知道促销内容。

（3）为广告宣传品冠以新品上市、节庆贺礼等"借口"。

（4）写清楚限制条件，如限购 5 包/人、周末促销、限量销售、售完为止、×月×日前有效等。

4．选择合适的赠品

（1）赠品尽量选择实惠而新颖的常见用品（太"生僻"的赠品，消费者不知道用途或用途范围太小，难以吸引消费者）。

（2）赠品的形象要好，价位要低，如围裙、T 恤衫、计算器等。

（3）赠品最好具有宣传意义，如日记本、雨伞、水杯等。

（4）与目标消费者群体的心理特点及品牌定位相符，如购买运动饮料赠送奥运小纪念品、购买中低价方便面赠送食盐、购买知名饮料赠送透明钥匙包等。

5．根据活动规模确定产品、物料需求和促销人员数量

促销方案必须包含效果预估和费用预估两个方面的内容。效果预估是指根据所选卖场的历史销售量，综合考虑促销政策对产品销售量的影响做出促销期间的销售量预估；费用预估是指根据销售量预估相应的物料（广告宣传品、赠品等），并根据所选卖场的规模、促销期长短、预估销售量等准备相应的促销人员预算。

例如，某乳品企业计划于 10 月 1—7 日在星光超市做买乳品送赠品的促销活动，活动方案已审批通过，并设有专项促销活动组，包括项目经理/销售经理 1 名、活动组人员 2 名、促销主管 1 名（为突出此次促销活动的效果，广告宣传品、赠品方案单独制定）。

6. 规定业务代表回访频率，维护活动效果

如果促销周期大于 1 天，那么及时补货，以及保证卖场货品充足、陈列整齐等就成了很容易疏忽也很容易出问题的工作，所以有必要在促销方案中将产品的备货、陈列、广告宣传品布置等工作落实到具体人员（如促销员、理货员、业务员等）身上，规定责任人保持对卖场的高回访率，完成接单、上货、陈列工作，以保证促销效果。

7. 每个执行人都有明确的岗位职责、培训手册，有奖罚规定

在以上各项工作落实之后，接下来就进入了实质性的准备工作阶段。为避免某项工作出现疏漏而影响整体进程，需将准备工作的责任细分，落实到人，规定完成时间。

促销周期越长，越容易在促销过程中出现某个环节的失控，如活动某天断货、断赠品、赠品丢失；促销员迟到、串岗；新补充的促销员未经培训和很好的事前沟通，对促销政策不清楚；忘带广告宣传品、广告宣传品布置混乱、理货工作无人具体负责；促销过程中出现意外事件却不知应由谁具体负责处理或联系不到负责人……

以上种种现象，不仅会影响促销效果，还会带来混乱，引起消费者投诉甚至卖场终止与企业的合作。良好的计划和责任落实可以避免现场失控的局面。每个参与促销的人员都应该拿到自己的岗位职责说明，了解自己所扮演的角色、在活动期间的工作。做到细分到每天、每小时甚至每句话的培训，使所有人员明白自己的具体责任、促销周期内每天的细分工作流程、要填报的信息表单、相应的奖罚规定等。各司其职才能保证整个活动如期顺利进行。

8. 建立管理表单

各岗位、各工作环节之间应建立必要的、简洁的管理表单，增加预警危机处理制度，使得渠道畅通。

（1）业务代表回访工作日报表。

填表人：业务代表。

内容：回访时间，备货、陈列情况检查记录，跟进工作记录，需支援问题。

汇报人：项目经理/销售经理。

（2）促销员工作日报表。

填表人：促销员。

内容：个人当日赠品领用、消耗、退回情况，当日促销业绩，竞品信息反馈，其他异常信息。

汇报人：促销现场负责人（如促销主管）。

（3）促销日报表。

填表人：促销现场负责人（如促销主管）。

内容：当日整体促销业绩，促销员考勤评分，赠品领用、消耗、退回情况，竞品信息反馈，其他异常信息。

汇报人：项目经理/销售经理。

（4）促销效果检核表。

填表人：指定的促销检核人员。

内容：促销现场布置、促销员工作态度和技能、与卖场的合作情况等。

汇报人：项目经理/销售经理。

（5）奖罚单。应按岗位职责及奖罚制度，根据促销检核结果制作奖罚单。

（6）促销费用支出单。促销费用支出单包括堆头费、促销费、促销员工资单等。

9．对促销执行方案的内容进行概括

（1）背景，即为什么做促销，如新品推广、节日促销、竞品攻势等，旨在说明开展促销活动的必要性。

（2）策略，即选择什么样的促销思路，要达到什么样的目的，如在国庆期间对某产品进行买赠促销，提升消费者的认知度。

（3）详细内容，包括：时间；地点；执行人；促销政策，如时间或数量限制；广告宣传方式与陈列方式，如手绘POP数量及张贴位置、传单数量及发放时间和频率、堆头POP数量及陈列要求；促销活动各岗位职责说明，工作内容分解培训及奖罚制度；管理表单；效果预估；费用预估。

6.3.3 促销策划书的一般格式

1．封面

封面应当包括以下内容。

（1）策划方案名称，要求清楚、明确、具体。

（2）策划人员资料介绍，包括姓名、单位、职务等。

（3）完成方案的时间，按实际完成方案的日期填写（年/月/日）。

2．概要提示

概要提示包括策划方案要点与预期效果。

3．目录

按正文内容抽取目录。

4．前言

前言写明主要思路与内容。

（1）策划任务的由来；策划任务的目的。

（2）策划背景。

（3）策划目标。

（4）策划指导思想与策划思路。

5．行业与市场分析

（1）行业分析：集中在竞争强度、促销方式、促销手段等方面，要包括竞争者的促销

策略及促销方案。

(2) 市场分析：同品类产品、价格、促销方式等相关信息，要包括产品的市场经营状况。

6. 目标消费者分析

要分析促销活动针对的是目标市场的每个人还是某个特定群体，活动控制在多大范围内，哪些人是促销的主要目标，哪些人是促销的次要目标。这些选择的正确与否会直接影响促销的最终效果。

要讲明目标消费者的消费习惯、特征、敏感点等，具体如下：目标消费者特征与消费行为分析；目标消费者对本产品的敏感点；目标消费者获取本产品的相关信息途径。

7. 产品分析

(1) 卖点（比较优势）、诉求点。
(2) 产品市场生命周期，产品所处的销售阶段。
(3) 其他相关因素。

8. 企业资源分析

该部分重点分析企业的资金状况、营销能力等方面的资源情况。

9. 促销目的

(1) 根据上述分析，确定促销产品的市场成长阶段和相应的促销重点，确定促销活动主题，确定开展此次活动的目的，如处理库存、提升销售量、打击竞争者、新品上市、提升品牌认知度及美誉度等。只有目的明确，才能使活动有的放矢。
(2) 针对促销重点，制定具体促销目标，如销售量达到多少、品牌知名度提升多少等。

10. 促销传播信息设计

根据前述分析，确定以下促销传播信息。
(1) 消费者对什么感兴趣（敏感点）。
(2) 准确、鲜明地描述促销主题。
(3) 确定实现促销主题的手段。

在确定了主题之后，要尽可能艺术化地表现出主题，淡化促销的商业目的，使活动更接近消费者，打动消费者。此部分是促销活动方案的核心，应力求创新，使活动具有震撼力和排他性。

11. 促销工具

要根据传播信息确定促销手段和工具；注意每个工具的本质，变换表现形式，形成差异；考虑活动的目标、竞争条件和环境。

12. 促销时机

根据目标消费者的消费习惯、竞争者情况、市场变化，或者制造适当理由确定促销时机。

13. 促销方案

本部分主要指方案细节安排，包括以下方面。
（1）促销活动的宣传口号或广告词。
（2）促销活动的时间、地点。
（3）促销活动的内容。
（4）执行促销活动的人员。
（5）促销进度。将所有促销工作按日历进行安排，落实到人。列表，详细说明方案所需资金和人力投入、组织构建、进度安排等。
（6）促销活动准备物资清单。
（7）相关制度、文件、表格等。

14. 方案的效果预测与促销经费预算

要根据资料情报预测实施策划方案的量化效果和促销活动总费用及其分配。

15. 促销活动效果评价方案

确定评价方案的主要依据是企业与消费者沟通的效果。通过消费者对促销信息的知晓程度及购买行为来确定促销效果是重要的宗旨。对促销总体方案做出评估和调整，不仅仅为了调整那些效果不佳的促销手段，也为了使以后的促销总体方案能够更有效地为实现促销目标服务。

16. 促销活动应急预案

要提出预防措施，制定应急预案，做到有备无患。

17. 制定方案时参考的资料

列出制定方案时所参考的文献资料，增加方案的可信度和可行性。
需要强调的是，促销方案要尽可能周全、详细、具体，便于操作实施。

【案例6-2】　　　　　　　　　某家具厂促销策划方案

1．前言

家具行业"同质化"现象十分严重，大多数中小型厂家都拥有相同的生产线，产品质量、工艺大体相同，产品样式也十分接近。低端家具企业在市场中很难发展，急需转型，只有这样才能够生存与发展。随着农村人口向城镇的转移，居民需要对新房进行装修，购置新的家具，对家具企业是一个很大的机遇。

为了企业更好地发展，本次策划将重新进行产品定位，树立新的A品牌形象，故做此促销策划。

指导思想：通过宣传君子故里、君子遗风，展现本厂所在地的文化气息，使A品牌得到消费者的认可，并提高产品的销售量。

策划思路：通过征文活动让A品牌文化及内涵得到广泛的宣传；通过家具团购活动和

以旧换新活动提升 A 品牌产品的销售量。

2. 市场分析

家具市场分为木质家具、金属家具、塑料家具、竹藤家具和其他家具五大类。目前，本厂在市场上的产品以木质家具为主，其次为金属家具。随着人们生活水平的提高，消费者更注重产品的品质，实木家具深受人们喜爱。

目前市场上的主要家具风格：混搭、简约、田园、欧式、中式、美式、古典、地中海等。

主要的家具品牌：红苹果、联邦、标卓、左右、顾家、全友、曲美等。

本厂所在地基本状况：整个地区有十几家家具厂。各厂为了争夺市场份额展开激烈竞争。本厂占据的市场份额较多，在竞争中占据优势。

发展趋势：现在低端产品市场需求量处于饱和状态，转型谋发展成为必经之路；中高端市场前景乐观，越来越多的消费者追求高品质、时尚的家具。

3. 竞争者分析

（1）竞争者1：该厂规模比较大，产品材料以实木为主，经营民用中低端实木衣柜、沙发、桌椅、定制壁柜等；制作技术方面的力量比较薄弱，所以产品的品质一般，走的是低端路线。

床类价格：1000~2500元。

促销方式：主要以国家法定节假日为促销节点，展开家具促销活动；主要以买家具送茶具、送挂历及打折促销为主；促销力度比较弱，并没有大型的促销活动。

（2）竞争者2：该厂是近一两年才发展起来的，处于起步阶段，产品品质优良，受到消费者的好评；产品种类丰富，敢于创新，走的是中端路线；以自销为主，市场占有率较低；产品材料以实木为主，经营各种实木床、柜、沙发、桌椅等。

床类价格：1500~3000元。

促销方式：由于企业处于起步阶段，促销活动相对较多，主要为每月贴出特价商品信息、网上团购有优惠、买家具送家具或相关用品（如买沙发送茶几、买床送床单等）。

（3）本厂与竞争者的优劣势比较。

本厂优势：拥有5年床品批量生产、制造经验，技术娴熟，专业程度高；拥有大量代理商，销售渠道较好；现有产品价格低廉，在低端家具市场占据垄断地位。

本厂劣势：产品创新不够；没有品牌；定位不清晰。

4. 目标消费者分析

4.1 目标消费者特征分析

（1）目标消费者确定：对家具的需求转向中高端，所以，可定位于中高端家具市场。

（2）目标消费者特征：25~40岁的城市工薪阶层（包括企事业单位管理人员、白领）；月收入在10000元左右，有一定的可支配收入。

消费者的购买原因：购买新房后，要购买新的家具；重新装修住房，要购买新的家具；以旧换新或添置家具。

（3）行为特征：事业有成，思想独立，有个性化追求；生活节奏比较快，工作压力比较大，回到家有一种心境豁达、宁静的感觉；和谐自然，清新浪漫，设计风格淳朴、自然、沉稳，并带有一丝回归传统情调、有较高文化修养、注重环保与健康的家具是他们的选择。

（4）消费行为分析：以理性消费为主；注重产品价格的实惠与合理性；比较看重家具

的设计风格、用材、品牌定位等。

4.2 目标消费者对产品的敏感点

（1）品质优良：生活方式转变，人们开始追求高品质的家具；不但要求舒服，而且对做工、用料、款式等方面的要求很高。

（2）追求时尚：时尚的家具能让家变得耳目一新。目标消费者正处于事业的成长期，喜欢追求时尚，跟随潮流。

（3）看重品牌：品牌不仅代表着好的质量、服务，还能满足消费者对于高品质生活的要求。

（4）注重环保：对于家具材料的选择比较慎重，喜欢天然材质，尤其是木制品。

4.3 目标消费者获取产品信息的途径

（1）通过宣传车、传单、海报、网络广告得知。

（2）从卖场举办的促销活动得知。

（3）促销员介绍。

（4）朋友或同事推荐。

5. 产品分析

本厂主要以生产木质床为主，主要分为实木床和密度板床，样式均为床箱加床板。

5.1 价格

（1）定位于中高端市场，以高标价、低折扣的形式销售。

（2）根据市场价格规律，新产品价格定在4000～6000元。

5.2 材料

以实木为主，搭配展示"君子"之风的玉质材料等，成为整个产品的一大亮点。

5.3 包装

包装在追求保护性的同时，更需要符合高端形象，不能用以往的薄膜简易包装或无包装。可根据床的系列推出系列风格包装。例如，包装材料上可以用水墨画或书画装饰；表现天然、健康的理念；易拆卸。

5.4 卖点

（1）实木定制，满足个性化需求。

（2）绿色环保，不含甲醛。

（3）木材为来自小兴安岭的红松，品质可靠。

（4）A品牌。

（5）定位清晰。

6. 企业资源分析

6.1 企业现状

本厂成立于1996年，是一家有着二十多年生产、经营历史的小型民营企业，拥有3个厂房，占地2000平方米，拥有职工25人，2条生产线及十余台专业生产设备。前期经营范围为各种木质沙发、衣柜、电视柜、茶几、餐桌等的加工。经过多年的市场考验与摸索，近5年内，本厂以生产床类为主，产能以每年10%的速率增长，现阶段年产套床近万余套。

本厂本着"诚信团结、务实肯干"的企业精神，励志图强，在该地区的卧室家具市场上取得了优异的成绩，产品深受广大消费者的喜爱。A品牌是本厂二次创业后的新品牌，以"诚信经营"为宗旨,并赋予产品博雅、翩翩君子的形象及内涵。

6.2 产品现状

从转型只生产床品至今,本厂产品广受好评,经过多年的竞争,基本垄断了本地区低端床品市场。产品热卖的原因在于物美价廉,低廉的价格吸引了一大批消费者的青睐,但是产品还有一些小的缺陷。

6.3 营销状况

本厂的产品销售主要以代理为主。在本地区的七大卖场中,主要代理商有10家,其余小的代理商有40余家。另有少量在厂内出售,主要消费者为附近居民。

7. 促销目标

7.1 短期目标

一年内,总销售量在原有基础上提高20%,市场占有率提高10%。

7.2 长期目标

(1)使A品牌的故事深入人心。

(2)提升A品牌的知名度。

(3)提高消费者对A品牌的认知度。

8. 促销准备

8.1 准备时间

4月25—30日。

8.2 宣传形式

(1)宣传车。在宣传车上,张贴带有"五一团购大促销"文字的海报,用广播循环播放促销信息。

(2)传单。

① 夹报:选择订阅客户进行夹报,点对点传递团购活动信息。

② 小区信封投递:选择区域内5个以上优质社区,将信封式的传单投递至信箱。

③ 在人气较旺的卖场、咨询点、小区报名处派发传单。

(3)海报。和小区物业协商,在小区的公告栏上张贴海报,海报内容以"君子品质"为主题,展现A品牌文化,传达诚信经营理念,宣传"五一"促销活动。

(4)网络。在网络上发布促销信息,以0元获得100元的电子消费码,成为"团员"。在5月1—3日,持电子消费码到店消费,购买单件产品(具备完整使用功能的产品)折后价在1500元以上并交全款者,可用电子消费码冲减货款。

8.3 现场布置

(1)家具店外:用X展架、易拉宝、KT板、拉挂横幅、大幅海报、DM单等造势,内容配合主题。

(2)家具店内:放置小气球、吊旗、特价标签、绿色盆栽加红色或黄色飘带,增加节日气氛;循环播放与"君子""诚信"有关联的音乐,制造气氛。

9. 促销方案

9.1 活动地点

活动地点设在10家主要代理商店内。

9.2 活动时间

5月1—3日。

9.3 活动目的

（1）在家具销售旺季，主动迎合，争取订单、销售量和市场份额。

（2）旺季促销活动本身也是一次品牌传播推广活动，可以提升品牌在终端消费者中的知名度，不断积累口碑。

9.4 活动内容

（1）征文活动。与家具网合作，在网上发布A品牌与该地区的故事征文活动。A品牌以所在地历史人物×××命名，由×××故里古朴的君子文化——诚信，延伸到家具企业的经营。

征文内容：描述该地区的来历，讲述该地区的历史人物×××。征文来稿篇幅应控制在3000字以内，可配3张相关图片，图片格式为JPG（JPEG），尺寸为1600px×1200px或以上；投稿人必须提供真实姓名、通信地址、联系电话、电子邮箱，以便联系及核实；征文来稿版权归主办单位和作者共同所有，主办单位有权使用该作品。

设立相应的奖项：

一等奖：1名，送A品牌代金券3000元。

二等奖：2名，送A品牌代金券2000元。

三等奖：5名，送A品牌代金券1000元。

参与奖：若干，送抱枕或坐垫。

（2）家具团购，替您省钱。在家具大卖场张贴促销活动打折牌，设置8折区、9折区、原价区等；凭团购卡可享受7折优惠。

① 操作规则。

a. 指定好团购产品。新产品和旧产品互相搭配，组合促销。

b. 委托团购组织和媒体发布消息征集团购成员。

c. 在家具网上发布团购信息，征集团购成员，可分为两种方式。

单人组团：凡持有团购卡者都享有单人团购资格（团购卡可到服务台办理）。单人组团活动期间前来即可参与活动。

多人组团：凡3人以上（包括3人）组团，享有团购资格并赠送团长2张团购卡，每名团员可获得1张团购卡；6人以上（包括6人）组团，享有团购资格并赠送团长1张VIP团购卡和2张团购卡，每名团员可获得2张团购卡。多人组团必须于活动前1天到服务台办理团购手续（团购手续必须由本人持身份证来办理，签协议）并领取团购卡。

② 注意事项。

团购卡背面注明：消费者在卖场或代理处购买A品牌家具均可享受7折优惠；每人每次消费只能使用1张团购卡。

③ 奖品设立。

购物金额满2000～3000元赠送茶具或坐垫。

购物金额满3001～4000元赠送茶几或折叠式书桌。

购物金额在4000元以上赠送高档七孔被或其他床上用品。

（3）买家具，以旧换新。

① 参与条件和以旧换新范围。消费者需以旧家具兑换折价方可参与活动，通过评估交售旧家具，在购物合同单上加盖"家具以旧换新专用章"，之后在 A 品牌参与活动商户享受以旧换新价格补贴优惠。活动仅限家具类（床、沙发、床头柜、茶几、餐桌椅等）产品。

② 活动规则。置家券金额=旧家具回收价的 3 倍（四舍五入，取 100 元的整数倍）。

③ 活动方式。A 品牌与二手家具回收公司合作，必要时请第三方回收。A 品牌按照评估师估价结果向消费者发放以旧换新置家券，此置家券可在办理以旧换新手续的 A 品牌卖场内按规定使用。

（4）领取以旧换新补贴注意事项。

① 先估价后购物的消费者：消费者携带以旧换新置家券至卖场内购物，方可享受以旧换新价格补贴并按规定折抵。

② 先购物后估价的消费者：消费者付款时应填写"以旧换新预约估价登记表"，A 品牌评估师上门评估并发放以旧换新置家券，安排回收旧家具，厂家送货上门后收取尾款并按规定冲抵以旧换新置家券。

③ 消费者如参加以旧换新活动，不再享受 A 品牌会员折扣。

10. 促销预算（见表 6-1）

表 6-1　促销预算

项目名称	需要数量	单价	金额	备注
充气柱、喜庆灯笼	2 套	150 元/套	300 元	租用 3 天，含制作、安装、维护
专业音响	1 套	300 元/套	300 元	租用 3 天，含调音师
活动海报	14 张	15 元/张	210 元	85cm×180cm
活动传单	1000 张	0.1 元/张	100 元	18cm×13cm
店内 POP	5 张	7 元/张	35 元	60cm×45cm
气球	7 包	30 元/包	210 元	200 个/包
条幅	7 张	15 元/张	105 元	60cm×2000cm
其他	50 份	50 元/份	2500 元	机动
总计			3760 元	

【本章小结】

在营销活动中，企业可以运用的促销手段和方式有多种。企业开展促销活动前需要进行系统的分析和策划，以达到成功沟通与推动销售的目的。

一般来讲，促销策划应遵循以下指导思想与原则：必须从消费者的需求和特点出发；主题要明确且单一，符合总的营销思想和战略；应直接说明利益点；要围绕主题进行并尽量精简；具有良好的可执行性；要进行认真的市场调研；要注意连续性。

在实施具体的促销计划前，可以按照以下 9 个步骤来制定总体促销方案：确定目标市场，选择目标消费者；确定促销信息传播的具体目标；设计促销传播信息；确定促销预算；确定促销工具；确定促销时机；形成促销方案；试验促销方案；进行改进和完善，确定促销方案。

超市促销策划的要点：选择合适的卖场；制定有诱因的促销政策；选择合适的广告宣传品；选择合适的赠品；根据活动规模确定产品、物料需求和促销人员数量；规定业务代表回访频率，维护活动效果；每个执行人都有明确的岗位职责、培训手册，有奖罚规定；建立管理表单；对促销执行方案的内容进行概括。

【复习思考题】
1. 简述促销策划的概念。
2. 促销工具有哪些？
3. 促销策划的技巧有哪些？
4. 简述促销策划的程序。
5. 超市促销策划的要点有哪些？

【实训题】
围绕目标企业的经营需要，制定促销策划方案。要求按照规范程序进行，举行促销策划方案报告会。要求定位准确，创意新颖，安排合理，文案规范，避免"点子"方案。

［实训目的］
1. 了解促销策划的概念与程序。
2. 掌握促销策划的思维方法。
3. 掌握促销策划书的一般格式。

［实训重点和难点］
1. 促销策划的程序。
2. 促销策划的思维方法。
3. 促销策划书的撰写。

［实训内容］
1. 针对目标企业进行促销策划，注意策划由分析得来。
2. 撰写产品促销策划书。
3. 进行产品促销策划报告。

第7章 推广策划

【学习目标】
- 了解推广策划的含义和内容。
- 熟悉推广策划工具。
- 掌握推广策划方法。
- 掌握推广策划书的格式与撰写要点。

【思政园地】

事物是联系、运动、变化、发展的。事物发展的根本动力在于事物内部的矛盾。

运动本身就是矛盾，是有规律的。规律是事物本质层面的变化趋势。按规律办事时，首先要透过现象看本质，观察事物在本质层面所处的状态，即在规律中所处的位置，然后顺势而为。

所谓机遇，就是事物发生质变的时机。

7.1 推广策划概述

企业之间的促销竞争日益激烈，简单的促销策划对于企业来说已不能满足需要。在企业经营过程中，当新产品上市或一个品牌准备占领新的市场时，需要为了实现某些阶段性营销目标进行系列专题促销活动，而这仅仅依靠一时性促销和广告宣传是不够的，还必须有在企业营销战略指导下由众多互相支持、互相联系的营销手段组成的战役性营销活动，只有这样才能达到比较好的市场效果。这种在企业营销战略指导下由众多互相支持、互相联系的营销手段组成的战役性营销活动称为推广。

【案例7-1】　　　　　　　　　　利用世界杯促销

广州某电子销售公司成立于1997年5月。

1997年10月，该电子销售公司推出中国第一台38英寸大屏幕彩电；1998年4月，推出中国第一台壁挂式等离子体彩电。然而，由于品牌知名度较低，对于众多第一，市场反应淡漠，从而使这个彩电科技的先锋尴尬不已。于是，该电子销售公司认识到树立企业形象的重要性，从而，一系列的形象策划方案应运而生。

1998年夏季法国世界杯，32支足坛劲旅捉对厮杀，各国球星闪烁耀眼光芒，用精湛球艺向人们充分展示足球的魅力。据赛前有关数据预测，观看世界杯的中国观众将达40亿人次，其中潜伏着无限商机。因此，该电子销售公司精心设计了世界杯竞猜活动。

全方位、多角度地进行新闻炒作是企业实现营销的特点和重型武器。因此，如何最大限度、最大范围地把世界杯竞猜活动传播开来，制造良好的氛围，激发亿万名球迷的参与热情，成为整个活动成功与否的关键。

1. 新闻发布会

1998年4月23日，该电子销售公司在北京人民大会堂隆重举行了"××电器世界杯竞猜百万元大奖赛"活动的新闻发布会。"32万元大奖寻找中国最有价值球迷"的消息刚一传出，立即引起了全国新闻媒体的强烈关注：CCTV-1《晚间新闻》和 CCTV-5《体育新闻》立即予以报道。随后，《人民日报》《光明日报》《中国电视报》《解放军报》《中国体育报》《球报》《羊城晚报》等几十家大型媒体进行了显性新闻报道。一时间，"××电器世界杯竞猜百万元大奖赛"活动将在全国展开的消息，像长了翅膀一样飞遍了大江南北。新闻发布会，使该电子销售公司的世界杯竞猜活动成为1998年夏天新闻媒体和广大球迷关注的焦点，为活动的成功奠定了良好的基础。

继而，全国各主要媒体又竞相刊登了"你能得到32万元吗？""32万元大奖寻找中国最有价值球迷！""32万元奖球迷，值吗？""百万元大奖恭候你！"等系列报道，以前所未有的热情为本次竞猜活动助威呐喊。

4月27日至5月底，该电子销售公司趁热打铁，相继在《中国电视报》《体坛周报》《球报》《中国体育报》上刊登了竞猜项目、竞猜规则、竞猜时间、奖项设置和竞猜方式等明朗宣传，使广大球迷对活动有了一个比较全面、详细的了解，为他们积极参与竞猜活动提供了可靠的保证。

2. 广告

当活动的一切铺垫和准备做好之后，该电子销售公司便及时于5月4—11日，先后在《中国电视报》《球报》《中国体育报》《体坛周报》《华西都市报》等几十家全国性媒体和地方性媒体上刊登了竞猜预测卡和竞猜规则二合一广告。对于广告的制作，该电子销售公司有自己的要求。

（1）标题富有吸引力，利益点明显，能激发阅读者的参与欲望。公司为世界杯竞猜活动的广告设计了一个非常好的标题——谁都可能拥有32万元。虽然没有人承认自己贪财，但对财富的渴望却是每个人都有的。当时，32万元对于一个普通人来讲无疑是一个天文数字，如果能有机会拥有32万元，很多人都想去试一试。

（2）引文清晰、明了，能使阅读者对活动有初步了解。再来看看竞猜的引文：如果你有一颗足球头脑、如果你对32强了如指掌、如果你对64场绿茵大战洞若观火，你一定能拿到32万元大奖，那么，你一定是中国最有价值的球迷。一段简单的文字，把活动的目的、内容、参加方式、奖项说得清清楚楚。

（3）正文系统、全面，能使阅读者对活动有完整的认识。但这种系统、全面并不等于累赘，要用最短的话讲最多的事。

在布置广告的同时，由该电子销售公司自行印制的100万张（后因活动看好加印20万张）"竞猜预测卡"传单迅速分发到全国各地的该电子销售公司的电视专柜，供广大球迷索取，参与竞猜。至此，世界杯竞猜活动便如火如荼地在全国展开。从新闻角度来看，媒体不可能为企业传达一成不变的信息，它们要的是新鲜的东西，以保证其"新闻性"的特点。因此，塑造形象必须有"心"，持之以恒地透过各种有吸引力、有新闻价值的信息不断反映同一形象。

"竞猜预测卡"是本次活动的重点。该电子销售公司希望通过广大球迷填写竞猜预测卡参与32强名次预测竞猜，一方面"寻找中国最有价值球迷"，另一方面全面进行球迷状况调查。因此，一张小小的竞猜预测卡，肩负着双重使命，难免显得有点繁杂，有一定的设计难度。为使广大球迷能正确、热情地参与，该电子销售公司请 CCTV-5 的《足球之夜》栏目组制作了专题节目，详细地介绍了竞猜注意事项；在 168 声讯台竞猜中的电脑语音提示里，该电子销售公司设置了竞猜广告，只要拨打 168 声讯电话便躲避不了被"广告"一番，如"欢迎你参加××电器世界杯竞猜百万元大奖赛"，奖品设置介绍中，再一次把产品信息和广告有机地结合在一起。另外，为了吸引更多的球迷参加竞猜，进而鼓励球迷拨打 168 声讯电话，部分地方声讯台在全国各大中城市报纸上无偿辅助宣传"××电器世界杯竞猜百万元大奖赛"活动，既使该电子销售公司的信息得到了扩充传播，声讯台也借助世界杯竞猜活动的影响力亮相。客主易位的宣传诉求反映出选择声讯台作为传递和宣传载体取得了巨大成果。

正是由于广告整合传播的精彩纷呈，才使得世界杯竞猜活动反响如潮：据北京联合大学计算机中心的统计，共收到 366411 张竞猜预测卡，是 1994 年世界杯竞猜活动所收预测卡的 6 倍。通过 168 声讯台参与的达到 800 多万人次，其中现场竞猜为 460 万人次。由于本次世界杯"冷门"迭爆，32 万元大奖无人"折桂"。但在此次竞猜智力游戏中，武汉水利大学的沈宗韧以 94 分的罕见高分脱颖而出，成为本次活动的"最有价值球迷"。本次世界杯竞猜活动以其参与人数多、覆盖范围大、关注程度高、奖额高、影响范围广而独领风骚，创造了广泛的社会效益。

3. 新闻报道

新闻报道既是很好的活动炒作手段，又是绝好的品牌推广机会。"××电器世界杯竞猜百万元大奖赛"从活动开始前到活动进行中直至活动结束，前前后后的新闻稿件有近 300 篇。在整个世界杯期间，各大媒体都可以见到世界杯竞猜的消息。消费者在关注竞猜的同时，不知不觉中接受着该电子销售公司的价值灌输。

该电子销售公司的世界杯竞猜活动，引起了包括中央电视台和国家体育总局在内的全社会的广泛关注和广大球迷、消费者的热情参与。世界杯结束后，各品牌的促销活动均偃旗息鼓，唯有"××电器世界杯竞猜百万元大奖赛"活动成为媒体和社会一路跟进的焦点，使该电子销售公司异军突起，从名不见经传"青云直上"至家喻户晓。

该电子销售公司的创业宗旨是倡导"团体与拼搏"和"速度与力量"相结合的高度创造和合作精神。而 32 万元的最高奖项与 32 支球队巧妙地融合在一起，包装为"32 万元大奖寻找中国最有价值球迷"，既使本次活动增加了神秘和喜人色彩，又不落俗套，倍添含金量。于是，"谁都可能拥有 32 万元"便成为本次竞猜的主旋律，为广大球迷提供了一个广阔的参与、思考、评价的舞台。这样的设计和包装，给该电子销售公司带来了丰厚的回报：当世界杯结束，各彩电企业的促销广告烟消云散，最终得到的只是三五天的旺销（这其中的利润极低，有的甚至亏本），而该电子销售公司的销售额节节上升，各分公司频频告捷，成为消费者及各大媒体关注的焦点，成为 1998 年彩电市场的一匹黑马。

该电子销售公司利用世界杯促销是一个优秀的营销案例。同样是体育名次的竞猜，这看似十分平常的事件，在经过策划者的精心设计和包装后，成为当年夏季球迷关注的焦点，一次性将 32 万元奖励给一个人成为寻找"中国最有价值球迷"的最好说辞，将重奖与足球两大热点天衣无缝地"嫁接"在一起，高超的"技术"让人信服。无论是新闻发布会、广告，还是新闻报道，该电子销售公司把眼光从产品本身转移到消费者的需求上，制造了轰动，引领了潮流。

7.1.1 推广与促销

随着市场经济的不断发展，产品同质化现象日益严重，市场竞争愈演愈烈，推广已经从单纯的战术上升为基于企业市场营销的战略管理，推广方案的策划和推广过程的应变性成为今天企业赢得优势的关键。

推广与促销不同，促销是一时性的战术性营销活动，实际上是指卖场的销售促进，目的在于制造购买冲动；而这里所说的推广则是指一种综合运用各种推广工具的阶段性复杂市场运作行为。

从活动持续时间上来讲，推广是持续相当一段时间的阶段性活动；推广活动形式多样，一般而言，包括道路秀、产品说明会（发布会）、节日促销、新闻事件行销等。而对于上述任何一种方案，针对不同的企业情况和市场分析，都可以衍变出无数种形式。

推广策划往往对于新产品上市、产品终端铺货和品牌提升具有直接的效果，所以它也是营销策划中的一个重要组成部分。

推广组合方案是指企业在推广活动中，为实现以最低的促销费用达到更好的整体推广效果，对人员推销、广告、促销及公共关系等手段加以综合运用所形成的有机整体。不同的企业，由于行业特点不同、业务性质有差异、经营范围不一、消费者类型不同，推广组合的方式也有很大差别。

推广从本质上说是通过拉近与消费者的距离，促进与消费者的沟通，从而获得消费者的信赖，打开市场局面，取得经济效益的回报。推广的目的是获得消费者的信赖。在具体的市场表现上，推广旨在展示企业产品，宣传企业文化，是演绎企业形象的一种全方位的、动态性的市场行为。

7.1.2 推广策划的含义和内容

依据企业战略目标和目标市场需求，以对影响营销推广的因素进行分析为基础，根据市场竞争环境、企业自身优劣势、营销规律、消费者对产品的认知规律和消费者购买行为规律，综合运用各种推广工具，构建营销推广这种复杂战役性营销方案的过程称为营销推广策划（简称"推广策划"）。由于这种促销方案涉及因素的复杂性，所以在实践中进行策划也有相当的难度。

推广策划对企业营销有着重要作用。首先，推广能够更容易与消费者进行双向沟通，可获得消费者的信赖和认可。因为仅仅通过广告促销产品的方法是单向推动，不一定能够促进消费者的购买欲望；推广能够通过组合营销手段增加消费者的亲身接触，促进消费者对产品的认可，更容易在消费者的心目中建立别具一格的形象。其次，推广策划可以在持续的一段时间里充分运用人们的认知规律，使得产品信息能够非常有效地传递到消费者的大脑中。所以一个有效的推广策划是迅速获得市场认同、取得市场推销成功的重要手段。

推广策划与促销策划不同，它是围绕某个核心任务综合运用各种促销工具进行的战役性促销策划，如产品上市策划、品牌推广策划等。

推广包括企业产品上市之前的造势和上市之后的后续服务等内容。因此，推广策划包括企业在产品上市后，吸引消费者认识和了解，赢得消费者认可，提高品牌知名度，扩大市场份额，最终取得预算中的利润等一系列市场营销活动。依据推广的内容不同，推广策划方案包含的内容也不同，大体上包括以下几点。

(1) 渠道与终端推广，主要研究如何使得产品高效率、低成本地分布到预定市场。

(2) 企业和产品形象推广，主要研究如何在目标消费者心目中建立产品形象。

(3) 产品特征推广，主要研究如何使得目标消费者了解和认知产品。

(4) 产品促销，主要研究如何使得目标消费者购买产品。

不同种类的推广其活动内容不同，所以推广策划的内容比较灵活，需要营销策划人员根据具体需要进行取舍。

推广策划由于其复杂性一般分成两个部分。

(1) 推广策略策划。推广策略策划部分主要是指根据推广目标进行策划背景分析，根据营销规律、消费者对产品的认知规律和购买行为规律制定推广策略。这个策略是指导性、方向性的。

(2) 推广活动策划。推广活动策划部分是推广策略的具体化，是根据推广策略，依照具体情况进行的具体推广活动的计划安排，是执行计划。

7.1.3 推广策划的工具、手段和方式

1. 推广策划工具

推广策划使用的工具包括人员推销、广告、促销及公共关系等。推广是多种促销工具的组合促销。

每种推广方式都有自己独有的特性和成本，推广组合内的各个工具分别有着不同的影响力，营销策划人员在选择时一定要了解这些特性。

(1) 人员推销。人员推销在建立消费者的偏好、信任和行动时是最有效的工具之一，其具有人与人之间面对面接触、培植各种关系、对推销迅速做出反应的特性。但是人员推销费用比较昂贵，对企业营销管理要求比较高。人员推销由于是面对面的口头诉求，在评价、试用、催促、采用阶段有重大影响力。

(2) 广告。广告具有公开展示、普及性、增强表现力、非人格化等性质，一方面能够用于建立一个产品的长期形象，另一方面能促进快速销售。广告就传达给地域广阔而分散的广大消费者而言，每个显露点只需要较低的成本，是一种有效的方法。但是广告又是一个预算很高的促销形式，对企业来讲，如何使用广告具有非常重要的意义。

(3) 促销。促销又称营业推广，是使用各种赠券、竞赛等方式的一种集合。促销活动由于具备设计复杂、动用人力多等因素，在认知、兴趣、评价、催促、采用阶段有重大影响力。促销具有沟通信息、刺激销售、吸引消费者交易的特征，能在短时间内引起消费者对产品的注意。但是它的影响常常是短期的，对建立长期的品牌偏好不甚有效。

(4) 公共关系。公共关系具有高度可信性等特征，是一种融合公司与公众关系的重要工具，对建立企业的形象并在短期内促进产品销售有积极影响。公关宣传在消费者认知和

兴趣里具有强烈的影响力，可形成客户对企业或产品的好感；但在产品的"立即采用"方面，影响力较弱。

表 7-1 展示了部分促销工具，可在进行推广策划时选择运用。

表 7-1 促销工具

人 员 推 销	广　　告	促　　销	公 共 关 系
面对面 电话 互联网 书信	广播广告 外包装 随包装印刷 电视广告 宣传手册 招贴和传单 企业名录 翻牌广告 广告牌 POP 视听材料 标志图形	比赛、游戏、抽奖、奖券 奖金与礼品 样品 交易会 展览会 演示 赠券 招待会 以旧换新 搭配商品	记者报道 演讲 研讨会 年度报告 慈善捐赠 赞助 出版物 社区关系 游说 标志宣传 公司期刊 活动

2．推广手段和方式

在推广组合中，尤其在年度推广方案中，企业应明确主要的推广手段和方式。主要的推广手段和方式与企业主要的推广目的和推广预算相联系，与目标市场的信息传播途径也有密切联系。一般情况下，除了公共关系，其他推广手段均可作为推广组合的主要手段，某个推广手段和方式在各方面的适宜性应作为企业重要的选择依据之一。

（1）以人员推销为主要推广手段和方式的条件。人员推销以销售人员直接向消费者推广产品为特点，是传统的促销手段和方式，一般需要满足以下条件。

① 目标市场中，消费者数量有限，分布相对集中。

② 产品功能、特点及使用操作比较复杂，需要销售人员示范说明。

③ 人员直接访问、介绍才能有效唤起消费者的需要并促使消费者产生购买行为。

④ 企业拥有足够的高素质的销售和促销人员。

（2）以广告为主要推广手段和方式的条件。在财务能力许可的条件下，广告应作为常用的促销手段，一般需要满足以下条件。

① 目标市场消费者群体的区域分布广泛。

② 广告媒介和信息载体形式多，具有较大的选择余地。

③ 有限的广告信息内容能够反映产品的功能和特点，满足信息沟通要求。

（3）以促销为主要推广手段和方式的条件。以促销为主要的推广手段和方式，一般需要满足以下条件。

① 产品可以不通过其他流通中介直接满足消费者的购买要求。

② 产品具有复杂的技术性，售后服务要求较高。

③ 消费者购买该产品具有比较明显的随机性购买倾向。

④ 目标市场消费者群体具有足够的时间在营业推广场所参观和选购。

⑤ 企业拥有或可以利用某些面积较大、交通条件优越、便于消费者参观和选购的展示推广场所。

⑥ 展示推广场所能满足企业对售展活动的设计要求，能充分展示产品的优点。

如果产品和企业能满足或基本满足以上大部分条件，同时在人员推销和广告方面又不存在财务和人员的制约，那么，企业可选择促销作为主要的推广手段，进行定期、不定期或常年性营业展示推广，在人员推销和广告方面予以配合，保证营业推广的促销效果。

7.2 推广策划方法

策划就是根据各种信息和情况，判断事物变化的趋势，确定可能实现的目标和预期结果，经设计、选择形成正确决策的工作计划的复杂过程。推广策划不但要求对促进对象进行直接刺激以求短期内达到效果，而且注重间接的、长期的态度影响型效果。由于竞争的日益激烈，促销活动实施的风险不断增大，推广手段和方式日益增多，促销成本也越来越难以预算和掌控，因而进行推广（组合促销）策划时必须遵循规范的思路和程序，保证策划方案的合适与精准。

7.2.1 推广策划的一般过程

无论哪种推广，从其本质上看都是信息的沟通，所以进行推广策划时应该遵循营销沟通的一般过程。

1. 确定目标受众

目标受众不同，传递的内容、方式、时间、地点及信息发布者也不同。

2. 确定消费者对产品的反应及沟通目标

消费者的购买准备过程如图 7-1 所示。根据购买过程所处阶段确定沟通目标。

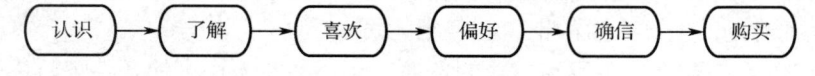

认识 → 了解 → 喜欢 → 偏好 → 确信 → 购买

图 7-1 消费者的购买准备过程

3. 设计信息内容、结构、形式和信息源

设计的信息需要解决 4 个问题：说什么（信息内容），如何说（信息结构），怎样说（信息形式），由谁来说（信息源）。

（1）信息内容。推广策划人员决定对目标群体说什么，以期产生所希望的反应，即销售诉求。销售诉求可以分为 3 类：理性诉求、感情诉求和道义诉求。

① 理性诉求是消费者自身利益的要求，应显示产品能够产生所需要的功能和利益，展示产品质量、经济、价值或性能信息。通常工业品购买者对理性诉求较有反应。他们具有

有关产品性能方面的丰富知识，受过辨认价值的训练，并且他们的选择必须对别人负责；日常消费品购买者只对大件商品注重理性诉求，如购买家用电器、计算机、汽车等产品，消费者一般专注于产品的质量、经济、价值和性能方面的诉求。

② 感情诉求是消费者感情方面的要求，应试图激发消费者某种否定或肯定的感情以促使其购买。传播者通过广告、商品展示、公共宣传等方法传播一些可能引起消费者同情、害怕、羡慕等情绪的信息，如果能引起消费者共鸣就是成功的传播。

例如，雕牌洗衣粉广告《下岗篇》中以下岗女工和懂事、体贴的女儿为主人公，真实地再现母女亲情。一句稚嫩的语言"妈妈说，雕牌洗衣粉，只用一点点就能洗好多好多的衣服"和让人心头一热的留言"妈妈，我能帮你干活了"，以及母亲对可爱的女儿所流下的疼爱、欣慰的泪水，再配上先哀婉后奔放的音乐，合情合理地浓缩了母女亲情的全部内涵。由此，它突破了洗衣粉生硬地宣传其功效的常规做法，用亲情将品牌形象植入众多消费者的心中。

③ 道义诉求是公益广告常采用的方式，旨在提高企业的形象和知名度。

设计促销信息的关键是让消费者准确区别企业产品与竞争者产品的差别优势。

（2）信息结构。信息的有效性，像它的内容一样也依靠它的结构。信息结构取决于3个方面：提出结论、产品论证、表达次序。

① 提出结论：促销信息应该提出一个明确的结论。明确的结论容易让人产生坚定的信念。

② 产品论证：有力的论证才能得到消费者的信任。

③ 表达次序：对于产品强有力的论点是先表达还是后表达。不同的信息传播方式也是不同的。如果产品宣传的是赞誉的观点，先表达更能引起消费者的兴趣；如果消费者原来是反对的，通过论据来论证，最后和所要沟通的消费者共同得出结论可能效果更好。

（3）信息形式。促销信息传播必须为信息设计一个具有吸引力的形式，广告标题、图片安排、情节构思等多方面都是需要研究的。

（4）信息源。传播对象对信息的相信程度也受到信息源的影响。具有较高信誉的信息源进行传播后更具有说服力。信息源的可信度由专业技能、可靠性、令人喜爱性、权威性等因素决定。

4．选择信息沟通渠道

促销信息传播者要将设计好的信息传播给目标受众就需要借助一定的信息沟通渠道。信息沟通渠道主要有两个方面：人员的和非人员的。

（1）人员信息沟通渠道。人员信息沟通渠道主要是指两个或两个以上的人面对面，或者在电话中、互联网中或通过书信相互联络的一种方式。人员沟通一般用于以下情况：产品价格昂贵，有风险或购买不频繁，购买者不相信媒体信息而通过人员面对面的形式来实现购买；或者产品具有相当的复杂性，如轿车等，推销员的专业性信息更能促进消费者购买，也更有利于双向沟通。

（2）非人员信息沟通渠道。非人员信息沟通渠道主要是指通过大众性媒体发布广告、新闻及其他有价值的信息，以及通过环境设计或事件向目标群体传播有效的促销信息的方法。其最大的缺点是难以进行双向沟通。

5. 选择信息发布者

信息源的可靠性可使得信息更有说服力，而决定信息源可靠性的因素有以下3项。
（1）信息发布者的专业性。
（2）信息发布者的可信度。
（3）信息发布者的受喜爱程度。
应该据此有效选择信息发布者以取得最佳传播效果。

6. 收集反馈

发布信息后，要运用相应的手段了解目标消费者获取信息后的反应。

7.2.2 推广策划的一般规则

推广策划实际就是不同主题下的促销组合策划，所以应该遵循促销组合的下列规则。

1. 促销组合的具体要求

在推广策划中，促销目的与企业的营销目标应保持一致，但对不同促销手段和方式的选择运用，尚需更具体的要求。从促销实践来看，设计促销组合方案应该体现以下要求。
（1）告知促销对象相关信息，唤起消费者的注意。
（2）说明促销对象的功能和优点，劝导消费者选择，增强消费者的购买动机。
（3）展示促销对象的特点，帮助消费者识别与竞争产品的差异，引导消费者的购买决策。
（4）提示促销对象的消费使用规则，加速消费者的使用或更替频率。
（5）树立促销对象或企业形象，提高产品的知名度和消费者的忠诚度。

上述要求均可作为企业的具体促销目的，同时也是选择和运用各种促销手段和方式的出发点。平时所说的产品上市推广、品牌推广、促销战略等实质内容都可归入上述要求之中。在设计促销方案时，企业既要兼顾不同的促销目的和要求，又要有所侧重。以何种促销目的为重点，需要根据产品生命周期、公众对产品的认知程度及目标市场促销竞争等方面的因素进行分析和确定。

2. 促销组合与方案实施

促销手段的综合运用形成促销组合。在中长期促销组合中，企业主要的促销手段相对稳定，在不同实施阶段略加调整即可。由于不同促销手段各有特点和长处，所以促销组合设计强调发挥促销合力。常用的组合方法是在明确主要促销手段的同时安排好其他两种促销手段，把公共关系作为长期的辅助性促销手段。当然，如果企业的营销目标是争取承接某项重大的工程业务，则公共关系也可作为主要的促销手段。

在明确促销手段的主次关系并设计组合方案时，分析、策划的主要内容集中于选择运用方式、确定实施时间、安排持续期限与频率、确定促销组合等问题上。
（1）选择运用方式。在促销组合中，促销手段的运用方式各有特点并影响促销效果。

在营业推广方面，可设置产品陈列室、参与展示交易博览会、与中间商展开合作促销，以及在促销现场进行售展设计，这些做法都具有实现促销目的的作用。相对而言，大批量分销产品依赖集中型、不定期的展示交易博览会，零售业务离不开现场促销售展，而制造商与中间商的合作促销是制造商开拓中间商所在地市场的有效形式之一。

在广告方面，广告媒介或信息载体是广告形式的基本标准。电视广告受众面宽、差异小，信息内容形象生动，因此大范围的营销活动需要电视广告。报纸、期刊的发行量有大有小，发行区域有所限制，不同报刊的受众对象容易区别，广告内容在文案上有较高的要求，因此报刊广告更适合目标市场较清晰的促销活动。网络广告形式多样、便于修改，适合各种促销活动。建筑载体、路牌灯箱及流动公交车辆等广告信息载体的受众对象与促销效果有明显差别，宜作为辅助性促销方式。

人员促销方面的具体形式分为推销和促销两种：前者是销售人员在推销过程中的促销，后者是聘请专门的促销人员在营业场所、展示地点或直接访问消费者时进行促销宣传。单价高、技术复杂的产品宜采用前一种形式，部分消费品及某些服务项目宜采用后一种形式。汽车厂商一般同时采用上述两种人员促销方式。

在公共关系方面，企业可预先设定公关对象，指定专门的机构和人员从事信息沟通、用户回访和其他人际交流，这属于有特定目的和对象的公关方式。企业也可举办或参与公益性活动以达到促销宣传的目的。无特定目的和对象的企业也可设置专门的公关职能部门，负责两种公关活动。

（2）确定实施时间。在促销方案中，不同的促销手段和方式在实施时间上有先有后，而某些促销手段的实施时间应当相同。一般情况下，信息发布在先，劝导、示范性促销在后；广告促销在先，营业推广在后。人员推销不依赖其他促销手段和方式，但如果消费者根本不了解产品、品牌及供应企业，则人员推销的阻力就很大，因此在进行大规模的人员推销以前，宣传产品、企业的其他促销方式仍是必要的。

在促销方案中，预先设定促销信息或促销活动的具体时间同样非常重要。一般在消费旺季前发布信息，在销售旺季同时运用多种促销方式，尤其要重视营业推广和人员促销。在竞争者的促销高潮来临，或企业新产品、新品种推向市场之际，企业的促销活动是采取提前、延迟还是基本同步的对策，都属于实施时间方面的选择。此外，在消费观念和消费使用条件逐步变化过程中，某些产品的促销方式及推出时间对促销效果已有决定性的影响，应当引起企业的重视。

（3）安排持续期限与频率。若运用多种促销手段和方式，企业便需要对促销信息的持续时间、频率和促销效应等进行考虑。在年度促销方案中，某些促销方式是常年性的，如企业的产品陈列室、建筑载体广告；某些促销手段虽不间断，但发布信息的效果与频率有关，如电视广告、期刊广告；某些促销手段和方式是间断运作的，可定期或不定期传播信息，如展示会、营业现场推广、有奖销售、网络发布等。

此外，不同促销手段和方式发布信息的时间和频率与促销的持续效应不一定成正比。广播、电视广告发布的促销信息基于瞬间，报纸广告的促销信息具有一两天的传播效应，期刊广告等促销信息可持续数天甚至数月，固定载体媒介具有更长的信息发布与传播效应。

不同促销手段和方式的信息传播范围与促销的持续效应往往成反比，电视等传播范围广的促销方式，信息与促销效应较短；建筑载体广告等促销方式传播范围小，但持续的传播效应较长；期刊广告等促销方式的传播范围居中，信息持续效应也有类似特点。

（4）确定促销组合。促销策划实际上是对促销信息沟通和促销组合做比较系统的安排的工作。促销组合主要是公司根据促销预算和产品特点安排在人员推销、广告、促销、公共关系等促销工具上的任务。企业确定促销组合时需要考虑每种促销工具的性质和影响促销组合的因素。因此，在促销组合方案中，不同促销手段和方式的使用频率与传播范围需要协调，要找出它们之间理想的衔接关系。

在明确上述问题以后，企业便可形成促销组合方案的基本轮廓，这时，设计策划的重点是协调与完善方案的具体内容。与营销计划相适应，企业的促销组合方案也可列出阶段、年度、月份的工作重点和具体事项，形成促销方案的实施步骤，并在方案执行中进行跟踪分析。

7.2.3 推广策划的基本思路

营销推广由于主要的推广目标不同可以表现为不同形式的推广，在各种新产品上市、开拓新市场和建立品牌时，分别表现为产品推广、市场推广和品牌推广。它们的推广重心不同，策划的内容也有差异，但是策划的基本思路是一致的。

1. 明确企业推广目标

在进行推广策划时首先要明确企业推广目标。企业提出的目标一般是从企业的角度进行描述的，往往不够具体和明确。营销策划人员要进行认真分析，界定企业推广目标的真实含义，确定包括哪些要求，不能只满足于字面理解，必要时还要与企业决策者进行沟通，以便准确把握企业要求。

2. 了解产品特征，确定产品比较优势

在进行推广策划时必须了解企业为消费者提供的产品的实质和产品比较优势。可运用FAB分析法在明确消费者需求的情况下分析产品利益，包括该产品的特征、该企业为其产品所设定的目标市场，以及目标消费者的市场定位。也就是说，要充分了解产品的实质和消费者对产品的认知，这样才能正式进入产品市场推广阶段的策划。如果一个企业能够提供给消费者某种具有独特性的优势，那么，该企业就具备了有别于竞争者的经营差异性，就有可能获得竞争优势。

3. 了解消费者，明确目标消费者对产品的认知规律

（1）企业要推广的产品与目标消费者群体要购买的产品类别的联系。
（2）目标消费者群体的生活状态、心理状态如何。
（3）目标消费者对本类产品的兴趣点、敏感点是什么。
（4）目标消费者对本类产品的认知规律是什么。

4. 分析推广影响因素

此部分内容比较多，无法一一列举，下面仅列举部分内容。

（1）研究推广活动参加因素，包括外部环境、竞争者、企业资源、各个营销环节参加者（中间商、终端等）、产品、目标消费者等。外部环境又可以细分为宏观环境、行业环境、市场环境等。

（2）确定主要影响因素。不同的推广，主要影响因素不同。

（3）从推广目标出发，选择适当的角度收集资料并进行分析，从中得出相应的推广对策。

例如，有时产品推广策划需要研究竞争者，就需要明确企业与谁竞争、竞争者的产品特征。利用FAB分析法和竞争者逐一进行比较，从而决定采取何种诉求策略；研究竞争者的推广手段，其竞争资源有哪些等。

5．确定具体推广目标（过程目标）

推广策划要在刺激目标消费者敏感点上下功夫。此时要寻找能充分展现推广主题的切入点，即别具一格或标新立异的推广主题。这个阶段就是要了解、确定企业产品市场推广应该能满足消费者哪些方面的需要与欲求，推广的刺激点在哪里。确定推广切入点，即何时、何地与消费者沟通。主要应回答下列问题。

（1）消费者为什么要购买该产品；产品能否提升消费者的生活质量。

（2）购买的方便性有哪些。

（3）产品的价格是否合适。

（4）是否能给予消费者一个富有竞争力的购买理由。

（5）消费者是否与产品有良好的接触。

6．确定推广策略

要根据具体推广目标发展出与消费者的接触点，即选择适合目标消费者的传播工具（如广告、公共关系、营业推广、人员推销）、各种传播工具之间的有机组合策略，制定营销推广的整体策略部署，包括各个时间段的策略设计与安排。

企业的市场推广工具多种多样。这些推广工具各有优点，关键是企业如何找出一个合适的组合，使企业的市场推广独具特色。此特色即来自营销策划人员对企业产品实质的掌握和对消费者对产品认知的理解。能否找出具有竞争力的消费者利益点是市场推广能否成功的关键。

7．制定推广活动计划，形成推广方案

此部分内容要根据具体的策略目标、策略思想和策划背景进行。推广活动计划可能包括多个渠道策划、终端策划、广告策划、公关策划、促销策划等，也可能包括少数几个相关策划。

7.2.4　产品推广策划的程序

产品推广是促进消费者购买的重要活动。产品推广策划对企业顺利走向市场，取得良好的营销业绩具有重要的影响。所以研究产品推广策划，进行规范的推广策划十分重要。

产品推广策划的程序包括以下几个阶段。

1. 界定问题，明确策划主题

应针对不同的推广目标采取不同的市场推广方式。品牌推广应集中在品牌的宣传及促销活动上，而产品推广则应集中在产品的功能和差异性上。

一般来说，在产品推广阶段，消费者对产品的认知程度较低，进行产品推广的主要任务不是品牌宣传，而是对产品特点和功能的介绍，促进消费者对产品的认知。忽略了产品特点和功能介绍，市场就难以启动。对于一个处于成熟期的产品，在市场中的推广也不是品牌宣传，而是通过一系列的市场促销，通过企业形象宣传来完成增加销售的任务。对于产品进入新市场的推广，强有力的促销和品牌宣传是促使产品迅速进入市场的重要武器。

2. 进行产品分析

产品推广策划的产品分析主要包括以下两个方面的内容。

（1）对产品实质的认知，即客观上产品是什么，包括产品的技术材料、性能、特点、成本、价格及产品生产、销售历史等，这些都是进行策划的素材；还包括产品能给消费者带来什么有竞争力的利益点，如对产品与消费者关系的比较，对竞争状况、竞争范畴及竞争品牌与产品的了解，只有这样比较，才有助于企业生产和策划出更具有竞争力的产品。

（2）分析消费者对产品的认知情况，即消费者认为产品是什么，包括对产品大类的认知、对竞争品牌的认知，对产品品质、价格的认知，对品牌的信赖感等众多方面。

通过调查资料，可使营销策划人员对消费者、企业、产品等多个方面有一个全面的了解，这是进行营销策划的前提。如果调查结果显示，消费者无法对产品产生信赖感，应考虑采取一套推广策略；如果消费者能够接受产品，并产生信赖感，那么应采取另一套推广策略。

3. 进行市场分析

市场分析的内容包括行业状况、市场行情、消费者特征与需求、合作伙伴、竞争者的产品特点和营销特点等。

4. 进行企业资源分析

企业资源分析的内容包括企业自身经营特点、比较优势、可利用的营销资源等。

5. 选择目标市场

产品开发人员和市场策划人员在新产品投放市场之前，应合理地细分、选定目标市场，以达到合理、有效投放的目的。

选择目标市场的目的在于找到对本企业有吸引力、有利于发挥本企业现有的人力、财力、物力优势的市场。选择的目标市场要有利于产品进入市场方法的确定。

6. 寻找独特的市场推广切入点，加快拓展市场

新产品进入市场初期，促销将成为实现铺货的直接手段。以饮料产品促销和铺货的关

系为例，可概括为以下 3 种情况。

（1）开发新市场时，注意配合广告宣传，实现品牌告知和产品出样。促销方式主要有新产品发布会、厂商联谊会等。

（2）扩大新市场的分销网络时，注意迅速、准确地抢占新市场的经销商资源，运用人力、财力和物力在渠道上实现推动。促销方式主要是以一定的政策优惠、返利和适当的促销品、宣传品及优质的服务来吸引新客户的加盟。

（3）扩大重点市场的分销网络时，注意有计划地开展阶段性促销活动，稳固现有的网络成员，加强其经营的信心；提高分销能力，挤占竞争者的分销网点。促销方式主要有节假日促销、重大事件促销及反击竞争品牌促销。

刻意模仿的市场推广活动在消费者看来缺少独特性，效果必然不佳。能使企业策划具有独特性的市场切入点主要来自营销策划人员的知识与经验积累和大量的资料与案例分析。

一般企业的形象产品，价格偏高，适合进行产品直销，以确立产品的形象；企业核心主推品种，价格适中，适合进行产品直销、店面营销。应通过一定的促销手段，促使产品上量，成为市场的领导者；企业销售上量品种主要是为了占有市场份额，价格较低，强调市场占有率。

7. 确定消费者的敏感点和刺激点

如何让消费者尝试企业的新产品，是进行产品推广策划时必须考虑的重要因素。为达到降低成本，顺利地让消费者尝试新产品的目的，就要从不同的角度更多地了解消费者对新产品的顾虑，并使新产品尽量得到完善，有的放矢地引导消费者消费。

消费者对新产品的顾虑，往往建立在以老产品为参照物的基础上，要么对老产品的某些性能（或功能）不满，不知新产品能否改进；要么对新产品的新增性能（或功能）是否真的像推销人员说的那么好感到怀疑。在产品性能（或功能）相差不多的情况下，消费者更会从质量和实惠的角度考虑尝试新产品。此时，企业新产品虽然不可能让所有的消费者都满意，但要通过对消费者的"个性化服务"来弥补或提升消费者的满意度是可能的，因而可在这方面多下些功夫。

要消除消费者对新产品的顾虑，就必须解决与消费者的沟通问题。因为市场投资的有效性是建立在信息的有效沟通基础之上的，其中行为动机和情感沟通尤为重要。曾经有人做过统计，如果消费者不买新产品，大多数情况下，只有 1/3 的消费者是由于产品和服务有问题而放弃，其余的问题就出在沟通上。所以，向消费者传达的新产品的信息一定是浓缩的、简单的、有一定情感诉求的内容。以此为依据设计销售工具组合。

设计一套直击人心的、能在较短的时间内迅速提高产品知名度的产品上市大创意会对新产品成功上市起到推波助澜的作用。好的新产品推广创意是人性、人情的诉求加上直接利益的承诺，是一种出其不意而又非常漂亮的沟通方式。它可能是经验的积累，也可能是失败的教训，来源于生活并运用于生活。

8. 确定推广预算，预估推广效果

在对整体情况有了充分了解后必须确定促销活动有多少资金可以运用，否则资金链一旦断裂，后果不堪设想。同时也必须对推广成果有一个比较准确的预估。

9. 制定推广策略和活动计划

（1）设计推广组合。依据预算和前面的分析就可以按照不同工具的特性设计推广组合了，要注意把握工具的特点和消费者的认知规律。

（2）把握好推广时机，安排好推广策略实施的时间。这是产品推广策划成功的重要前提。常规的思路是希望产品上市后遇到销售旺季，以利于新产品快速发展，但是新产品上市一旦失败就会丧失退路，贻误市场销售旺季的战机。例如，啤酒、饮料、冰激凌等夏季产品应该在冬季上市，虽然冬季消费此类产品的消费者较少，销售量不高，但企业会由此关注成本和服务，期望在有限的淡季市场抢夺有限的消费者，为旺季市场销售上量打下坚实的基础。而白酒产品比较适合在销售淡季（4~6月）上市，通过淡季做市场和点滴的经验积累，等到旺季来临，扎实的基本功就会使销售力量壮大起来。

10. 进行产品推广方案的实施与改进

一项策划的关键在于实施，能否将策划思想贯彻进去是实施中的重要工作，这也是考察市场推广策划执行力的关键问题。

只有经过各部门的配合、与消费者的沟通、贯彻策划思想等多个方面的工作，才能将策划思想传播、贯彻下去。策划方案在实施中不可能十全十美，这就需要在市场推广过程中不断改进，达到提高策划效果的目的。

11. 进行产品推广策划的效果监测与反馈

产品推广是一个过程，企业应该正确看待。只要自己的产品是从人们潜在的市场需求出发进行研制的，产品推广策划又能够适应市场时机的变化和富有营销策略的创新，就应该坚定行动的信心。

产品推广是企业的营销战略行为，应该是企业活动的中心议题，是一项必须持续努力的工作。在这个长期艰苦运作的过程中，除企业全员要明确树立全面营销质量观外，企业还应千方百计地集思广益，建立为产品推广服务的支持系统。

7.3 推广策划书的作用、格式与撰写要点

1. 推广策划书的作用

推广策划书是实现推广目标的行动指导方案，是正确表达策划内容的载体，其实质是说明策划工作主体（如企业或个人）的行动并指导其行动的方案书。

推广策划书的作用主要包括以下4个方面。

（1）推广策划书是策划人员和市场推广负责人联系、沟通的工具。

（2）推广策划书可以将策划人员对市场推广问题的难点、优势与目标等意见表达出来。

（3）推广策划书可以加强策划人员与推广活动实施者之间的沟通。

（4）推广策划书能够说明策划人员的策划目的并指导相关人员的推广工作。

推广策划书所展示的各项推广活动内容要求具体、可操作。

2. 推广策划书的格式与撰写要点

推广策划书有其格式及内容方面的特点。格式与撰写要点包括以下几个方面。

（1）封面及标题。封面上的内容依次应为标题（策划名称）、策划任务的承担者、策划目标、策划时间，以及其他一些需要在封面上显示的内容。封面的字数及内容不宜过多，要做到清晰、易懂。

（2）概要提示。概要提示是对整个策划方案进行的综合性说明，主要内容为策划方案要点与预期效果。

（3）目录。目录要能揭示方案的思维脉络，起到指引的作用。

（4）前言。前言要表明策划的动机及策划人员的态度，主要思路与内容如下。

① 策划任务的由来。
② 策划背景。
③ 策划目标。
④ 策划指导思想与策划思路。

（5）策划背景分析。策划背景分析的主要内容为现状分析，作为策划的出发点，以市场营销的基本数据、基本资料客观说明策划的必要性及其前提，找出市场推广存在的问题点与机会点。

（6）推广策略。推广策略部分是策划书的重点，包括产品策略、价格策略、广告策略、促销策略、公关策略等。此部分有战略上的规划，详细的行动计划，实施活动所需时间、费用、人员和其他资源的预估及安排等。

（7）推广活动方案。

（8）附录。策划书要求将有关的参考资料列出，以备查证。

【案例7-2】　　　　　　　　　　响叮当食品公司推广策划方案[1]

1. 前言

响叮当食品公司（以下简称"响叮当"）专门从事各式面包、生日蛋糕、婚礼蛋糕、订婚喜饼、中西式糕点、中秋月饼、端午家乡粽、温州特色糕点等产品的生产与销售，集研发、生产、营销于一体。

面对越来越激烈的市场竞争和消费者越来越高的要求，响叮当需要加快发展的脚步，追赶、拉平乃至赶超老品牌蛋糕房。所以，响叮当需要一份高质量的策划书来指导其发展。

本次任务是制定响叮当的推广策划方案，进一步开发市场，引起更多消费者的关注。

（1）指导思想。

① 实事求是，与实际情况相结合，简单易操作，务实创新。
② 将响叮当的品牌形象与优美有趣的音乐、流行的动漫人物（如小叮当）、玩具等形象联系起来，让消费者快速联想到响叮当，产生购买的欲望。
③ 以竞赛的形式提高响叮当的知名度和美誉度。

（2）推广思路。

① 设计店歌，推出响叮当吉祥物，建立新的销售环境，让响叮当拥有自己的特色。

---

[1] 此案例为改编案例。

② 建立网络销售、流动式销售等渠道，以多渠道销售来完善响叮当的销售网络。
③ 确定主要目标市场，根据重要的目标消费者特征，改善响叮当的销售手段。
（3）推广目标。
① 突出企业优势，完善竞争手段，提高销售能力和业绩，销售成果在原有基础上提升30%～40%，并提高消费者流量，提升30%的本地市场占有率。
② 提高响叮当的知名度，无论是莘塍、隆山，还是外滩、安阳等地的居民，都要知道响叮当这个品牌。
③ 铺设覆盖莘塍乃至整个瑞安的销售网络，让瑞安地区的消费者都能方便地买到响叮当的产品。

2. 行业分析

随着人们消费水平的提升，各行各业在瑞安都有了长足的发展，蛋糕行业也不例外。根据调查，目前在瑞安有数十家品牌蛋糕房。而发展较好、知名度较高的品牌除了响叮当，还有A、B、C、D等。这些品牌都是跨省连锁加盟店，对于品牌推广和市场占领都有强大的团队作为后盾。

（1）品牌A。
目标消费者：各年龄阶层的消费者，但青少年是其主要的目标消费者群体。
推广策略：推出会员制度；免费试吃新品；购买有打折优惠；店面的装修体现出西点的味美、留香等产品概念，易使消费者产生消费欲望；团购，网络推广。
推广优势：在瑞安地区广为人知，在温州拥有更大的名气，对瑞安地区影响较大；门店分布广，地域密集度高，营销网络较为健全。

（2）品牌B。
目标消费者：各年龄阶层的消费者。
推广策略：推出会员卡优惠政策，除了有打折的功能，还有积累积分换礼品和凭会员卡参加不定期举行的会员活动的作用；门店采取全线销售的方式；依托门店销售，结合一定的便利店，且注重便利店的销售比重，形成优化的销售网络；建立独立的物流配送系统，确保将新鲜的食物送到消费者手中；团购，网上订购，网络推广。
推广优势：在浙南地区拥有近百家加盟店，包括瑞安在内的地区都被其强大的营销网络覆盖；拥有20多年的历史，为浙南地区烘焙行业第一品牌，品牌概念、企业文化积累雄厚；拥有便捷快速的配送渠道。

（3）品牌C。
目标消费者：中高层次的消费者。
推广策略：推出会员制度；节日购买折扣；以电子形式传递产品更新信息；团购，网上订购；开创"食物售出亦可退换"之先河，吸引消费者的注意力。
推广优势：一样的价格、一样的质量、一样的服务，有完整、正规、严谨的体系；来自法国的方形蛋糕，纯正的法国风和中国文化的巧妙结合，拥有强大的品牌文化优势；引导了一种健康的时尚消费市场。

（4）品牌D。
品牌D和响叮当一样，属于瑞安的本土企业，和响叮当有很多相似之处，两者为相互竞争、相互借鉴的关系。

3. 市场分析

（1）由于蛋糕等的即食性，大多现做现卖，采用门店定点销售+网络销售方式。

（2）一般采用降价、会员卡的手段来促销和吸引消费者，开设分店是推广、占领市场的主要手段。

（3）目前市场较为低迷，没有活力，大部分品牌蛋糕店对消费者的策略都是大包大揽的，即一味地把所有的人都定位为自己的消费者，宣传和销售没有侧重点和针对性，对企业资源造成较大的浪费。

（4）响叮当的目标市场确定为少年儿童市场。

（5）目标销售地区：瑞安。

4. 目标消费者分析

通过分析将目标消费者确定为少年儿童与其父母。

（1）目标消费者特征。

少年儿童：喜欢参与各种游戏和活动；玩心比较重，喜欢小玩具，喜欢附赠品；对品牌特别是品牌的附赠品的忠诚度高；对产品的外形很看重，喜欢浓郁味道。

父母：家长喜欢让孩子见世面；事事以孩子为中心；想给孩子最好的。

（2）购买动机。

少年儿童：为玩乐，为玩具而买；看见别人有，自己也想要。

父母：孩子请求购买；奖励孩子；为孩子庆祝。

5. 目标消费者获取信息的渠道

（1）电视（少年儿童偏重于有动漫节目的电视台和时间段）。

（2）网络（少年儿童偏重于与游戏相关的网页和信息）。

（3）小朋友通过游戏、玩乐口口相传。

（4）传单和海报。

6. 企业资源分析

响叮当总店坐落于莘塍，已有5家分店，分别位于瑞安的5个地区，有工人50余名（包括厂长、面包师、蛋糕师），响叮当蛋糕房有营业员20余名（包括店长、店员、裱花师）。

生产能力：原料可以满足响叮当蛋糕房的需求，门店可以即时满足消费者的需求；每家分店每天至少可以提供150种产品。

资金状况：每年6家店的固定租金、装修费为25万～35万元。

品牌状况：品牌为自创品牌，目前属于创业中期，在接下来的运营计划中将着重加强品牌设计，使其在同行业中占有一定地位（通过市场占有率实现）。

营销状况：主要以店面销售为主，将以儿童市场为主要目标市场；坐落于学校附近，旁边有商业街、写字楼、书店等；充值卡是主要的推广促销手段。

7. SWOT分析

优势分析：有一定的品牌基础；特色代表叮当猫蛋糕较受小朋友欢迎；与附近饮食经营者、学校等已有较为成熟的合作；采取的是直营的连锁经营方式，对品牌文化的打造、推广和对店面进行整改、优化都十分有利。

劣势分析：分店不多，地域分布较狭隘，品牌知名度相对不高，产品更新较慢，服务与其他企业同质化；服务有漏洞，配送体系不够好；员工素质普遍较低，没有进行很好的岗前培训；虽有一定的品牌基础，但规模较小，其覆盖的范围不够广。

威胁分析：竞争品牌A分店多、规模大、知名度高、制度相对完善，大部分门店店址和响叮当接近；总店在学校附近且人流量大，处于商业圈中心，容易造成混乱。

机会分析：瑞安的潜在市场庞大，过生日订蛋糕的现象越来越普遍，消费者对各种面包、糕点的需求量越来越大，有利于进一步开拓市场；瑞安的蛋糕店都没有进行过系统的推广策划活动，此次的行动效果预计较好；目前市场上的品牌、产品、服务都出现了同质化现象，市场细分不明显。

8. 推广方案

响叮当要有计划地发展，取得更大的成绩，要以一系列的活动推广来扩大少年儿童市场的占有率，提高门店的销售业绩，获取更大的利润。

（1）创作店歌，推出吉祥物、系列套餐、附赠品等吸引少年儿童。
（2）进行店面装修，创建新的营销环境。
（3）建立专业网页，进行网络推广。
（4）设置流动蛋糕车，借助其他媒介推广，进行多渠道销售。
（5）开展竞赛，增加知名度和美誉度。

8.1 前期工作

目标：增加响叮当的无形资产，整改响叮当的店面，初步建立网络推广模块。

8.1.1 创作响叮当之歌

响叮当蛋糕房目前和大部分蛋糕房一样，没有特色，除了少部分常客，大部分消费者对响叮当没有一个直观的印象，这对宣传推广十分不利，所以，应该给消费者一个可以快速联想到响叮当蛋糕房的媒介。音乐，是公认的最美语言之一，也是最容易吸引少年儿童的媒介之一，应创作一首响叮当蛋糕房的店歌，并将其推广开来。具体操作如下。

（1）对于店歌的创作，要有独属响叮当的特色，同时要给消费者一种熟悉中带有陌生的感觉，容易吸引消费者的注意力。所以，店歌的旋律，建议改编圣诞儿歌《铃儿响叮当》的曲调，这首曲调轻松明快，听着让人十分愉悦，暗示着响叮当蛋糕房的一个宗旨——为消费者带来快乐。而且，这首歌流传了很久，也流传很广，大家耳熟能详，歌名和店名有重合，对于消费者快速接受十分有利。

（2）在做推广活动的时候，店歌可用作背景音乐，同时门店的员工可以相互传唱，教小朋友们唱。除此之外，还可以制作带有店歌的音乐卡片赠送推广。

注：对于店歌的推广，要有一定的主动性，而且这是一项长期战略。

8.1.2 推出吉祥物

除了音乐，响叮当的品牌形象也需要一个具体的可以让消费者带在身边的媒介。具体操作如下。

（1）把响叮当的店标，即企业文化小故事中的主角做成小布偶，以吉祥物的名义面向消费者推广。

（2）可以活动赠送、产品附赠、抽奖等形式把吉祥物赠送给消费者。

8.1.3 装修店面

对于现今的儿童来说，单调的店面装修显然不符合他们的口味，所以要对店面进行小小的改变，以迎合儿童天真烂漫的本性。具体操作如下。

（1）设计装修方案。

（2）开始装修。

（3）空出两面墙壁，做简单的边框修饰，一面作为涂鸦墙，另一面作为儿童来店消费的照片展示墙。

（4）在店内添置积木等小玩具，供儿童娱乐之用。

（5）检查实际成果，进行完善。

注：各店面的装修成果如果不是各有千秋就要一模一样。

8.1.4 设计动漫、游戏主题套餐

动漫是少年儿童生活中的必需品，一个动漫或游戏人物的外形将是产品的亮点。具体操作如下。

（1）调查动漫及游戏中的"风云人物"。

（2）以"风云人物"为设计元素，设计制作不同款式的产品。

注：每月采用一个动漫人物的形象，每周采用一个表情（如喜、怒、哀、乐），形成一个系列。

8.1.5 制作感谢卡

一直以来，响叮当销售的目的都是卖出产品，应该让销售出的产品产生附带价值。具体操作如下。

（1）以响叮当蛋糕房的名义赠送感谢卡，放在每个蛋糕的包装里面。

（2）感谢卡应设计精美，大小参考市面上的游戏卡片，背景为当月的响叮当"风云人物"，上面附有响叮当的起源小故事（片段）、推荐产品图片、"感谢购买"字样等。

注：在感谢卡上添加有关联的游戏元素，即感谢卡可以凑成一套，成为一种简单的棋牌游戏的道具，刺激小朋友们收集感谢卡。

8.1.6 推行会员制度

会员制度有助于维系客户，提升客户的购买量。具体操作如下。

（1）一次性购买50元以上的产品，可换取会员卡，购买蛋糕有一定的折扣。

（2）设定会员积分制度，消费一元钱为一积分。带朋友来店消费也可获得积分。

（3）确定奖品（以和当月的产品契合的动漫人偶和吉祥物为主）的价值，即多少积分换一个奖品。

（4）不定期地举行一些小活动邀请会员参加，发放小礼物，并以邮件或短信的形式向会员发布新产品的信息。

注：感谢卡的收集也可计入积分；奖品也以各个系列为主。

8.1.7 进行网络营销与推广

根据调研小组的调查，响叮当蛋糕房并不重视网络宣传与推广。在当今社会，网络已成为人们生活的一部分，是人们联系和交流的重要工具。随着网络的发展，它逐渐成为推广宣传的一大利器，所以，若忽视网络的重要性是十分不明智的。具体操作如下。

（1）制作响叮当蛋糕房的专业网页，及时更新产品信息、促销或优惠的消息，以及各种活动的信息，将日常情况在网页上表现出来，并且附带总店和多家分店的地图和"点餐"服务。

（2）响叮当的网页不仅是展示性的平台，还是游戏平台。在网页建设过程中，模仿了

几款经典的小游戏，创建成带有响叮当特色的游戏，如模仿"打地鼠"的"打蛋糕"、面包连连看等，还可把店里的积木堆积游戏、涂鸦墙、展示墙等"搬上"网页。

（3）善于运用团购、微博、贴吧、QQ、微信等媒介来推广宣传。

（4）在各大知名视频平台、适合少年儿童的网页小游戏中植入网页广告（广告的表现形式要可爱，让少年儿童知晓响叮当有好吃的、好玩的）。

注：在现有的总店和五大分店中配置计算机，在总店配备一名熟悉各种网络操作的总负责人统筹规划，其他员工有空闲时从旁协助。

8.2 中期工作

目标：让响叮当无处不在。

8.2.1 设置流动蛋糕车

调研小组的调查结果表明，大部分消费者表示想买蛋糕时家离蛋糕房太远，对蛋糕房送货上门的服务范围不满。由此可见，地域是蛋糕流通的一大限制。从节约成本的角度考虑，可让蛋糕房"跑"起来，就像以前穿街走巷的三轮式点心车那样，在家门口为消费者服务，让响叮当的店歌像三轮式点心车的"哪哪"声那样，深入现今的少年儿童心中。具体操作如下。

（1）购进至少3辆中型车辆（样式参考冰激凌车），并对其进行包装（重点是展现响叮当的品牌形象）。

（2）以现有6家店为支点和补给点，时间以早餐、下午茶、夜宵这3个时间段为主，在瑞安市内流动。早餐时段前往住宅区，下午茶时段、夜宵时段除了前往住宅区，还要前往中小学、幼儿园及各大广场、商业街等重点地段，还可前往各大网吧门口。（在下午茶时段、夜宵时段可播放店歌，早餐时段视情况而定。）

（3）流动蛋糕车还要肩负数量较大、距离较远的网购（团购）运输任务。

8.2.2 引入伴生式推广

在现今社会，合作是一种较为常见的商业手段。对于当前的响叮当来说，开设太多分店将是一种负担，借助其他媒介来推广产品是一种不错的选择。响叮当和一些餐厅有合作，现在要做的就是扩大合作的范围，多选择趣味性高、吸引少年儿童的营业点，如桌游吧等。具体操作如下。

（1）洽谈，明确双方的责任、义务和利益分配。

（2）生产和运送，由响叮当蛋糕房生产产品，再由流动蛋糕车运到合作对象的店内。

（3）铺货，既是响叮当产品的销售，也是响叮当产品的展示。

注：建议产品以小蛋糕、主题产品为主，同时支持个别的蛋糕定制业务；选择的合作对象和门店的距离不能太近，必须在门店的极限服务范围之外。

8.3 后期工作

目标：成为瑞安市少年儿童蛋糕市场的No.1（第一名）；与知名机构X强强联合，举办大赛。具体操作如下。

（1）洽谈：向机构X表明合作的意愿；洽谈细节，明确响叮当和机构X的责任及义务；确定活动利益的分配方案。

（2）宣传：在机构X和响叮当的官方网站上发布此次大赛的一切信息；进行海报、传单、网络宣传；在5月之前要宣传到位。

（3）报名：在响叮当或机构 X 的官方网站上填写报名表报名；在响叮当各门店或机构 X 报名；填写传单上的报名表，邮寄报名。报名时间为 5 月 5～15 日。

（4）场地：瑞安市体育馆。

（5）培训：机构 X 负责绘画培训，响叮当负责蛋糕制作培训；制定积分制度评价选手们的学习情况（计入最后的成绩中）；培训期间的点心都由响叮当提供；在培训期间，分批参观响叮当的生产厂房和总店；培训时间为 5 月 16～25 日 18～21 点；培训费用为 50 元/天。

（6）初赛：初赛可以说是培训的期末考试，3 个人为 1 组，展现这 10 天所学。取初赛成绩的 50%和平时积分的 50%计算最后的成绩，取前 15 组。

（7）决赛：在比赛开始之前，每组进行自我介绍和口号呐喊（结合绘画作品，限时 3 分钟）；每组有 1.5 小时的时间合作完成绘画蛋糕的设计和制作（响叮当的蛋糕师在现场指导）；蛋糕完成之后，每组对自己的蛋糕进行介绍和推销（结合绘画作品）；现场设 6 人评审团（由响叮当和机构 X 的员工担任），每人手中有 3 票，现场观众每人手中有 1 票；以票数的多少决定名次，取前 5 组为第 1～5 名颁发奖品（举行颁奖仪式）；决赛时间为 6 月 1 日。

（8）奖品：每人 1 张由响叮当和机构 X 署名的奖状；每组 1 个由响叮当出品的大蛋糕和玩偶；每人 1 张响叮当的会员卡，第 1 名 6 折，第 2、3 名 7 折，第 4、5 名 8 折，凭会员卡可以在生日当天免费获得响叮当的蛋糕和机构 X 赠送的生日礼物；每人可得到去欧洲学习、旅游的机会（响叮当欧洲观光团），第 1～5 名分别由响叮当和机构 X 赞助 60%、50%、40%、30%和 20%的费用（凭证为印有响叮当和机构 X 标志的大机票）。

9. 方案预算

前期工作：店歌制作：500 元。

　　　　　音响：已有。

　　　　　吉祥物：每个成本约 3 元。

　　　　　计算机：每台约 3000 元。

　　　　　店面装修：每个店约 5000 元。

　　　　　会员卡：每张成本 1 元。

　　　　　网页制作：约 3000 元。

　　　　　奖品（包括感谢卡）：每月约 300 元。

中期工作：中型车辆：每辆 60000 元。

　　　　　车辆改造：每辆 1000 元。

　　　　　合作店铺铺货：每家约 500 元。

后期工作：大赛费用约 15000 元，收益要在活动结束之后进行估算。

10. 行动控制方案

为了确保推广方案有序进行，必须有组织、有计划地加强对方案实施过程的控制。具体操作如下。

（1）注意信息反馈，收集消费者的反应。

（2）注意方案实施的情况，偏离计划时要及时调整，也可根据现实情况在不偏离大主题的前提下适当修改策划。

（3）加强各分店之间的配合，建立完善的信息交流、经验共享平台，协调推广活动。

【本章小结】

依据企业战略目标和目标市场需求，以对影响营销推广的因素进行分析为基础，根据市场竞争环境、企业自身优劣势、营销规律、消费者对产品的认知规律和消费者购买行为规律，综合运用各种推广工具，构建营销推广这种复杂战役性营销方案的过程称为营销推广策划（简称"推广策划"）。

推广策划使用的工具包括人员推销、广告、促销及公共关系等。推广是多种促销工具的组合促销。

营销推广由于主要的推广目标不同可以表现为不同形式的推广，在各种新产品上市、开拓新市场和建立品牌时，分别表现为产品推广、市场推广和品牌推广。它们的推广重心不同，策划的内容也有差异，但是策划的基本思路是一致的。

产品推广策划的程序包括以下几个阶段：界定问题，明确策划主题；进行产品分析；进行市场分析；进行企业资源分析；选择目标市场；寻找独特的市场推广切入点，加快拓展市场；确定消费者的敏感点和刺激点；确定推广预算，预估推广效果；制定推广策略和活动计划；进行产品推广方案的实施与改进；进行产品推广策划的效果监测与反馈。

【复习思考题】

1. 什么是推广策划？它的作用有哪些？
2. 推广策划包括哪些内容？
3. 试述市场推广策划和品牌推广策划的区别。
4. 产品推广策划的程序包括哪些阶段？

【实训题】

选择某企业的一款产品，任意选择推广工具组合方式，进行产品推广策划训练并举行策划说明报告会。

[实训目的]

1. 了解推广策划的含义。
2. 熟悉推广策划使用的工具。
3. 掌握推广策划方法。
4. 掌握推广策划书的撰写。

[实训重点和难点]

1. 推广策划分析。
2. 推广策划程序。
3. 推广策划书的格式。

[实训内容]

1. 分组讨论，每组以各自选定的企业为对象（资源共享），个人独立进行推广策划。
2. 推广策划分析要合理、科学、较详细，体现本章知识和理论在实践中的应用。
3. 形成书面形式的推广策划书，打印、装订成册，保存。

第8章 广告策划

【学习目标】
- 了解各种广告媒体的特征。
- 掌握广告策划的构成要素。
- 了解广告策划的思路。
- 掌握广告策划的程序。

【思政园地】
广告的作用在于引导消费者以正确的视角认识产品,因此广告策划必须建立在社会主义核心价值观的基础上。广告策划人员必须坚守社会主义道德规范,实事求是,发挥社会主义核心价值观对商业活动的引领作用,把社会主义核心价值观融入广告,转化为人们的情感。

广告是现代商品经济发展的必然产物,在现代营销中是最重要的促销手段之一。广告策划是广告活动科学化、规范化的标志之一。近代西方许多商品经济发达的国家先后建立了以策划为主体、以创意为中心的广告计划管理体制。

广告策划是整个广告传播的核心和灵魂,对广告传播具有指导性和决定性的作用。要开展成功的广告活动,都需要预先精心策划,尽最大可能使广告准确、独特、及时、有效、经济地传播信息,以刺激需求,引导消费,促进销售,开拓市场。广告策划的优劣,是决定广告成败的关键。任何一个广告,首先都要明确为什么目的而做,要达到什么目标,应该如何预算,怎样做,向谁做,何时何地、以何种方式做,如何测定效果等,这些基本的原则和策略都要通过广告策划来确定。

8.1 广告策划概述

8.1.1 广告与广告策划

1. 广告与广告策划的概念

广告是指广告主通过有偿取得的、可以控制的宣传媒体和宣传形式,对产品、服务和观念进行社会化、群体化的传播,从而有效影响公众、促成整体营销计划的活动。广告为企业的发展创造市场、发掘市场及拓展市场,对企业本身的发展起着十分重要的作用,对整个市场经济的发展起着显著的拉动作用。

广告所起的作用取决于广告策划,优秀的广告策划可以让企业花少量的钱打开较大的市场，达到四两拨千斤的效果；糟糕的广告策划不但让企业大量的金钱付之东流，甚至会使企业和品牌的美誉度大大受损。可以说，广告的策划、设计与操作对企业产品和市场的作用至关重要。

广告策划是指根据企业的营销计划和目标，为了有效控制整个广告活动的方向和进程，在市场调查的基础上，对广告活动的战略、策略和各种广告传播手段及各个具体步骤进行整体的系统筹划。广告策划在整个广告活动中处于指导地位，贯穿于广告活动的各个阶段，涉及广告活动的各个方面。

广告策划通过其特定的策划程序来保证策划方案的科学性。这种科学、规范的程序保证广告策划不是漫无目的的凭空设想和所谓的灵机一动的产物。

广告策划的结果以广告策划文本的方式来体现。广告策划中还应该预先设定广告效果的测定方法、事中检测与事后评估方案等所有工作。

2. 进行广告策划的目的

进行广告策划的目的是追求广告进程的合理化和广告效果的最大化，就是根据广告活动的实际需要，依照广告程序，对广告活动的全过程进行规划设计，编制广告计划，排定工作日程和工作进度，作为指导广告活动的基本政策。进程的合理化就是广告活动要符合市场的现实情况并且能够适应市场的发展。效果的最大化就是广告策划要提供能够产生最佳的广告效果的策略和方案。

3. 广告策划的一般形式

广告策划一般有两种形式：一种是单独性的，即一个或几个单一性的广告策划；另一种是系统性的，即规模较大的、一连串为达到同一目标的广告组合策划。

单一性的广告策划可以使个别的广告活动或设计增强说服力，提高广告效果。但要从总体上实现企业的促销目标，使企业产品、劳务在市场中占据应有位置，只有单一性的广告策划是不够的，而需要系统、全面、周密的广告策划，这种广告策划又称整体广告策划。广告策划要服从企业整体营销目标，站在企业整体经营的高度，从整体广告活动出发，对其进行全面、系统的规划和部署，以便有效地达到预期目的。

4. 广告策划的特性

广告策划有其独特的性质，了解广告策划的特性对把握策划要点、展开策划活动十分重要。

（1）目标的明确性。广告策划要有明确的目标，为达到目标而采取相应的战略战术，进行合理的资源配置。目标模糊会造成人力、物力和时间的浪费。

（2）运作的层次性。广告策划是一个系统工程，每个环节和步骤都是按照一定的顺序进行的。

（3）筹划的全局性。广告策划涉及广告活动的方方面面，是指导整个传播活动的纲领；各个方面又是相互关联、相互依存、彼此制约、互相影响的有机整体。

（4）决策的事前性。广告策划要有预见性，能比较准确地把握广告投放后可能发生的情况和可能产生的效果。

（5）变动的调适性。广告策划也是一个动态的过程。要随时注意影响广告活动的各种因素的发展变化。当广告所面临的各种环境有所变动时，广告策划也要因时而变，因势而动，能够相应地进行调整。

8.1.2 广告的属性

广告内容以广告属性为主要依据。所谓广告属性就是广告内容的性质，即该广告的具体作用和目的是什么。例如，电视广告"大红鹰时代的精神"是告知广告；脑白金的广告"今年过节不收礼，收礼只收脑白金"是提示广告等。广告属性来自产品的市场生命周期，以及消费者需求状况和竞争状况。它与企业的营销、促销目的也有某种联系。从大类考察，商业广告分为企业广告和产品广告。企业广告以宣传、提升企业知名度和形象为主要目的；产品广告以产品促销为主要目的。一般来说，广告具有以下4种属性。

1．告知

产品进入市场初期或向市场推出新品/新款，广告的基本属性是告知，即向公众或目标市场受众介绍进入市场的是什么产品，能满足何种消费需要。告知广告比较简单，广告词及相关说明很短，传播频率不必很高，我国常见的5秒电视广告中有很多告知广告，报刊中缝广告也大多属于告知广告。告知广告作为基本的广告，供企业在产品导入期采用。

2．劝导

产品进入市场初中期，购买产品的消费者增加，准备购买产品的消费者更多。此时，引导、劝说消费者购买产品的广告就是劝导广告。

劝导广告突出产品的性能和优点，强调产品能给消费者带来诸多利益。这时，由于消费者对产品的兴趣和信心还不够，所以广告促销的频率不能太低，实证性引导也有某种必要。由于劝导广告的内容说明较多，5秒电视广告或报刊中缝广告往往不能满足需求，版面较大的报刊和时间较长的电视广告才能容纳文字、图示和使用效果等多种内容。劝导广告和营业推广相结合，可使促销效果更加明显。

3．识别

产品进入市场中后期，由于竞争者大量介入，产品、价格和促销竞争全面展开，此时的产品广告需要突出产品个性，在产品整体的某一方面体现与竞争者产品的差别优势。由于促销和广告竞争加剧，所以识别广告要求利用影响大的传播媒体，抢占有利的传播时段、版面或地理位置，也要求加深消费者对产品的印象，方便消费者在竞争性品牌中做出选择。为此，产品的特殊功效和形体方面的创新设计应当在广告信息中尽可能地体现。

4．提示

产品进入成熟期以后，新的消费者越来越少，原有消费者是消费需求的主流。受消费观念和生活习惯的影响，加之产品质量的提高，许多产品的人均消费量没有提高或提高速度不如预期的快。在这种情况下，产品广告不仅要帮助消费者辨别，更要提示消费者增加消费量和加快产品更替，并通过影响消费者的消费观念和生活习惯达到预期目的。

在同一广告中，企业也可以将两种以上的广告属性体现于同一个广告设计中，但如果广告主或经营企业委托专门的公司设计制作广告产品，那就需要事先明确广告属性及其他要求，以便受委托的公司按要求设计、制作广告产品。

8.2 广告媒体

8.2.1 常用的广告媒体类型

在广告策划中，广告媒体选择在先，广告产品设计制作在后，也可同步进行。由于同类媒体的不同传播主体具有不同的受众，同一广告产品在不同报刊上的传播效果便有差别。因此在广告产品成型以后，具体媒体既有选择余地，又有一定限制。

广告产品按广告媒体的技术要求分为文案、影视、语音3种类型。文案是静态的广告信息载体，适用于报刊、固定广告牌、网络等信息传播媒体；影视是动态的广告信息载体，适用于电视台、网络等传播媒体；语音是声音广告信息载体，适用于广播电台播出。

由于分类的标准不同，看待问题的角度各异，导致广告的种类很多。了解广告种类有利于进行广告策划时确定广告形式和广告策划的内容。广告以传播范围为标准，分为国际性广告、全国性广告、地方性广告、区域性广告；以广告传播对象为标准，分为消费者广告和商业广告；以广告主为标准，分为一般广告和零售广告。

某调查表明，消费者将102种不同形式的信息传播判定为"广告"：从电视广告到购物袋、直至受人赞助的社区活动，无所不含。常见又简单的分类标准就是广告媒体。在具体形态上，广告产品可细分为十余种。

下面分别介绍部分广告媒体的优劣势，以便广告策划人员进行广告策划时选择运用。

1. 报纸广告

（1）优势。

① 直接反馈：读者倾向于把报纸当成市场上的直接媒体。

② 区域性：报纸广告市场的集中化程度在日益加强，广告资源向地方综合性报纸倾斜。

③ 灵活性：报纸具有地域上的灵活性和创意制作的灵活性。

④ 大面积传播（覆盖范围广）。

⑤ 目录价值。

（2）劣势。

① 印刷质量差：彩页和黑白页印刷，导致质量有限。

② 干扰度高：报纸广告版面占总版面的比例逐渐升高，广告之间的相互干扰极大，易削弱广告效果。

③ 读者层不稳定：报纸涵盖的读者层较为宽泛，广告的针对性不强。

④ 受众变少：随着人们对报纸的需求量减少，报纸广告的受众也在变少。

2．杂志广告

（1）优势。

① 娱乐功能鲜明，赢得受众喜爱：杂志的娱乐功能比其他大众媒体表现得更为突出而纯粹，迎合许多受众追求感官刺激、获得心理愉悦感的需要，颇受欢迎。

② 风格高档化、精品化，提升品牌和消费者形象。

③ 读者群小众化，顺应市场细分化的趋势。

④ 印刷精美，增强广告的冲击力。

（2）劣势。

① 结稿期早：广告商提前交稿，印刷出来的广告跟不上市场形势。

② 缺乏即时性：杂志本身发行周期长，读者不会即时地打开杂志阅读，导致杂志不能将信息即时地传达给读者。

③ 无法高频次传播。

④ 与报纸广告类似，受众变少。

3．电视广告

（1）优势。

① 直观生动：利用声音和影像、文字直观而具体地传递产品和服务信息。

② 感染力强：电视将各种艺术技巧融为一体，能使人产生丰富的联想。

③ 传播迅速，覆盖面广：使用电子通信技术传播手段，以电波或电（光）信号为载体，不受时空约束，将广告信息同时传达给分散在各地的大量受众。

（2）劣势。

① 广告信息生命周期短：电视是时间性媒体，广告信息随着时间的流逝很快消失，受众看过之后可能马上忘掉。

② 信息容量小：电视广告的单位长度一般为15秒，此外还有5秒、10秒、60秒等，在如此短暂的时间里容纳的信息相当有限。

③ 受众选择性和针对性差：观众在观看电视节目的过程中，所有受众毫无选择地被动接收广告；这些广告常常无法有目标地传播，很难把握产品或服务的目标消费者。

④ 总费用高：电视广告制作复杂，投放费用高。

4．广播广告

（1）优势。

① 时效性：传播迅速、及时，广告创意容易更改，能够适应市场的快速变化。

② 覆盖面广：电波频率覆盖范围广，对受众的文化程度要求不高，收听的时空环境限制很少。

③ 具有针对性：广播电视台向品牌化经营发展，注重节目的个性化风格，满足特殊目标受众的需要，从而使广告具有了针对性。

④ 经济方便：制作简单，听众收听广播节目方便易行，在驾车人群中具有较高的收听率。

(2)劣势。
① 有声无形。
② 无法存查。

5. 户外媒体广告

户外媒体广告是在露天或公共场所运用室外装饰手段向消费者传递广告信息的媒体，包括海报广告，POP 广告，交通广告，在建筑物的外墙、地面及顶部设置的广告牌，霓虹灯广告，气球广告等形式。

(1)优势。
① 在当地市场覆盖范围广。
② 广告露出频次高。
③ 形式丰富，创意新颖。
④ 可表现广告主题和产品包装。

(2)劣势。
① 局限于简单信息。
② 接收率高但并不一定意味着消费者有深刻的记忆。
③ 成本高。
④ 缺乏监测数据。

6. 网络广告

网络广告指的是在网络平台上投放的广告。网络广告通过投放平台，利用广告横幅、文本链接、多媒体等形式发布，借助网络传递给互联网用户。在这个高速发展的互联网时代，网络广告对人们来说已经很常见。

(1)优势。
① 表现形式多样，可集报纸、杂志、电视、广播、户外媒体广告的形式于一体。
② 覆盖范围广，凡在网络服务范围内的用户均可成为网络广告的受众。
③ 费用相对低廉。
④ 可对广告进行在线监控，随时查看广告的点击量、浏览量、转化情况等，有助于广告策划人员随时对广告进行调整，甚至有针对性地向相关群体进行广告投放。

(2)劣势。
① 网络广告多且杂，消费者难以进行区分。
② 效果评估困难。目前对网络广告效果的评估主要基于网站提供的数据，而这些数据的准确性等一直受到某些广告主和代理商的质疑。

8.2.2 媒体选择原则

媒体选择原则是针对媒体选择的合理性和媒体运用的效率而提出的一种指导思想，核心问题是如何使广告在目标市场上的影响范围内尽可能获得更多的视/听众，尽可能收到满意的广告效果。主要原则分述如下。

（1）适应企业的经济组织形式。手工作坊适应选择原始的广告媒体，如实物摆设、口头叫卖、悬挂旗帜或灯笼等。而近现代企业的生产经营方式发生变化，致使产生了体系严密的大规模的经济组织形式，出现了时空跨度大、传播迅速、效果多样化的各种现代广告媒体，如飞机。

（2）适应产品或劳务的特征。广告信息的表现形式、区域、时间及潜在消费者的类型特性，乃至媒体的视/听众人数、媒体的传播特点、媒体的覆盖区域等与广告效果有紧密联系，只有选择适应产品或劳务的特征的媒体，才能产生良好的传播效果。

（3）适应目标消费者的媒体接触习惯。选择的媒体应该适应目标消费者的媒体接触习惯，考虑受众的兴趣点和敏感点，即获取信息的习惯，提高广告视听率，使媒体接触人数与广告视听人数趋于一致，从而获得显著的效果。

（4）适应目标市场的范围。不同的产品，其销售范围和销售对象不同，因而目标市场的范围也不同。不同的媒体，其信息传播广度或覆盖面各不相同。如果媒体的传播广度与目标市场范围不一致，就会导致两种情况：一是传播广度小于目标市场范围，则必有一部分潜在消费者不能获得广告信息；二是传播广度大于目标市场范围，则必有一部分广告信息是"无的放矢"，造成浪费。

（5）适应广告预算的需求。选择媒体时，必须在企业预算和支付能力允许的前提下才有实际意义，若费用超过预算，企业无力支付，那么，这种选择就没有意义。

（6）适应广告创意。广告媒体对不同广告创意具有不同程度的表现力。例如，电视的表现力较强，从说明示范型到情节型、娱乐型、音乐型等广告创意都可选择电视投放。报纸表现的广告创意类型较少，可较好地表现有新闻性和权威性诉求、需详细说明的以文字为主的广告创意。选择广播和杂志的广告创意类型更少，音乐型适用于广播，有高级美感的则适用于杂志。相对而言，网络能表现的广告创意类型较多。

8.2.3　媒体影响力分析

在选择具体应用何种媒体时还要考虑媒体的传播影响力。不同的媒体传递广告信息的效果差别很大，所以选择广告媒体时要注意判别媒体影响力。例如，中央电视台的广告效果会远高于其他同类电视台；自媒体的传播效果对于特定人群效果显著。

分析媒体影响力可从以下几个方面入手。

（1）媒体自身品牌构成要素分析。

① 该媒体的直接受众群体和受影响的潜在受众群体分布及分析。

② 该媒体的有效发行量、收视/收听率。

③ 该媒体广告的直接或间接接受度分析。

④ 该媒体的名牌栏目。

⑤ 该媒体在业内的地位。

⑥ 该媒体的自身权威性。

⑦ 社会对该媒体的好感度分析、媒体的社会地位等。

媒体自身品牌价值是该媒体广告价值的核心要素。

（2）媒体品牌影响力分析。
① 能够进行相关的行业内外数据对比和评估。
② 能够对企业的广告活动进行具有广告增值效应的推广：政治推动力、经济推动力、社会推动力（主要是媒体组织的对政府、社会及经济等各个层面有影响力的重要事件、重大活动及重点报道）。
（3）媒体品牌影响力评估。
① 专家、社会知名人士的媒体品牌价值和社会认知度评估。
② 企业对已投放广告的消费者行为和广告效果评估。
③ 潜在消费者的广告到达评估。
（4）相关影响因素。
① 重点推荐的栏目与广告品牌的自身形象结合。
② 广告活动策划成功案例。
③ 媒体运用战略。
④ "借势"新闻事件。
⑤ 已经制定的媒体策略。如果使广告信息到达受众是主要的广告目的，那就应该选择能负担得起的个别媒体以产生较其他媒体更多的到达率。例如，日用品的告知广告适合在电视中播放。如果广告信息所要到达的是一个特定的、具有某种人口统计特质的群体，就应以有效果与有效率到达该群体作为选择媒体的基础。例如，奢侈品广告适合在特殊的杂志上投放。

8.2.4　选择广告媒体时的分析与比较内容

企业选择广告媒体时需要考虑使用什么样的媒体、每种媒体要使用多少次、每种媒体要花多少钱等问题，还需要考虑视/听众、地理位置、广告排期、文案、到达率、暴露频次、测试情况等。

受众、受众接触效果和相对成本是选择广告媒体时分析、比较的主要内容。

1．对受众的分析与比较

广告媒体具有广泛或特定的受众对象。从信息传播的能力和效率来看，不同类别的广告媒体各有长处和短处，有必要进行分析与比较。

广告媒体的受众是指各种媒体的读者、观众和接触广告信息的各种消费者，分析重点是各媒体的受众规模。在其他条件相同的情况下，受众规模大的媒体，广告信息的涉及面广、影响大。而对广告媒体受众的比较实质上是对产品目标群体、区域的受众的比较，因为受众规模大的媒体不一定是目标市场受众多的媒体。由于不同媒体的信息传播范围事先可以了解，受众类别也可以通过市场调研得出结论，因此，企业对广告媒体的选择首先是受众多、目标受众规模相对大的媒体。

2．对受众接触效果的分析与比较

在对广告媒体类别做出选择以后，就要对各媒体的受众接触信息的效果进行分析与比

较。以报纸和期刊为例,大部分受众事先订阅某些报纸,每份报纸的平均阅读人次可进行统计分析,但读报一般只用一两个小时,隔天的报纸和某些版面少有人阅读;期刊购买者中,有一部分是预订的,但持续或随机购买者的比例更高,平均阅读人次较多,阅读时间更长。报纸主要以日、周为发行周期,而期刊则以月、季为发行周期,报纸的发行量往往是期刊的数倍甚至数十倍,因此,受众接触报纸的频率明显高于期刊。

受众接触媒体的另一个效果是感光印象和反应程度。以户外广告和电视广告为例,交通路段的户外广告有大量受众接触,但除了特别醒目的广告牌,大部分流动受众对广告内容的印象很浅,反应淡薄;有创意的电视广告则可能使观众过目不忘。

3. 对相对成本的分析与比较

在多数情况下,选择广告媒体以相对成本为主要依据。

如果某媒体受众和目标市场受众的千人次成本都比较低或目标市场受众的千人次成本低,则它是理想的广告媒体;如果媒体受众的千人次成本低但目标市场受众的千人次成本较高,则它并不十分适合作为产品广告媒体,但可作为企业形象广告媒体。

不同媒体在首次传播中的千人次相对成本容易计算。多次传播和重复接触对受众接受产品信息、产生感光印象和提高反应程度有明显好处,但相对成本不易确定。因此,在不同媒体的分析与比较中,千人次成本应当作为主要的选择依据,但不是唯一依据。同时,对于大众传媒以外的广告信息载体,一定时间内的总费用与其接触的人流次数及受众类型,也可用于相对成本的分析与比较。

8.2.5 广告商与广告制作方的确定

从企业的角度来看,对广告商与广告制作方的选择是较直接的决策内容。广告商与广告制作方类似于企业的供应商和分销体系中的合作伙伴。

事实上,广告商与广告制作方很容易混淆,广告商在不同媒体的经营资格上也有差别。有些广告商只能利用非大众传媒发布信息,有些广告商只能在规定区域内从事广告经营代理业务,因此,某个广告商的经营资格和业务范围不一定能满足企业的全部要求。

在广告传播系统中,越来越多的企业会根据促销目的与多家广告商和广告制作方签订长期合作协议,尤其是广告需求量大、种类多的企业,都有相对固定的广告合作伙伴。选择、确定广告合作伙伴时应考虑以下几点。

(1) 广告商的经营资格与范围。
(2) 广告商的经营观念和商业信用。
(3) 广告商的经营能力,尤其是与传媒的关系和对广告业务的熟悉程度。
(4) 广告制作方的技术水平、经验及曾经获得的荣誉。
(5) 广告商及广告制作方成功的业务实例。

8.3 广告策划的构成要素

广告策划以与消费者进行良好的沟通为目标。广告策划的基本构成要素是定位、创意和传播，即广告策划工作首先应进行目标消费者定位，确定谁是企业所要沟通的对象；其次基于创意设计与消费者进行良好的沟通；最后选择与目标消费者接近的传播渠道，设计沟通的通道。通过广告策划的沟通传播使消费者建立品牌忠诚度。

8.3.1　广告定位

广告策划应以消费者为传播核心。企业必须从以自我为中心转向以消费者为中心，真正从消费者的需求出发，具体表现为确定广告信息传播的对象，建立消费者数据库，了解消费者的需求和态度，站在消费者的立场开展广告活动。所以，广告定位是做好广告传播的基础。

1. 定位的含义

为了满足消费者个性化的消费需求，充分吸引消费者的注意力，应将广告宣传定位作为广告策划的首要步骤。所谓定位就是通过一定的手段和方法，将产品或公司的形象与竞争者区别开来，使差异性凸显出来，从而引起消费者注意企业的品牌，并使其产生联想。

许多企业将定位与目标消费者等同起来，实际上目标消费者对企业有些是现实的，有些是潜在的，定位就是要找到其中的一个目标市场。定位可以在一个足够小的空间里将优势兵力（广告资源）集中于狭窄目标，在狭窄的区域中造成较大的市场影响，然后不断推移，直至占领全部目标市场。

针对具体的目标消费者群体才可以设计适合他们的卖点，打动他们的心弦。一个企业的营销是整体的，定位是为这个整体服务的前提，需要整合其他营销策略，从而使以后的产品营销工作建立在定位这一基础之上。

2. 定位的作用

定位在广告策划中的作用主要体现在以下几个方面。

（1）定位能够使广告差异化。差异化是许多企业追求的目标，若定位与消费者的需求相吻合，那么，企业的品牌就会驻足于消费者的心中。舒蕾以"焗油博士"作为自己的定位，从众多的洗发水品牌中脱颖而出，实际上，定位只不过是把人们没有注意到的地方做得更加显露一些罢了。

（2）定位有助于使广告策划瞄准消费者的心智。定位是用以决定是否让广告产品进入消费者心智的门户，其观念是传播只有在适当的时间及适当的环境之下，才能够得到沟通。在广告策划中，定位使策划活动更能抓住消费者的心理，以更有效的广告手段促使产品打动消费者。

（3）定位能够使广告更有效。有效广告对企业和消费者都是好事。定位可以使广告更加有效。首先，定位抓住了目标消费者，能够集中精力，寻找消费者最想要的东西，从而制作出更能打动消费者的广告。其次，定位对于企业来说，可以有的放矢，真正将广告的对象瞄准目标消费者，以更有效的沟通方式接近消费者。

（4）定位是广告策划的基础。广告策划有许多步骤，如分析市场、进行市场调研、寻找目标消费者、确定传播战略、寻找广告创意、确定广告传播策略等，但是这一系列工作都是由定位开始的。

定位在广告策划工作中起到承上启下的重要作用，企业的营销环境分析结论最后都是为传播做准备的。而传播又是以定位开始的，定位将大量的调研报告浓缩成广告策划的核心，可以就此迅速产生创意、寻找传播的独特主张。以后的广告策划工作都要围绕着定位工作展开。

3．影响信息传播和沟通的消费者心理特点及其对策

影响信息传播和沟通的消费者心理特点及其对策如下。
（1）只能接受有限信息。对策：使传播的信息成为消费者的关注点。
（2）喜简烦杂。对策：使用尽量简化的信息。
（3）缺乏安全感而跟随。对策：利用市场调研和消费者资料，增强消费者的安全感。
（4）品牌印象不会轻易改变。对策：由消费者的思考模式带来启迪。
（5）原有定位容易因为品牌延伸而模糊。对策：制定有效的品牌延伸法则。

4．广告定位的要求

优秀的广告策划定位应该满足下列条件。
（1）广告的目标是使某一品牌、公司或产品在消费者心目中获取一个位置。
（2）广告应将火力集中在一个狭窄目标上。
（3）应该运用广告创造出独有的位置，特别是"第一说法""第一时间""第一位置"等。因为创造第一，才能在消费者心中形成难以忘怀、不易混淆的优势效果，起到"先入为主"的作用。
（4）广告表现出差异性，并不是要指出产品具体的、特殊的功能利益，而是要显示和实现品牌与其他同类品牌的区别。这样的定位一旦建立，无论何时何地，只要消费者产生了相关的需求，就会自动地想到广告中的品牌、企业或产品。

5．广告定位的类型

从目前的理论与流行的定位中可以看出广告定位的类型主要如下。
（1）档次定位，即依据品牌在消费者心目中的价值高低区分出不同的档次。
（2）品牌定位，即依据品牌向消费者提供的利益定位。
（3）使用者定位，即依据产品与某类消费者的生活形态和生活方式的关联定位。
（4）类别定位，即依据产品的类别使消费者建立起品牌联想。

【案例 8-1】　　　　　　　　　　七喜是非可乐的饮料

七喜想到了借可口可乐和百事可乐搭建好的梯子往上爬的方法，从发起总攻的那一天开始，消费者的视觉、听觉、触觉和感觉同时收到一个简单而清晰的信息：七喜是非可乐的饮料，立即把寂寂无闻的七喜饮料同闻名遐迩的可口可乐和百事可乐的地位等同起来，同时又通过"非可乐"的定位与可口可乐和百事可乐区隔开来，凸显出七喜另类的品牌个性。

（5）情境定位，即将品牌与一定环境、场合下产品的使用情况联系起来，以唤起消费者在特定情境下对该品牌的联想。

（6）比附定位，即以竞争者品牌为参照物，依附竞争者定位。

（7）文化定位，即将某种文化内涵注入品牌之中，形成文化上的品牌差异。例如四川全兴大曲，其在广告中将自己的产品融入了四川源远流长的酒文化中，通过"品全兴·万事兴"的广告语，树立了独特的文化定位。

【案例 8-2】　　　　　　　　　　　孔府家酒，叫人想家

孔府家酒是广告定位方面的成功者。按中国的传统，喜庆的日子必定会合家欢聚一堂吃团圆饭，而饭桌上不可或缺的东西就是——酒。孔府家酒正是牢牢把握这一点，将自身定位于"家酒"，引起消费者关于此方面的联想。它作为"家酒"在消费者心目中具有不可动摇的地位。毋庸置疑，提起孔府家酒，人们就会不由自主地在脑海中勾画出合家欢聚的喜庆场面，"孔府家酒，叫人想家"的温馨感也自然萦绕左右。

6．定位中应注意的因素

广告策划操作中，定位要注意 3 个方面。

（1）关注竞争者的定位。广告策划定位虽然是给自己定位，但是在定位过程中还要关注竞争者的定位，找出竞争者的优势与劣势所在，然后针对其劣势并结合本产品的情况，制定相应的定位策略，也就是以竞争者为中心展开广告和营销攻势。

（2）定位要在消费者心智上下功夫。在市场中，定位实质上是在寻找竞争者的空隙，这个空隙就是消费者的心智。一定要在消费者的心智上下功夫，赢得市场。

（3）考虑广告的再定位。一个企业一旦确定了广告定位后，虽然要保持一定的稳定性，但是为了跟随竞争环境的变化适时调整定位是很有必要的。

8.3.2　广告创意

创意是广告界奇思妙想的代名词，是使人们记住广告的重要因素。

广告创意的基础是产品及其特点。离开了产品性能、质量及优点，广告内容和形式上的创新构想就可能违背"真实可靠原则"。因此，设计人员必须了解和熟悉产品性能，确认产品质量，分析本企业产品与竞争者产品的差异，进而在产品特点的基础上，赋予产品新的概念和效用，表达产品对消费者的特殊利益和增量价值。

广告创意必须联系目标市场的主要受众。与企业形象广告稍有不同，产品广告追求目标市场受众的认知和认可，希望这些受众对产品产生兴趣并形成识别能力。离开目标市场受众，广告形式和艺术上的创意便不可能得到潜在消费者的普遍认同。

由于产品竞争日趋激烈，基于产品特点的广告创意在内容设计上日益困难，而在形式与表现手法上仍有较大的空间。因此，广告创意应以产品及其特点为基础、以目标受众为主要对象，力求在形式与表现手法上创新。创新构思始终是广告创意的主流。

广告创意既要发挥主创人员的能力，又要利用相关人员的智慧，在讨论、争论中形成思想火花和创意构思。同时，广告创意是一种模仿、综合与创新相结合的设计活动，完全

模仿竞争者的广告设计并不可取，借鉴其他产品的广告创意则是很好的捷径，广泛收集和分析各种广告方案，综合其优点，由此形成的广告设计也可能具有创意效果。

1．创意对广告策划的作用

（1）创意是广告策划的核心。广告策划是围绕广告创意进行的操作性工作，广告创意的好坏直接决定着策划的成功与否。

在实际操作中，一个策划方案虽然周密，但若没有创意，同样不能达到提升销售量的目的。优秀的广告创意能够吸引消费者的注意力，使消费者记住广告中的产品，其重要性不言而喻。

（2）创意使广告策划更加深入人心。例如，"白加黑"在众多的感冒药品牌面前，以独特的创意（白天吃白片不瞌睡，晚上吃黑片睡得香）打入市场，取得了非常好的市场成绩，就在于其创意直指消费者——感冒群体的需求，白天需要工作学习，如何服用感冒药不影响工作。创意很简单，但是市场成绩却出奇得好。所以，广告创意有助于广告策划更加接近企业的消费者群体。

【案例 8-3】　　　　　　　　　惊 险 广 告

美国的一个厂商生产了一种名为"超级三号"的强粘胶液，想将这种产品打入法国市场，于是委托巴黎的奥布尔维和马瑟广告公司的设计师们制作广告。如何突破传统广告平铺直叙的格局，制作出让人信服的广告呢？这些设计师绞尽脑汁，终于设计出一则惊险的电视广告：在一个男人的鞋底上点了 4 滴 "超级三号"，然后将此人倒粘在天花板上，此人足足倒立了 10 秒钟，并有公证人当场监督鉴定。广告播出后，立刻引起了强烈的反响，不到一周，这种胶液就销售出 50 万支，当年总销售量为 600 万支。这则广告的绝妙之处在于：让电视观众在提心吊胆的观看过程中，真正信服了"超级三号"的可靠性。历来人们相信耳听为虚，眼见为实，这种实操广告比起那种长篇大论口头宣传的广告，效果更好。

2．广告创意需遵循的原则

对于如何创造广告创意，可能仁者见仁，智者见智，主要应从创意的原则方面来谈这个问题。

（1）广告创意要贴切、达意。广告创意中，"贴切"的"贴"指贴近产品，"切"指切中消费者心理，这是最为重要的两个着眼点。贴近产品就是要找出产品的特点和个性，个性存在于产品的概念差异中，广告创意所要做的就是发掘产品可见的或非实质性的感性差别。

要使广告创意表达贴切，关键在于紧扣产品和消费者，并采用简单、有关联、创新、震撼人心的点子，而这些点子离我们并不遥远，它们就藏在产品的背后、消费者心里及日常生活中。

（2）广告创意要有创新。有创新的东西才叫创意。广告策划创意应力求在创新上做文章，这不单要求设计人员不断学习新知识，观察新事物，还要善于借鉴一些伟大的创意来提升创意的高度。

例如，美国伊利诺伊州有一个十字路口旁的牌子上写道："开慢点吧，我们已经忙不过来了!"署名是"棺材匠"。

另一个有趣的例子是缅甸一家电影院的广告语。缅甸仰光的妇女有戴帽子看电影的习惯。许多观众被前排妇女的帽子挡得无法正常欣赏电影,愤怒地向电影院经理提出抗议。电影院也一再告示妇女观众看电影时不能戴帽子,均无效果。最后一位经理灵机一动,贴出一张广告,他的广告词机智幽默,那些看到这则广告的妇女们纷纷摘下了自己的帽子,那则广告词的内容是"本电影院为照顾衰老高龄女客的装饰需要,允许她们照常戴帽子看电影,不必摘下"。

(3) 广告创意中应融入文化内涵。卓越的广告创意必须能对产品的文化内涵进行深层次开发,从文化内涵的边际效应中寻找创意的切入点,以更好地满足消费者的个性化消费思维和多元化的文化价值观。广告创意的文化底蕴主要表现在以下几个方面。

① 将产品演绎为富有文化内涵的精神寄托。广告创意可以从产品低层次的物质需求入手,暗示或寓意高层次的消费,让消费者从单纯的物质产品演绎成有文化内涵的精神寄托。例如旺旺食品的广告,旺旺这个名字本身就带有好口彩的意味,"让你旺一下"是贯穿整个广告的主题,用此招,旺旺突破了儿童膨化食品的界限,荣登逢年过节的团圆餐桌和礼品柜。又如,相同的文化传统使我国台湾的企业擅长运用平面广告来迎合国人"图吉利、爱热闹"的心理。

② 以人文精神来表现产品对人的情感的理解和关怀。广告创意文化通过把握某个阶段社会情感的流向,提炼出能够成为广大消费者知音的广告创意。例如,张艺谋在1997年为爱立信拍了一段广告:儿子从外地回到家里,对父亲说要出去与朋友一起开心,父亲默默地点了点头。当儿子走到楼下时无意抬头,却见父亲正站在窗前默默地望着他。儿子轻轻地走了回去,对父亲说:今天我陪您吃饭。这则广告中有3句广告词,细细琢磨都能让人感动:"沟通就是爱""沟通就是理解""沟通就是关怀"。这对嚷着与父辈有"代沟"的新生代而言,何尝不是一种振聋发聩的声音。

③ 通过创造独特的精神价值,反映一种社会导向或一种精神追求。例如摩托罗拉的"飞跃无限"广告,以高空飞人来诠释摩托罗拉跨越时空、"飞跃无限"的理念,算得上"以险取胜"的典范。一个胆气过人、沉着自信的白领在数百米高空抓住秋千并大幅度摆动真有一种凌空出世、飞越天堑的潇洒豪迈之感。该广告创意独特、诉求明确,极好地调动了人们的心理感受。

3. 广告创意的相关理论

广告创意并不是漫无边际的,也有理论可以依循。目前广告创意理论主要有以下几种。

(1) 魔岛理论。著名广告人韦伯·扬将创意的产生或孕育比喻为魔岛浮现:在古代航海时代,水手传说中令人捉摸不定的魔岛,恰似广告人的创意一般。魔岛其实是由在海中常年积累、悄然浮出海面的珊瑚形成的。韦伯·扬强调,创意并非一刹那的灵光乍现,而是如同魔岛的形成,靠广告人脑中的各种知识和阅历积累,通过眼睛看不见的一连串自我的心理过程所制造出来的。

(2) 万花筒理论。韦伯·扬认为,"广告是在我们生活的万花筒世界中所构成的新花样"。创意的过程首先是为心智的万花筒积累起丰富多彩的"玻璃片"。继而就是毫不犹豫地旋转万花筒——让多彩的"玻璃片"碰撞出绚丽的思想火花。实际上就是寻求各种事实之间的相互联系。如果能在看似无关的事实之间，发现它们的相关性并将它们进行组合，精妙的创意就产生了。在心智上养成寻求各事实之间的联系的习惯，是产生创意过程中较为重要的事。

（3）USP（独特的销售主张）理论。其基本要点如下。

每则广告必须向消费者"提出一个主张"，必须让消费者明白，购买广告中的产品可以获得什么具体的利益。

所强调的主张必须是竞争者做不到的或无法提供的，必须说出其独特之处，在品牌和说辞方面是独一无二的。

所强调的主张必须聚焦在一个点上，打动和吸引消费者来购买相应的产品。向消费者讲所有产品共有的东西毫无意义，唯有专注于那些微不足道的不同之处才能体现出广告创意的独创性。

（4）ROI 理论。该理论认为，好的广告应具备 3 个基本特征：关联性（Relevance）、独创性（Originality）、震撼性（Impact）。广告与产品没有关联性，就失去了意义；广告没有独创性，就欠缺吸引力和生命力；广告没有震撼性，就不会给消费者留下深刻的印象。针对消费者需要的"关联"并不难；不关联但点子新奇也容易办到。真正难的是，既要"关联"又要"独创"和"震撼"。

实现 ROI 必须明确解决以下 5 个基本问题。

① 做广告的目的是什么。
② 广告做给谁看。
③ 有什么竞争利益点可以做广告承诺，有什么支持点。
④ 品牌有什么特别的个性，选择什么媒体是合适的。
⑤ 受众的突破口或切入口在哪里。

4．产生广告创意的方法

创意与创新有许多一致性，相关方法有很多，主要有模仿、移植、嫁接等。

（1）模仿。模仿是指对同类广告创意进行借鉴。虽然模仿的广告有使消费者混同的危险，但是只要模仿得好，也可以使弱势企业紧跟行业领先者。市场中常有这类广告出现。模仿的风险比较大，一旦模仿不好，可能使企业投入的广告费浪费，不能使消费者记住产品的特性，产品销售量自然上不来。

（2）移植。移植是指把别人已使用过的不同类产品广告中的创意用到本类产品中，举一反三，加以发展。这种借鉴方法虽然使用的象征物可能一样，但由于引导联想的角度不同，可能产生新的创意。例如，飞利浦剃须刀电视广告中，将一枚剥了皮的鸡蛋涂上剃须膏，剃须刀刮过以后干干净净，鸡蛋却"毫发无损"。它运用比喻的手法传达出竞争优势：飞利浦刀片锋利、舒适、安全，所有的戏剧化集中在鸡蛋与刀片的关系上。

（3）嫁接。嫁接是指将不同的创意重新组合成新的创意。这些不同的创意从单个要素来看，可能互不相关，甚至相去甚远，但经过创造与组合，可能会产生一个更引人注目的、有意义的构想。

无论是模仿还是移植、嫁接，都不能照搬照抄，都必须带有创新的成分，把新概念、新形象融入旧模式。学习借鉴只是起点，其重点应是创造出具有个性的创意表现，让广告创意向深度和广度发展。

8.3.3 广告传播

广告传播主要是指传送者与接收者之间的一种信息传递过程。在广告策划中，传播问题非常重要，因为广告定位、广告创意都要通过媒体传播出去。随着报纸、杂志、电台、电视台的大量创办，互联网的兴起，媒体资源由稀缺转为过剩。细分受众的众多媒体侵蚀着传统意义的大众媒体，每个媒体所接触的视/听众越来越少，消费者接触的媒体越来越多。研究发现：在产品越来越丰富的市场上，消费者得到的产品信息越来越少。

广告策划的结果是形成广告传播计划。广告传播计划是促销计划的组成部分，促销计划又是营销计划的组成部分。因此，广告计划在内容和步骤上应当与促销计划和营销计划相一致。

完整的广告传播计划分为以下3个方面的内容。

1．传播范围

广告传播计划的首项内容涉及广告媒体或载体的传播范围。

在计划期内，企业可能同时利用几种媒体，但广告传播计划必须明确媒体的具体名称、版面、波段、频道或载体方位。

不同媒体的信息辐射范围不同，广告传播计划应包括若干媒体涉及的总的信息范围。不同媒体的受众类型有别，某个媒体可能向两个以上目标市场受众传播信息，也可能两个媒体向同一个目标市场受众发布信息。这样，企业全部目标市场和个别目标市场的信息传播便能在广告传播计划中得到充分反映。

对照企业目标市场分类、促销目的和要求，就可判断广告传播计划对目标市场的涉及状况，对传播范围进行适当调整就比较容易。例如，以生产"黑妹"牙膏出名的广州牙膏厂，得知广州市邮政局准备印制邮政编码图赠送给市民的消息后，主动联系在图上附印黑妹牙膏系列广告。于是，"黑妹"随着邮政编码图进入了85万个信箱。

2．传播期限、时间和频率

广告传播计划包括媒体具体的传播期限、时间和频率等内容。固定的户外载体广告以年度甚至数年为传播时期，在安排上比较简单。报纸、期刊广告主要涉及的是一定时间内登载的次数、刊出时间和版面。

报纸广告的登载时间以消费旺季临近日为宜，可准确到日期；也可预先安排总刊次，根据促销竞争状况临时确定或变更具体日期，但一般要在媒体许可下才能做出这种安排。广播、电视的传播时间大有讲究，白天与夜间、早晨与下午、黄金时段与其他时段，不同频道，媒体的收费标准有很大差别，传播时间的调整比较麻烦，因此需要事先锁定。

由于广告媒体的节目计划也是事先决定的，广告播放时间有一定弹性但伸缩余地不大，插播期内尤其是黄金时段允许播出的广告信息只有几条或十余条，所以要做广告的企业或广告商要及时提出时段进行申请。按日、周和月播出的频率也要事先安排，并确定不同时间的频率差别。

由于周末、节假日前夕的播放需求旺盛，广告时段的占位竞争会提前进行，所以广告传播计划中要写明有利时段。当然，同一媒体的广告播出频率过高会使促销效果下降，因此需要在广告传播计划中进行这方面的边际分析。

3．传播效果与调整

在媒体许可的条件下，广告传播计划可以适当调整。调整的依据来自广告传播合同的规定，调整原因主要基于实际的传播效果。如果广告播出后，受众的接触、接受情况明显差于预期，则企业可选择预先调整的办法，用其他广告版本替代传播中的版本。如果传播效果并非广告产品方面的问题，则在媒体允许的情况下，或提高播放频率，或减少播出次数，也可调整播放频道或刊出版面。如果广告商已买断某些媒体的播出时段或版面，则调整可由企业与广告商协商解决，并将调整要求通知给相关部门。

当然，一份完整的广告传播计划中还要有广告效果的评价，应对广告信息及传播效果进行调查与分析。

8.4 广告策划的思维方法

8.4.1 广告策划原则

1．逻辑思维原则

进行广告策划的目的在于解决企业营销中的问题，任何事物发生、发展都有它自己的规律，必须按照逻辑思维的顺序，即提出问题—分析问题—解决问题的构思加以解决。

2．形象化原则

广告策划书的文字表达只能给人理性的概念认识，如能适当地运用视觉化的手段加以配合，则会使人一目了然，加深对策划书的理解与记忆。广告策划书中常用的形象化方法有两种：一是可以把广告策划书中的部分内容制作成流程图，如媒体传播计划、广告预算等；二是创意设计部分，如报刊广告、电视广告的创意设计，可以配以图案，实际上是把创意形象化了，使人容易理解。

3．简洁朴实原则

广告策划书在编制中应注意突出重点，抓住企业营销中所要解决的核心问题，深入地进行分析，提出可行的相应对策。要防止用散文式文笔去描述广告策划书，造成浮躁或不实之感；也不可长篇大论，言不达意，哗众取宠。总之，要以简洁朴实、具体实用、针对性强为原则，让人转瞬即能抓住主要内容。

4．可操作原则

广告策划是广告活动的蓝图，是在现实基础上的一种超前性的构思。首先，广告策书中所制定的大政方针，应符合市场变化的需要，以保证广告活动的有序和广告目标的准确。其次，广告策划作为一个整体，还要注意各子系统及各具体环节之间的联系与操作，它的指导性涉及广告活动中每个人的工作及各个环节的关系处理。而策划中的创意表现手法，则要考虑设备、人员、经费、材料和制作手段等的限制。

8.4.2 广告策划的思路

广告策划是一个复杂的系统工程，要制定完整、正确的策划方案必须有明晰的策划思路。

（1）针对企业特定情况提出问题。一般思维规律是先交代策划背景，然后由大到小，由宏观到微观，层层推进，再把策划方案的中心任务和盘托出。

（2）在突出中心主干的情况下，也要对细微枝干部分给予充分重视。主干部分是广告的大构想，应重点展开；枝干部分虽是配角，但也是具体实施中的重要依据和手段，少了这部分枝干，广告策划的血肉就不丰满。

（3）明确提出解决问题的对策。这些对策的提出要有事实依据，令人信服。

广告策划的具体思路应该包括广告目标、广告对象、广告主题、广告表现策略、广告创意、广告预算、广告媒体运用、广告实施策略及效果检验等，只有将这些环节的逻辑关系理清楚，才能进行有效的广告策划，才能保证广告活动有条不紊地顺利实施。

广告是企业营销组合的重要因素，直接为企业的市场营销服务，因此，企业的营销策略是广告策划的根本依据。

从操作过程来看，虽然企业的营销策略已经为广告策划提供了依据，但是它仅仅来自企业，还不足以显示由消费者、产品和竞争者所构成的市场的全貌。所以广告策划必须以市场调查为依据和开端，通过周密的市场调查和系统的分析，根据市场同类产品的状况和目标消费者群体的需求与敏感点，有针对性地设计广告内容，科学、合理、有效地布局广告活动的进程。

广告策划的出发点是受众分析，重点是定位和创意。广告的诉求策略、定位策略、表现策略和媒体策略是广告策划的核心内容，必须脱离平庸、与众不同，但是又要能产生实际的广告效果。

在广告设计策划中，广告预算可先于其他设计预算，即根据广告预算确定广告的具体目的与要求，设计、制作广告产品和选择广告媒体；也可在广告目的和具体要求的基础上设计策划广告方案，确定所需预算。

8.4.3 广告策划分析

广告策划分析是广告策划的基础，广告方案的形成，与其他策划方案一样，都是策划的结果。

广告策划的目的是策划出与目标消费者关于这个产品的敏感点、兴趣点相一致的广告内容。所以广告策划分析必须从消费者的需求出发，还要结合产品的特点。每个团队策划出的广告的风格不同，每个产品的特点不同，广告策划分析的思路也不尽相同。下面提出一个一般性的策划思路以供参考。

1. 广告策划分析内容

（1）行业：企业在行业中的地位；行业发展特点、趋势；行业广告特点等。
（2）市场：市场行情，流行的广告形式与内容，同品类产品价格、特点、广告特点。
（3）本产品：产品功能、特点、比较优势；产品市场生命周期。
（4）目标消费者：特征、需求、兴趣点；接受能力。
（5）企业：资金、营销资源、品牌形象、企业文化，经营状况分析，该时期的战略重点。

2. 广告策划分析的逻辑

（1）根据广告策划分析内容的第（1）～（5）项确定广告目标。
（2）根据广告目标和广告策划分析内容的第（2）、（3）、（5）项确定广告定位与诉求。
（3）根据广告定位与诉求和广告策划分析内容的第（2）、（3）、（4）项确定广告内容。
（4）根据广告内容和广告策划分析内容的第（3）、（4）项确定广告创意，形成广告方案。
（5）根据广告方案和广告策划分析内容的第（3）项确定媒体计划。

8.5 广告策划的程序与相关文本

8.5.1 广告策划的程序

广告活动是一项复杂的工程，其工作相当繁杂。为了保证质量，必须依据一定的工作程序进行广告策划，过程的规范是结果质量的保证。实践中的一般工作程序如下。

1. 市场调查

市场调查就是系统地收集各种有关市场及市场环境的情况资料，并用科学的研究方法进行分析，提出建议，以提高广告的效果。在广告活动中，市场调查的全过程是收集产品从生产到消费全过程的有关资料，对其加以分析、研究，确定广告对象、广告诉求重点、广告表现手法和广告活动的策略等。

广告市场调查内容主要有以下5项。
（1）市场环境调查：掌握市场的现有容量及发展趋势。
（2）企业经营情况调查：主要是营销能力、资金能力、品牌地位等。
（3）广告产品情况调查：包括广告产品的生产规模、技术水平、市场渠道、市场份额、促销策略与手段等。
（4）市场竞争性调查：市场产品竞争性分析，包括同类产品的生产规模、技术水平、市场渠道、市场份额、促销策略与手段等。

（5）目标消费者调查：通过对消费者购买行为的调查，来研究消费者的物质需要、购买方式和购买决策，为确定广告目标和广告策略提供依据。

① 物质需要。社会个体消费者的物质消费需要在购买动机和影响因素上与企业客户有很大差异。他们的购买动机是很复杂的，既有生理、安全的需要，也有社会、情感的需要，影响因素有很多，主要有以下3个。

一是经济因素。个人收入和家庭收入是各不相同的，因此，个人或家庭的收支状况、产品价格和产品的使用价值，就成为影响购买的一个重要因素。

二是社会因素。不同的文化程度、不同的社会阶层和社会地位、具有不同的社会关系的人，其审美价值和对商品的欲求是各不相同的，其消费方式也有差别。

三是心理因素。影响消费需求的心理因素主要有需求层次、生活经验、人生态度、信仰和自我形象等。一般而言，消费者的消费需求多是情感型的，理智需求处于次要地位。

② 购买方式。购买方式是指消费行为中购买商品的特点与表现。消费者的购买方式对广告的发布时机、发布频率、广告的主题和创意都有影响。

生活品消费者购买商品的行动具有分散和零星的特点。他们的购买特点有习惯型、理智型、价格型、冲动型、感情型、疑虑型、随意型等。购买方式则有经常性、选择性和考查性3种表现。通过市场调查掌握消费者的购买方式和特点，可以帮助企业在广告策划中确定广告对象和广告表现手法。

③ 购买决策。购买决策调查的内容包括由谁决策商品的购买、何时购买、在何处购买等。了解了谁对商品购买有决定性影响，可以将其确定为广告的主要对象；了解了何时购买，可以把握广告的发布时机；了解了在何处购买，可以为选择合适的媒体提供依据。

2．明确广告任务

企业应根据市场调查和分析所提供的市场价格资料、产品组合情况和发展情况、销售条件、销售人员和销售渠道情况、市场发展趋势和市场竞争等详细资料，结合对市场环境的分析，明确具体的广告任务。

广告任务包括广告对象、广告目标、广告内容、广告时限等主要内容。

（1）广告对象。广告对象是指对什么地区、什么阶层、什么群体实施广告宣传。不同的广告对象决定不同的诉求重点，要选用不同的广告媒体，同时还要运用不同的广告策略。

（2）广告目标。广告目标是指广告所要达到的目的，即通过广告宣传要得到什么结果。广告目标一般分为以下3类。

① 创造品牌广告目标，目的在于开发新产品和开拓新市场。它通过对产品的性能、特点和用途的宣传介绍，提高消费者对产品的认知程度，重点加强消费者对新产品的理解，加深品牌印象，创造品牌。

② 保牌广告目标，目的在于巩固已有的产品市场，深入开发潜在市场和刺激购买需求，提高产品的市场份额。主要方式是通过连续广告，加深消费者对已有产品的认识和印象，使潜在消费者养成消费习惯并促成其购买行为。广告的诉求重点是保持消费者对广告产品的好感和偏爱。

③ 竞争性广告目标，目的在于加强产品的宣传竞争，提高产品的市场竞争力。广告的诉求重点是宣传本产品比其他品牌同类产品优异之处，使消费者认识到本产品的好处，以增强他们对本产品的偏爱，并争取使偏好其他品牌产品的消费者转变偏好，转而购买和使用本产品。

（3）广告内容。广告内容是指广告的诉求范围和诉求重点。广告诉求的范围主要分为产品广告诉求、劳务广告诉求、企业广告诉求、观念广告诉求和公共关系广告诉求等几大类。其目的是让消费者认识广告的内容信息，并通过广告来促使消费者产生印象。广告诉求的重点则是在广告诉求范围内突出宣传的内容。

（4）广告时限。广告时限是指广告发布的具体开始时间和持续时间。

3．编制广告预算

广告预算是对广告活动费用（以下简称"广告费"）的匡算，主要包括广告活动中所需的各种费用，如市场调研费、广告设计费、广告制作费、媒体租金、公关促销费与服务费等项目。依据其用途，可把广告费划分为直接广告费和间接广告费、自营广告费和他营广告费、固定广告费和变动广告费。

直接广告费是指直接用于广告活动的设计制作费用和媒体租金，间接广告费是指企业广告部门的行政费用。在管理上，应当尽量压缩间接广告费，增加直接广告费的比例。

自营广告费是指企业本身所用的广告费，包括本企业的直接广告费和间接广告费。他营广告费则是指委托其他广告专业部门代理广告活动的一切费用。一般而言，他营广告费在财务上比自营广告费要节省，使用效益更好。

固定广告费是指自营广告的人员组织费用及其他管理费，这些费用开支在一定时期内是相对固定的。变动广告费是指因广告实施量的大小而起变化的费用，如随着数量、距离、面积、时间等各种因素的影响而变化的费用。变动广告费又因广告媒体不同，可分为递增变动和递减变动。递增广告费随广告实施量的增加而递增，递减广告费随广告实施量的增加而递减。

4．选择媒体

广告要经选定的媒体来传播信息。广告活动使用的媒体不同，广告费、广告设计、广告策略和广告效果的内容也就不同。不同广告媒体的配合运用方式不同，其广告效果也不同。因此必须选定广告媒体，并制定媒体的使用策略，使其经济、准确地传达广告内容。

5．制定广告实施策略

广告实施策略是规划广告和实施广告的基本手段，主要包括差别化策略、广告时间策略、系列广告策略等内容，是根据市场情况、企业营销策略和广告预算等广告传播计划内容的要求而制定的。

6．制定广告设计方案

应依据既定的广告任务、广告预算、广告媒体策略和广告实施策略的要求，确定广告创作方针和对广告设计、制作的基本要求，相关部门及人员设计、制作具体方案。

在本阶段主要通过动脑会议、创意表现、创意说明会、客户创意提案、创意修正和设计完稿等环节，完成一系列广告作品。

7. 制定并发布广告传播方案

完成广告创作并形成广告作品之后，经过企业的最后审核同意，即可送到预定的媒体进行发布。这项工作一般由媒体部门的有关专业人员负责。他们的任务就是专门负责与有关媒体接洽，安排有关广告的发布事宜，并对发布质量实施监督。

8. 测定广告效果

测定广告效果就是运用科学的方法鉴定广告的效益。广告效益主要表现在 3 个方面：经济效益、社会效益和心理效益。广告的经济效益是指广告活动促进产品销售或劳务销售和利润增加的程度；社会效益是指广告的社会教育作用；心理效益主要是指广告在消费者心理上的反应程度，产品所树立的品牌印象，最终能否促成购买。

8.5.2 广告策划的相关文本及其格式

广告调研策划、广告目标策划、广告战略策划、广告创意表现策划、广告媒体策划、广告预算策划、广告实施策略策划、广告效果反馈策划等完成后，应以文本或表格形式将其反映出来。下面仅列举广告策划书、媒体策划书、广告预算书的表现形式和格式。

1. 广告策划书

在广告策划书中要将广告活动中所要采取的一切部署都列出来，指示相关人员在特定时间予以执行，是广告活动的正式行动文件。

广告策划书有两种表现形式：表格形式和文字形式。

表格形式的广告策划书上列有企业媒体策划书的表现形式和格式。现在的销售量或销售额、广告目标、广告诉求重点、广告时限、广告诉求对象、广告地区、广告内容、广告表现战略、广告媒体战略、其他促销策略等栏目。其中广告目标一栏又分为知名度、理解度、喜爱度、购买愿意度等小栏目。

一般不把具体销售量或销售额作为广告目标，因为销售量或销售额只是广告结果测定的一个参考数值，它们还会受产品（劳务）包装、价格、质量、服务等因素的影响。这种广告策划书比较简单，使用的范围不是很广。

文字形式的广告策划书运用广泛。人们通常所说的广告策划书多指这一种。

广告策划书一般要求简短，避免冗长和使用太多代名词。广告策划的决策者和执行者不在意是谁的观念、谁的建议，他们需要的是方案。

广告策划书每个部分的开头最好有一个简短的摘要，描述主要内容；要说明所使用资料的来源，增加可信度。一般来说，广告策划书不要超过 2 万字，如果篇幅过长，可将图表及有关说明材料以附录的形式列出。

一份完整的广告策划书主要包括封面、概要提示、目录、前言、广告策划分析、广告战略或广告重点、广告对象或广告诉求、广告地区或诉求地区、广告策略、广告预算及分配、广告效果预测等。广告策划书可能因撰写者或方案的不同而有所不同，但内容大体相同。其一般格式与内容如下。

（1）封面。应在封面上说明策划的题目、策划人、策划时间。

（2）概要提示。应在概要提示部分简明扼要地说明广告活动的时限、任务和目标，必要时还应说明企业的营销战略。这是全部计划的概要，即把广告传播计划的要点提出来，让企业最高层次的决策者或执行人员快速阅读和了解。这部分内容不宜太长，以数百字为佳，所以有的广告策划书称这部分为执行摘要。

（3）目录。按正文内容抽取目录。

（4）前言。内容包括：策划任务的由来；策划背景；策划目标；策划指导思想与策划思路；执行方案后预期达到的水平。

（5）广告策划分析。撰写时应简短地叙述企业及产品的历史，对产品、目标消费者和竞争者进行评估；紧紧围绕广告策划分析内容，根据市场分析的情况，提出广告产品的改进或开发建议。有的广告策划书称这部分为情况分析。

（6）广告战略或广告重点。一般应根据产品定位和市场研究结果，阐明广告策略的重点，说明用什么方法使产品在消费者心目中建立深刻的印象；用什么方法刺激消费者产生购买兴趣，用什么方法改变消费者的使用习惯，使消费者选购和使用产品；用什么方法扩大产品的销售范围；用什么方法使消费者形成新的购买习惯。有的广告策划书在这部分内容中增设促销活动计划，写明促销活动的目的、策略和设想；也有的把促销活动计划作为单独文件分别处理。

（7）广告对象或广告诉求。这部分内容是指在广告战略的框架下根据产品定位和市场研究来测算出广告对象有多少人、多少户。根据人口研究结果，列出有关人口的分析数据，概述潜在消费者的需求特征和心理特征、生活方式和消费方式等。根据上述分析确定广告诉求。

（8）广告地区或诉求地区。根据广告战略和策划分析的结果确定市场目标，并说明选择此特定分布地区的理由。

（9）广告策略。在这一部分，要详细说明广告实施的具体细节，包括：采用的广告形式；各种形式广告的具体内容、表现形式和广告脚本；各种广告形式的媒体计划。撰写者应把所涉及的媒体计划清晰、完整而又简短地设计出来，详细程度可根据媒体计划的复杂性而定。一般至少应清楚地叙述所使用的媒体、使用该媒体的目的、媒体策略、媒体计划。如果选用多种媒体，则需对各种媒体的刊播及如何交叉配合加以说明。也可另行制定媒体策划书。

（10）广告预算及分配。该部分要根据广告策略的内容，详细列出媒体选用情况及所需费用、每次刊播的价格，最好能制作成表格，列出调研、设计、制作等费用。有时将这部分内容单独制作成广告预算书。

（11）广告效果预测。该部分主要说明经企业认可，按照广告计划实施广告活动预计可达到的目标。这一目标应该和前言部分规定的策划目标相呼应。在实际撰写广告策划书时，上述几个部分可有增减或合并，如可增加公关计划、广告建议等部分，也可将最后部分改为结束语或结论，应根据具体情况而定。

在撰写过程中，视具体情况，有时也将广告脚本、媒体策划、广告预算、总结报告等部分专门列出，形成相对独立的文案，随后分而述之。

2. 媒体策划书

广告要通过一定的媒体来传播广告信息。广告媒体不同，其广告费用、广告设计、广告策略和广告效果也不同。另外，不同的广告媒体在不同的时间、地点使用或进行不同的组合运用，广告效果也不同。因此广告活动中常需制定媒体策划书。

媒体策划书也有两种表现形式：一种是表格形式，横栏为月份，竖栏为媒体名称，即分别填写每个月的媒体计划量。另一种是文本形式，即将媒体计划写成书面材料。这里仅介绍文本形式的媒体策划书。这类媒体策划书的内容大致可分为5个部分。

（1）前言。此部分对媒体计划的基本策略和要素进行评述。

（2）背景评论与情况分析。此部分简明扼要地描述产品（或劳务）的市场情况，概括行销目标与广告目标，说明创意的方向。

（3）媒体目的或媒体目标。此部分对媒体策划所将达成的目的或目标进行宣告。

（4）媒体策略。此部分概述怎样从媒体的选择、媒体的配合、广告的日程频次安排、费用分配等方面达成媒体目标。

（5）策划说明。此部分阐述媒体计划的执行要素，考虑选择各种策略及媒体的理由。一切战术上的做法都可以包括在此部分中。

应该注意的是，上述5个部分不是一成不变的，可视具体情况增减。撰写媒体策划书的目的是让有关人员对媒体在广告运动中的具体运作及具体作用做到胸中有数。

3. 广告预算书

广告预算提出广告费用开支的数目和具体的分配方案。它规定在广告计划期内从事广告活动所需的经费总额、使用范围和使用方法，是企业广告活动得以顺利进行的保证。

编制广告预算，可以合理地解决广告费与企业利益的关系。对一个企业而言，广告费既不是越少越好，也不是多多益善。广告活动的规模和广告费用的多少，应与企业的生产和流通规模相适应，在发展中求节约。在正常情况下，产品的销售量与广告的相对费用是成反比的。由于广告促进了产品销售，也就促使了生产成本和销售成本降低，也包括单位广告成本降低。因此，广告宣传费用的投入是有其利益产生的。但是从经济学的角度来看，任何现实投入都存在着边际产出的问题。也就是说，广告的费用投入同样应该适度，过度的投入不但不会使投入产出比增加，反而会引起投入产出比降低，使产品的生产和流通成本增加。因此，广告宣传必须掌握适度原则。

广告预算书一般以图表的形式将广告预算计划和分配情况详尽地表示出来，格式及内容视不同业务需要所涉及的项目具体拟定，一般竖栏包括项目、开支内容、费用和执行时间，横栏为项目的明细分类，如市场调研费、广告设计费、广告制作费等。广告预算书后一般还附加一段说明文字，对预算书的内容进行解释。广告预算书的基本格式如表8-1所示。

表 8-1　广告预算书

预算委托单位		负责人		预算单位		负责人	
广告预算项目		期　限		广告预算总额		预算员	
广告预算时间				预算书编号			

项　　目	开 支 内 容	费　　用	执 行 时 间
市场调研费	文献检索 实地调查 研究分析		
广告设计费	报纸 杂志 电视 电台 网络 其他		
广告制作费	印刷 摄制 工程 其他		
媒体租金	报纸 杂志 电视 电台 其他		
公关费	A 市场 B 市场 C 市场 D 市场		
促销费	A 市场 B 市场 C 市场 D 市场		
服务费			
管理费			
其他杂费			
机动费用			
总　　计			
备　　注			

广告预算书的格式和内容不可千篇一律，要视具体的业务项目而定。有的项目也可具体化，如其他杂费可具体分为邮电、运输、差旅、劳务等费用；也可增加项目，如广告机构办公费或管理费、人员工资或服务费等。

165

【阅读材料 8-1】　　　　　　　　广告策划书文本

　　封面：一份完整的广告策划书文本应该包括一个版面精美、要素齐备的封面，给阅读者以良好的第一印象。

　　广告策划小组名单：提供广告策划小组名单，可以向企业显示广告策划运作的正规化程度，也可以表示一种对策划结果负责的态度。

　　目录：列举广告策划书各个部分的标题，必要时还应该将各个部分的联系以简明的图表体现出来，一方面可以使广告策划书显得正式、规范，另一方面可以使阅读者方便地找到想要阅读的内容。

　　前言：概述广告策划的目的、进行过程、使用的主要方法、策划书的主要内容，以使企业对广告策划书有个大致的了解。

　　正文：

第一部分　策　划　分　析

　　这部分应该包括广告策划过程中所进行的市场分析的全部结果，为后续的"广告策略"部分提供有说服力的依据。

　　一、营销环境分析

　　1. 企业市场营销环境中的宏观制约因素

　　（1）企业目标市场所处区域的宏观经济形势：总体经济形势；总体消费态势；产业发展政策。

　　（2）市场的政治、法律背景：是否存在有利或不利的政治因素可能影响产品的市场；是否存在有利或不利的法律因素可能影响产品的销售和广告。

　　（3）市场的文化背景：企业的产品与目标市场的文化背景有无冲突之处；这一市场的消费者是否会因为产品不符合其文化背景而拒绝产品。

　　2. 企业市场营销环境中的微观制约因素

　　（1）企业与供应商的关系。

　　（2）企业与中间商的关系。

　　3. 市场概况

　　（1）市场的规模：整个市场的销售额；市场可能容纳的最大销售额；消费者总量；消费者总的购买量；以上几个要素在过去一个时期的变化；未来市场规模的变化趋势。

　　（2）市场的构成：构成这一市场的主要产品的品牌；各品牌所占据的市场份额；市场上居于主要地位的品牌；与本品牌构成竞争的品牌；未来市场构成的变化趋势。

　　（3）市场构成的特性：市场有无季节性；有无暂时性；有无其他突出的特点。

　　4. 营销环境分析总结

　　（1）机会与威胁。

　　（2）优势与劣势。

　　（3）主要问题。

　　二、消费者分析

　　1. 消费者的总体消费态势

　　（1）现有的消费时尚。

　　（2）各类消费者消费本类产品的特征。

2. 现有消费者分析

（1）现有消费者群体的构成：现有消费者的总量；现有消费者的年龄；现有消费者的职业；现有消费者的收入；现有消费者的受教育程度；现有消费者的分布。

（2）现有消费者的消费行为：购买动机；购买时间；购买频率；购买数量；购买地点。

（3）现有消费者的态度：对产品的喜爱程度；对本品牌的偏好程度；对本品牌的认知程度；对本品牌的指名购买程度；使用后的满足程度；未满足的需求。

3. 潜在消费者分析

（1）潜在消费者的特性：总量；年龄；职业；收入；受教育程度。

（2）潜在消费者现在的购买行为：现在购买哪些品牌的产品；对这些产品的态度如何；有无新的购买计划；有无可能改变计划购买的品牌。

（3）潜在消费者被本品牌吸引的可能性：潜在消费者对本品牌的态度如何；潜在消费者需求的满足程度如何。

4. 消费者分析总结

（1）现有消费者：机会与威胁；优势与劣势；主要问题。

（2）潜在消费者：机会与威胁；优势与劣势；主要问题。

（3）目标消费者：目标消费者群体的特性；目标消费者群体的共同需求；如何满足他们的需求。

三、产品分析

1. 产品特征分析

（1）产品的性能：产品的性能有哪些；产品最突出的性能；产品最适合消费者需求的性能；产品尚不能满足消费者需求的性能。

（2）产品的质量：产品是否属于高质量产品；消费者对产品质量的满意程度。

（3）产品的价格：产品的价格在同类产品中的档次；产品的价格与质量的配合程度；消费者对产品价格的态度。

（4）产品的材质：产品的主要原料；产品在材质上有无特别之处；消费者对产品材质的认识。

（5）生产工艺：产品的工艺生产；产品在生产工艺上有无特别之处；消费者是否喜欢用这种工艺生产的产品。

（6）产品的外观与包装：产品的外观与包装是否和产品的质量、价格及形象相称；产品的外观与包装有没有缺点；产品的外观与包装在货架上的同类产品中是否醒目；产品的外观与包装对消费者是否具有吸引力；消费者对产品的外观与包装的评价。

（7）与同类产品的比较：性能上的优势和不足；质量上的优势和不足；价格上的优势和不足；材质上的优势和不足；工艺上的优势和不足；消费者的认知与购买上的优势和不足。

2. 产品生命周期分析

（1）产品生命周期的主要标志。

（2）产品所处的生命周期。

（3）企业对产品生命周期的认知。

3. 产品形象分析

（1）企业赋予产品的形象：企业对产品形象有无考虑；企业为产品设计的形象；企业为产品设计的形象有无不合理之处；企业是否向消费者传达了产品形象。

（2）消费者对产品形象的认知：消费者认为产品形象如何；消费者认为的与企业设定的产品形象是否相符；消费者对产品形象的预期；产品形象在消费者认知方面有无问题。

4. 产品定位分析

（1）产品的预期定位：企业对产品定位有无设想；企业对产品的定位有无不合理之处；企业是否向消费者传达了产品定位。

（2）消费者对产品定位的认知：消费者认为的产品定位；消费者认为的与企业设定的产品定位是否相符；消费者对产品定位的预期；产品定位在消费者认知方面有无问题。

（3）产品定位的效果：产品的定位是否达到了预期的效果；产品定位在营销中是否有困难。

5. 产品分析总结

（1）产品特征：机会与威胁；优势与劣势；主要问题。

（2）产品生命周期：机会与威胁；优势与劣势；主要问题。

（3）产品形象：机会与威胁；优势与劣势；主要问题。

（4）产品定位：机会与威胁；优势与劣势；主要问题。

四、企业与竞争者的竞争状况分析

（1）企业在竞争中的地位：市场占有率；消费者认知；企业自身的资源和目标。

（2）企业的竞争者：主要的竞争者；竞争者的基本情况；竞争者的优势与劣势；竞争者的策略。

（3）企业与竞争者的比较：机会与威胁；优势与劣势；主要问题。

五、企业与竞争者的广告分析

（1）企业与竞争者以往的广告活动概况：开展的时间；开展的目的；投入的费用；主要内容。

（2）企业与竞争者以往的广告目标市场策略：广告活动针对的目标市场；目标市场的特性；合理之处与不妥之处。

（3）企业与竞争者以往的产品定位策略。

（4）企业与竞争者以往的广告诉求策略：诉求对象；诉求重点；诉求方法。

（5）企业与竞争者以往的广告表现策略：广告主题及其合理之处与不妥之处；广告创意及其优势与不足。

（6）企业与竞争者以往的广告媒体策略：媒体组合及其合理之处与不妥之处；广告发布的频率及其优势与不足。

（7）广告效果：广告在消费者认知方面的效果；广告在改变消费者态度方面的效果；广告在消费者行为方面的效果；广告在直接促销方面的效果；广告在其他方面的效果；广告获得的效益。

（8）SWOT总结：竞争者在广告方面的优势；企业自身在广告方面的优势；企业以往广告中应该继续保持的内容；企业以往广告中突出的劣势。

第二部分　广 告 策 略

一、广告的目标
（1）企业提出的目标。
（2）根据市场情况可以达到的目标。
（3）对广告目标的表述。

二、目标市场策略
1. 对企业原来市场观点的分析与评价
（1）企业原来所面对的市场，包括市场的特征、市场的规模。
（2）对企业原来市场的 SWOT 评价，包括机会与威胁；优势与劣势；主要问题。
（3）重新进行目标市场策略决策的必要性。
2. 市场细分
（1）进行市场细分的标准。
（2）各个细分市场的特征。
（3）对各个细分市场的评估。
（4）对企业最有价值的细分市场。
3. 企业选择目标市场的依据和策略
（1）选择目标市场的依据。
（2）选择目标市场的策略。

三、产品定位策略
1. 对企业以往的定位策略的分析与评价
（1）企业以往的产品定位。
（2）定位的效果。
（3）对以往定位的评价。
2. 产品定位策略
（1）进行新的产品定位的必要性：从消费者需求、产品竞争、营销效果角度进行分析。
（2）对产品定位的表述。
（3）新的产品定位的依据与优势。

四、广告诉求策略
1. 广告的诉求对象
（1）诉求对象的界定。
（2）诉求对象的特征与需求。
2. 广告的诉求重点
（1）对诉求对象需求的分析。
（2）对现有广告信息的分析。
（3）对广告诉求重点的表述。

五、广告表现策略
1. 广告主题策略
（1）对广告主题的表述。
（2）广告主题的依据。

2. 广告创意策略
（1）广告创意的核心内容。
（2）广告创意的说明。
3. 广告表现的其他内容
（1）广告表现的风格。
（2）广告表现的材质。
4. 各媒体的广告表现
（1）平面设计。
（2）文案。
（3）电视广告分镜头脚本。
5. 各媒体广告的规格
略。
6. 各媒体广告的制作要求
略。

第三部分　广　告　计　划

1. 媒体的选择
（1）选择媒体的依据。
（2）选择的主要媒体。
（3）选择的媒体介绍。
2. 媒体组合策略
略。
3. 广告发布时机策略
略。
4. 广告发布频率策略
略。
5. 广告时间安排
（1）广告媒体发布排期表；广告活动在各目标市场的开始时间、结束时间、持续时间。
（2）广告投放的目标市场。

第四部分　广告费用预算

1. 广告策划费用
（1）广告设计费用。
（2）广告制作费用。
（3）广告媒体费用。
2. 其他广告活动所需要的费用
机动费用。
3. 广告费用总额
将上述各项汇总，得到广告费用总额。

第五部分　广告效果预测和监控

1. 广告效果预测
（1）广告主题测试。
（2）广告创意测试。
（3）广告文案测试。
（4）广告作品测试。
2. 广告效果监控
（1）广告媒体发布的监控。
（2）广告效果的测定。

附　　录

在策划文本的附录中，应该包括为完成广告策划而进行的市场调查的应用性文本和其他需要提供给广告客户的资料。
（1）市场调查问卷。
（2）市场调查访谈提纲。
（3）市场调查报告。
（4）资讯调查报告。
（5）媒体影响力分析。

【本章小结】

广告策划是指根据企业的营销计划和目标，为了有效控制整个广告活动的方向和进程，在市场调查的基础上，对广告活动的战略、策略和对各种广告传播手段及各个具体步骤进行整体的系统筹划。

常用的广告媒体类型包括报纸广告、杂志广告、电视广告、广播广告、户外媒体广告、网络广告等，各自具有优劣势。

广告策划的基本构成要素是定位、创意和传播，即广告策划工作首先应进行目标消费者定位，确定谁是企业所要沟通的对象；其次基于创意设计与消费者进行良好的沟通；最后选择与目标消费者接近的传播渠道，设计沟通的通道。通过广告策划的沟通传播使消费者建立品牌忠诚度。

定位在广告策划中的作用主要体现在以下几个方面：定位能够使广告差异化；定位有助于使广告策划瞄准消费者的心智；定位能够使广告更有效；定位是广告策划的基础。

创意的相关理论有魔岛理论；万花筒理论；USP 理论；ROI 理论。产生广告创意的方法有很多，主要有模仿、移植、嫁接等。

受众、受众接触效果和相对成本是选择广告媒体时分析、比较的主要内容。

广告策划是一个复杂的系统工程，要制定完整、正确的策划方案必须有明晰的策划思路。实践中的一般工作程序如下：市场调查；明确广告任务；编制广告预算；选择媒体；制定广告实施策略；制定广告设计方案；制定并发布广告传播方案；测定广告效果。

【复习思考题】

1. 简述广告策划的概念及其特性。
2. 简述常用的广告媒体类型及其优劣势。
3. 广告定位有什么作用？

4. 简述广告策划的思路。
5. 简述广告策划的程序。
6. 各类广告策划书的内容有哪些？

【实训题】

围绕目标企业的经营需要，以企业产品为例，按照规范程序和要素进行分析，按广告策划流程及内容编写一份广告策划书。

［实训目的］
1. 了解广告策划方案的结构和组成。
2. 学习制定广告策划方案的基本程序与方法。
3. 掌握制定广告策划方案的基本技巧。

［实训重点和难点］
1. 市场特征、产品特征、目标消费者特征分析。
2. 广告属性。
3. 广告内容主题。
4. 创意与广告方案。
5. 媒体选择与传播方案制定等部分内容，避免点子方案。

［实训内容］
1. 自选产品，进行广告设计，要求定位准确，创意新颖，安排合理，文案规范。
2. 授课班级分组进行讨论，每组以各自选定的企业为对象；每个同学自行完成方案，资料可以共用，方案应该差异化。
3. 策划分析要合理、科学，较详细，要体现本章知识和理论在实践操作中的应用。
4. 分析过程要求完整，方案文本要求规范。

第 9 章 营销战略策划

【学习目标】
- 了解营销战略的运营过程。
- 掌握营销战略策划思路。
- 掌握营销战略策划程序。

【思政园地】
辩证唯物主义认为世界是运动的、变化的和发展的,这种变化是有规律的。

企业在研究经营问题时要透过现象看本质,按照规律预测市场变化,制定长远发展战略。企业的发展要以战略为基础,保持自己的定力。所谓不忘初心,方得始终。所以,企业研究营销战略时必须坚持辩证唯物主义的世界观和方法论。

9.1 营销战略策划概述

当前,经济与科技快速发展,市场竞争日趋激烈。在这种市场环境下,企业在经营过程中为了自身的生存和发展,逐渐从根据市场特点进行局部、阶段性的策划发展到根据市场变化及趋势制定长期的、全局性的营销战略和策略,如企业中长期营销战略、企业品牌战略等。

在一项关于企业经营趋势的调查中发现:世界上快速发展的企业当中,2/3 的企业制定了营销战略。这项调查表明,有营销战略的企业从新产品或新服务中获得的收益比例明显高于那些没有营销战略的企业;有营销战略的企业在过去 5 年内的销售收入增长率比没有营销战略的企业要高 69%。美国权威的《商业周刊》杂志曾经在头版上强调了战略规划的重要性。

(1)营销战略已成为企业获取更高销售收入和利润、开发新产品、实现企业扩张、开拓新市场的核心。

(2)营销战略是现在最重要的经营管理理念之一。

(3)通过各部门的经理通力合作,充分实现公司整体战略制定过程的民主化,使经营任务的完成更有把握;把很多经理人从日常琐碎、无用的管理中解脱出来,使他们关注更重要的事。

(4)创建与供应商、消费者、竞争者的关系,是企业获得更大竞争优势的战略选择。

从以上论述中可以感知营销战略何等重要。

9.1.1 营销战略的概念

营销战略是企业战略的重要组成部分,是指企业从营销的全局出发,根据企业战略提出的营销目标、所处的内外部环境及可取得资源的情况,为获得较高市场份额,对企业营销目标及达成目标的途径和方法所进行的总体性筹划；是指企业通过对较有前途的商业机会的把握与计划，指出较长时期内为了达到营销目的应做什么和何时、何地、如何做等构思及步骤；是指将所有营销要素合成一份协调统一的行动方案的过程。

营销战略是企业经营的蓝图，是实现长期营销目标的方法。企业依此赢得一个相对持续的竞争优势。也就是说，企业制定营销战略的目的在于建立企业在市场中的地位，成功地与竞争者进行竞争，满足消费者的需求，获得卓越的业绩。对于现代企业而言，营销战略往往是企业战略的核心内容。

制定营销战略可以使企业在营销计划中采用更具战略性的方法，改善对竞争性营销战略做出反应的不同职能部门之间的协作能力，增加企业员工的士气，降低企业营销过程中的不确定性，加强对企业未来发展过程的掌控，总体上增加企业的竞争优势，加大实现企业长远目标的机会。

营销战略着眼于整个企业活动的范围，为整个组织确定目标和战略，包含组织的所有职能，影响企业的资源配置。

营销战略是根据企业战略制定的。要进行营销战略策划，首先需要了解企业战略的基本知识。

9.1.2 企业战略的概念与特征

企业战略是设立远景目标并对实现目标的轨迹进行的总体性、指导性谋划，是企业为实现各种特定目标以求自身发展而设计的行动纲领或方案，属于宏观管理范畴。这种行动纲领或方案是企业根据当前和未来市场环境所提供的市场机会和出现的限制因素，考虑如何更有效地利用自身现有的及潜在的资源去满足目标市场的需求，从而实现企业的发展目标而制定的，具有指导性、全局性、长远性、竞争性、系统性、风险性6个主要特征。

1. 指导性

企业战略界定了企业的经营方向和远景目标，明确了企业的经营方针和行动指南，筹划了实现目标的发展轨迹及指导性的措施、对策，在企业经营管理活动中起着导向的作用。

2. 全局性

企业战略立足于未来，通过对国际、国家的政治、经济、文化及行业等经营环境的深入分析，结合自身资源，站在系统管理的高度，对企业的远景发展轨迹进行全面的规划。

3. 长远性

首先，企业战略着眼于长期生存和长远发展，确立了远景目标，并谋划了实现远景目标的发展轨迹及宏观管理的措施、对策。其次，围绕远景目标，企业必须经历一个持续、长远的奋斗过程，除根据市场变化对企业战略进行必要的调整外，通常不能朝令夕改，应具有长效的稳定性。

4. 竞争性

竞争是市场经济不可回避的现实,也正是因为有了竞争,才确立了企业战略在经营管理中的主导地位。面对竞争,企业需要进行内外部环境分析,明确自身的资源优势,通过设计适当的经营模式,形成经营特色,增强企业的对抗性和战斗力,推动企业长远、健康地发展。

5. 系统性

企业需围绕远景目标设立阶段目标及各阶段目标实现的经营策略,以构成一个环环相扣的战略目标体系;同时根据组织关系,企业战略需由决策层战略、事业单位战略、职能部门战略3个层级构成一个整体。

6. 风险性

企业做出任何一项决策都存在风险,战略决策也不例外。只有市场研究深入,对行业发展趋势预测准确,设立的远景目标客观,各阶段人、财、物等资源调配得当,战略形态选择科学,才能使制定的战略引导企业健康、快速地发展;仅凭个人的主观感觉去判断市场,对行业发展趋势预测偏差太大或设立的目标过于理想,制定的战略就会产生管理误导,甚至给企业带来破产的风险。

9.1.3 企业战略的内容

企业战略主要包括以下几个方面的内容。

1. 企业使命

企业使命是指企业在社会进步和社会、经济发展中所应担当的角色和承担的责任。企业使命表达的是有关企业存在价值和意义之类的一些基本的、根本性的问题。

企业使命的内容包括企业哲学、企业宗旨等。企业哲学是指一个企业为其经营活动方式所确立的价值观、态度、信念和行为准则,是企业在社会活动及经营过程中起何种作用或如何起这种作用的一个抽象反映。企业宗旨是指企业现在和将来应从事什么样的商业活动,以及应成为什么性质的企业或组织类型。

2. 企业目标

企业使命必须转化成各个管理层次和部门的具体目标。较常见的目标有赢利、销售增长、市场份额扩大、风险分散、创新等。为了便于执行,企业目标应具备层次化、数量化、现实性和协调性等条件。

3. 企业战略策划分析

通过分析相关市场影响因素,识别企业的外部机会与威胁、内部优势与劣势。

4. 企业业务组合战略

企业战略必须明确要建立、扩大、维持、收缩和淘汰的业务。

5. 新业务战略

一个企业不仅要管理好现有业务，还要考虑通过发展新业务，实现企业的成长。有 3 种成长战略可供企业选择。

（1）密集型成长战略，即在企业现有的业务领域寻找发展机会。以下 3 种途径可以实现密集型成长：市场渗透战略（设法在现有市场上增加现有产品的市场份额）、市场开发战略（为企业现有产品寻找新市场）及产品开发战略（开发新产品）。

（2）一体化成长战略，即建立或并购与目前业务有关的业务，包括纵向一体化（又可以区分为前向一体化和后向一体化）及横向一体化战略。其中，前向一体化就是通过兼并或收购处于生产经营环节下游的企业实现企业的扩张，如制造企业收购批发商和零售商。后向一体化则是通过兼并或收购供应商以增加盈利或加强控制，如汽车企业对零部件制造商的兼并或收购。横向一体化就是对竞争者的兼并或收购。

（3）多角化成长战略，即寻找与企业目前业务范围无关的富有吸引力的新业务。多角化成长战略包括同心多角化（开发与企业现有产品线的技术或营销有协同关系的新产品）、水平多角化（研究开发能满足现有消费者需要的新产品）及集团多角化（开发与企业现有技术、产品和市场都毫无关系的新业务）。

企业战略制定过程可以大致分为两个阶段，即确定企业的任务和目标；制定有效的战略。企业战略制定过程所要解决的问题就是战略计划的内容。

一个成功的企业战略策划在于能够制定适当的战略方案以达到其目标，建立适当的组织结构去贯彻企业战略。企业战略要规定企业的任务和目标，更要着重围绕既定的任务和目标，纵观全局地确定所要解决的重要问题、经过的阶段、采取的力量，以及相应的重大政策措施。战略的管理过程就是为了使企业的目标与变化的环境能够相互适应所采取的一系列重大步骤。

9.1.4 营销战略的运营过程

企业战略是企业各项活动的基础。由于企业战略不属于营销范畴，故本书不予过多介绍，只要清楚营销战略的理念、原则、行动框架等来源于企业战略即可。

从营销管理过程的角度来说，营销战略可以分为 3 个阶段，即营销战略计划、营销战略执行和营销战略控制。其中营销战略控制一般有年度计划控制、利润控制和战略控制 3 种类型。

根据既定营销战略进行的营销运作称为战略营销。战略营销的本质是在动态的市场和企业环境内做出明确的营销决策，在特定的时间和限定的资源范围内，通过系统的程序获得在市场中生存、成长和可持续发展的竞争优势。该竞争优势来自完整的动态系统，而这个系统是由竞争者、消费者、资金、人力、技术和资源的互动形成的。

市场战略营销与传统营销管理方式稍有差异。市场战略营销可分为 3 个阶段，即营销战略谋划、营销计划制定和营销控制管理，如图 9-1 所示。

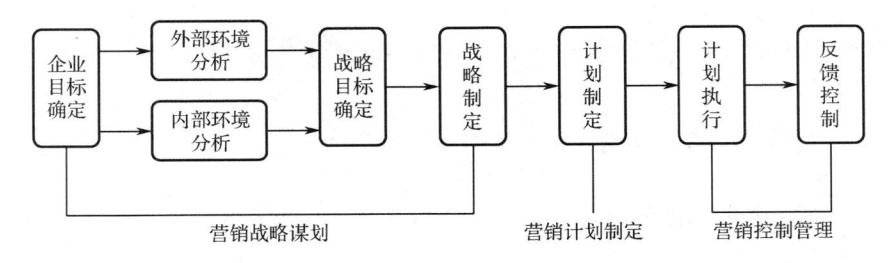

图 9-1　市场战略营销阶段

营销战略就是企业意欲在目标市场上用以达成它的各种营销目标的总体规划，主要由 3 个部分构成，包括目标市场战略、营销组合战略和营销费用预算。一个企业要超前把握市场而不是滞后地认识市场，要主动驾驭市场而不是被动地适应市场，要积极开拓市场而不是消极地保有市场，就必须深入研究、积极谋划营销战略。

营销计划制定是指将营销战略转化成具体可执行的营销方案，这需要在营销预算、营销组合和营销资源分配上做出基本决策。

营销控制管理是具体组织、执行、控制、评估营销计划的过程，并通过市场信息的反馈不断对营销战略和营销计划做出调整，以便企业更有效地参与竞争。

企业所有的营销努力都应该是由目标和市场导向的。营销战略保证做正确的事情，而营销计划保证做好这些事情。简单地讲，战略营销就是有计划地扬长避短、趋利避害的营销。

【阅读材料 9-1】　　　　　　　　制定成功战略的 13 个准则

（1）对于那些能够提供企业长远竞争地位的战略行动，要优先予以制定和执行。不断加强的竞争地位使其每年都可以给企业带来回报。能够满足季度和年度的业绩目标所拥有的辉煌会很快消失，保护企业长远盈利能力的较好办法就是加强企业的长远竞争力。

（2）如果能够很好地制定和实施清晰一致的战略，就可以为企业建立良好的声誉和被认可的行业地位。那种为了抓住暂时的机会而经常变动的战略所带来的利益是昙花一现的。从长远发展来看，如果企业的竞争战略是经过精心策划的战略，那么企业的目标将是不断提升企业的竞争地位。对于一个正在发展的企业来说，市场竞争这场游戏应该抱着持久战的心态来玩儿。

（3）避免"中庸之道"式的战略，在低成本和高差别化之间寻找折中点，在广泛市场定位和集中市场定位之间寻找折中点。"中庸之道"式的战略几乎不会产生持久的竞争优势和建立稳固的市场地位，其结果往往是成本一般、特色一般、质量一般、吸引力一般、形象和声誉一般，很难进入行业的前列。

（4）建立持久的竞争优势。要获得平均水平之上的盈利，这是最可靠的因素之一。

（5）积极地进攻以建立竞争优势，积极地防御以保护所建立起来的竞争优势。

（6）避免那种只能在乐观环境下取胜的战略。要有竞争者会采取对抗措施的心理准备，要有应付不利市场环境的心理准备。

（7）避免那种僵硬或不灵活的战略，因为这种战略从长远发展来看会将公司"锁"起来，应变的余地不大。

（8）不要低估竞争者的反应和承诺。当竞争者负隅顽抗和竞争者的利益受到威胁时，它们是最危险的。

（9）避免在没有强大竞争优势和充足财力的情况下对实力雄厚、资源丰富的竞争者发起进攻。

（10）以竞争优势和竞争劣势攻击竞争者，前者所获得的利益更多一些，所冒的风险更小一些。

（11）在没有既定成本优势的情况下降低价格要谨慎。只有低成本厂商才能通过降价手段赢得长期的利益。

（12）时刻注意，为从竞争者那里攫取市场份额而采取的进攻性行动常常会激起竞争者的激烈报复，诸如价格战，双方都会造成伤害。为提高市场份额而采取的进攻性行动会引发"殊死"竞争。如果一个市场的存货量很大、生产能力过剩的话，其情形尤为惨烈。

（13）在追求差别化时，要竭尽全力在质量、性能、特色、服务上同竞争者拉开距离。对于消费者来说，与竞争者产品之间的细微差异可能不够明显，也不够重要。

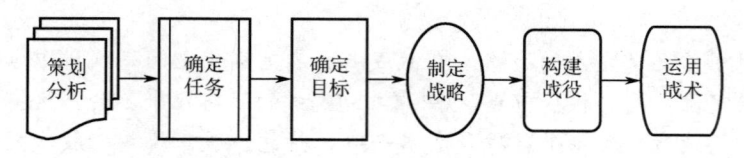

9.2 营销战略策划思路与程序

9.2.1 营销战略策划思路

营销战略是关乎企业营销方面的总体战略规划，涉及的内容非常庞杂，对企业发展的影响也相当久远，所以制定营销战略策划方案也是十分复杂的工作。生活中，人们经常说思路决定出路，对于复杂的营销战略方案的制定，思路也是非常重要的。

逻辑框架是营销策划当中比较重要的方法，是人们在长期的市场实践中总结出来的，具有纲举目张的作用。

营销战略策划思路如图 9-2 所示，就是通过策划分析确定任务，根据任务确定目标，根据目标制定战略，为了实现战略构建战役，为了赢得战役灵活运用战术。这一思路被称为 MOSCT，即任务（Mission）、目标（Objective）、战略（Strategy）、战役（Campaign）、战术（Tactics）。

策划分析 → 确定任务 → 确定目标 → 制定战略 → 构建战役 → 运用战术

图 9-2 营销战略策划思路

营销战略可以从多个方面进行，每种战略策划的方式、方法不尽相同。下面以品牌战略策划为例来介绍策划思路。

1. 品牌战略背景分析

品牌战略背景分析主要是指通过分析明确该品牌目前的状况，研究品牌未来的发展趋势。这一部分是整个品牌战略策划的基础。

(1) 行业分析，包括行业现状与行业发展趋势分析。通过行业分析可以明确品牌发展是否有空间，是否顺应行业发展趋势。

(2) 市场分析，主要研究目前同类产品的品牌状况和该类产品的推广方式与推广趋势。分析的重点如下。

① 现有品牌状况，包括该类产品现有品牌数量、状况、排序等。

② 推广方式，指该类产品各品牌目前的推广方式，可以从中找到本品牌的合适推广方式。

③ 推广趋势，指该类产品各品牌的推广趋势，可以从中找到本品牌的合适推广方式。

(3) 竞争分析，主要比较同类产品品牌的特性差异，从中找到本品牌的比较优势。

(4) 目标消费者分析，希望在目标消费者与产品特性和推广手段上找到结合点。主要分析内容包括目标消费者特征、需求分析、心理分析。

(5) 产品分析，发现本产品品牌的比较优势和品牌推广的发展方向。主要分析内容包括产品特点、品牌文化内涵。

(6) 企业资源分析，为资源配置做准备，必须清楚本企业的优势与劣势，扬长避短。主要分析内容如下。

① 企业文化，应该与品牌文化一致，或者应该能够找到共同点，然后以此作为品牌文化发散的基点。

② 内部资源，主要包括营销资源、资金支持能力、服务保障能力状况等。

③ 外部资源，主要指企业可以借助的外部资源，可能是相似的渠道，也可能是良好的消费者接受性等。

2．确定品牌形象

根据上述分析就可以确定本产品的品牌形象，这就是要打造的品牌任务。这个环节的重点是找到最佳的资源、优势、需求的聚焦点。

3．分解品牌形象

根据上述品牌形象进行分解，明确在品牌形象的各个方面应该达到怎样的程度，应该尽可能地细化和量化目标，使其具有可操作性。

4．分析并确定各个分解目标的实现手段

这就是品牌战略的作战内容。在这个环节中必须特别注意目标消费者的接受性。

5．各种实现手段的安排（时间、地点等）

品牌推广是不断循环的过程，每次、每阶段的主题、重点、方法各不相同，应注意对品牌文化理解的不断深化。

其他类型的营销战略策划思路大同小异。实践中应该注意从实际需要出发，有针对性地进行项目分析，灵活选择分析内容，遵守营销策划的规范、程序，不能想当然、拍脑袋，应坚持实事求是的原则，按照客观规律办事。

9.2.2 营销战略策划程序

进行营销战略的制定时主要解决以下几个问题：如何完成企业目标；如何打败竞争者；如何获取持续的竞争优势；如何巩固企业长期的市场地位。

营销战略策划即营销战略的制定过程。在策划实践中，策划人员应根据企业实际情况加以取舍。

1．明确企业定位、业务、使命

营销战略策划始于明确任务，规定业务和发展方向。明确任务首先要考虑企业总体战略（公司战略）的具体要求，在此基础上，经营单位要确定业务活动的范围。

（1）营销战略任务：整个经营文化和职能框架，范围为从主要职能部门的运作到每名员工的活动和态度。营销战略任务部分通常说明和定义如下内容。

① 营销总目标。
② 产业范围，即主要经营市场。
③ 细分市场。
④ 主要竞争实力，即作为竞争基础的关键因素。
⑤ 业务运作的范围。

（2）营销战略目标：营销活动的总体目标，要求从定性和定量两个方面加以说明。合适的营销战略目标应该符合 SMART 要求，即具体的（Specific）、可测量的（Measurable）、可达到的（Attainable）、现实的（Realistic）和时间（Time）。

2．进行市场背景与外部环境分析

环境的变化和趋势会导致重要的营销机会与威胁的产生，因此，对环境因素的变化方向和变化大小的预测非常重要。

企业的生存和发展与现实的外部环境及环境的变化有着密切的关系。能否把握外部环境的现状及未来的趋势，发现营销机会和所面临的威胁及挑战，利用机会，避开威胁是企业及其经营单位能否完成营销战略任务的首要问题。

构成外部环境的因素很多，从时间、费用和必要性来看，不可能也没有必要对所有的环境因素进行分析。可以根据其任务的性质和要求，确定特定的市场背景和外部环境内容，然后集中人力和财力，对影响较大的因素进行调查和分析。尤其要注意的是，必须重视预测有关因素将来发生突变的时间和变化方向；重点进行行业环境分析和竞争者分析。

（1）行业环境分析是设计企业营销活动的关键因素。
（2）市场特点分析。
（3）市场潜力及发展前景分析。市场潜力及发展前景分析是制定企业营销战略的主要依据之一。一个有巨大潜力及发展前景的产业会给企业带来巨大发展机遇，而夕阳产业则会使企业陷入困境。

3．进行企业资源分析

策划者首先必须评估企业的哪些活动和资源对竞争的成功是至关重要的。重要的活动和资源基本上是那些能导致消费者重视的东西。通过对企业的基本经营状况进行分析，对企业各种资源、竞争力、企业文化和决策者的风格等做出客观的评估，找出自己的优势与劣势。

4．进行竞争者分析

在对竞争者进行深入、具体的分析时，通常要考虑4种因素：竞争者的未来目标、假设、现行战略和能力。

（1）竞争者的未来目标包括竞争者的财务目标、对风险的态度、对自己在市场上的地位的看法、现有的激励系统、目标及战略定位等。通过对这些因素的考察了解竞争者的未来战略。

（2）竞争者的假设包括竞争者对自己的假设及对行业及行业中其他企业的假设。每个企业都对自己有一个假设。

（3）竞争者的现行战略即竞争者采用的战略模式是总成本领先、差别化经营还是集中化。

（4）竞争者的能力即竞争者的强项与弱项，主要包括以下关键业务领域：产品、分销渠道、营销与销售、运作能力、研究与开发能力、总成本、核心能力、适应变化能力。上述能力决定了竞争者的市场营销能力。

外部环境分析的主要目的是找出外部环境中的机会与威胁。

5．进行目标消费者分析

目标消费者分析是战略营销计划过程的核心部分。事实上，有效的营销和营销计划都应以精心的目标消费者分析为基础。在策划分析中所要求的对目标消费者分析的程度，取决于战略营销计划是针对新市场还是针对现有市场。因此，目标消费者分析的主要内容有消费者特征、需求、购买行为模式、影响购买和选择的因素等。

6．进行SWOT分析

一般来说，有效营销战略的实质是在组织（优势与劣势）和环境（机会与威胁）之间达到战略上的适应。策划分析的目的就是对优势与劣势、机会与威胁进行评估，所以SWOT分析是营销战略策划过程中策划分析阶段的结论。

可以用量化的方法进行严格的计算，借助SWOT分析思想捕捉企业发展机会，具体列出企业具备的优势、企业存在的弱点、企业面临的威胁、企业存在的机会。

7．进行STP分析

根据市场细分、目标市场确定和市场定位这3个相互联系环节进行STP分析，即首先将各种不同类型的市场划分为若干消费者群体或市场面，然后在这些细分市场中选择几个细分市场作为自己的经营范围，最后在消费者心目中建立起与众不同的形象。

8. 识别、评估和选择战略方向

可以用产品生命周期理论、产品市场发展矩阵、波士顿矩阵等战略评估方法进行战略方向选择。

9. 选择营销战略模式

根据企业战略规定的任务和目标，通过总成本领先战略、差别化战略、集中化战略和基于低成本的集中化战略、基于差别化的集中化战略方法的特征分析，以及企业所处行业的结构特点分析、竞争者分析及企业具备的优势、存在的弱点、面临的机会与威胁分析，可以确定企业自身的营销战略模式，形成竞争优势。

竞争优势必须以消费者需求为基础，消费者认为"有价值"，足够明显，与众不同，具有可持续性；所选择的发展竞争优势的基础必须能够禁得起时间的考验。

10. 确定营销战略目标

（1）建立营销战略目标体系。企业在经营活动中，可能同时追求几个目标，如资金利润率、销售利润率和资金周转率等收益性目标，销售增长率、市场占有率、利润增长率等成长性目标，自有资金比率、回避风险、盈亏平衡等安全性目标，以及创新、商誉、形象等目标。为了策划过程中思路清晰，不至于遗漏和混乱，要首先建立起营销战略目标体系，通常包括产品的市场占有率、企业在同行业中的地位、完成战略目标的时间。

（2）决定营销战略目标值。目标不能只是定性表达，还要以数量表达。比如提高投资收益率，若加上数量、时间，就会非常明确。目标成为指标，更有利于战略策划管理和控制。

目标值的决定，要依据外部环境和内部条件，并参照其他标准。有些企业经常结合社会平均值、同行业优秀企业和国际上类型相似的优秀企业的标准考虑，一般来说，要先进合理，比如高于社会平均值，并尽可能向优秀企业的标准挑战。这样有利于保持自己的竞争力，又有利于激发员工的积极性。

11. 确定营销战略重点

通常根据企业已确定的营销战略目标，结合企业的优势如品牌优势、成本优势、销售网络优势、技术优势、形象优势确定营销战略重点，制造特色。

12. 制定营销战略分阶段重点策略

市场是动态的，为适应当前市场状况和未来发展变化趋势，要针对不同发展时期制定相应策略。

一般把企业的营销战略实施分为3个阶段，即短期营销战略、中期营销战略及长期营销战略。例如，某企业的短期营销战略要点包括保持传统市场不被挤出及扩大新市场潜入能力；中期营销战略要点包括扩大新市场潜入能力和开辟未来市场，开发新产品可行性，克服竞争威胁；长期营销战略要点包括调整企业的产品结构和改变市场组成，预测潜在的竞争者。

13．制定营销组合策略

（1）企业产品策略的制定。所谓产品策略，是指企业使自己的产品及构成顺应市场的需求而动态变化的市场开发策略。这里所说的产品是指所有能满足消费者需求或欲望的有形或无形组合体，包括包装、颜色、品牌、价格、制造商与经销商声誉及服务等。

（2）企业价格策略的制定。价格策略在营销组合策略中占有重要的地位，因为它是影响销货收入的重要因素。大量企业营销实践表明，企业市场占有率的高低、市场接受新产品的快慢、企业及其产品在市场上的形象都与价格有着密切的关系。在现在激烈的行业竞争环境中，定价策略不能只考虑传统的定价法，即成本导向法、需求导向法、竞争导向法，而应考虑 3 种定价法的协调配合，以保本价格或边际成本为下限，以需求价格为上限，以市场竞争状况为参照系，合理制定产品的价格。企业定价策略应考虑的因素包括：利用定价完成产品定位；密切注意竞争者的动向，与竞争者保持动态一致；定价要有弹性，根据竞争压力和营销环境的变化适当调整价格，把价格作为完成营销策略的一种工具。

（3）企业促销策略的制定。促销策略是指企业运用各种方式、手段，向消费者传递企业与产品信息，实现双向沟通，使消费者对企业及产品产生兴趣、好感与信任，进而做出购买决策的活动。企业在制定促销策略时，通常需要根据行业特点采用混合策略，达到相得益彰的效果。此种组合策略称为促销组合策略。

（4）企业销售渠道策略的制定。销售渠道策略是指用最高的效率和最低的费用把产品送到消费者手中所采用的办法。在选择销售渠道时通常要考虑以下两个方面的因素。

① 产品因素，如名牌产品质量高、信誉好，与产品形象相呼应，必然选择大型商厦、购物中心为渠道，也就是说，销售渠道要与产品定位和目标市场的购买形态相一致。

② 市场因素，包括市场范围的大小、消费者集中与分散的程度、竞争产品的销售途径等。

14．销售预测

销售预测的内容包括市场总规模、各种品牌的销售量、企业产品的销售量等。

15．营销费用预算

营销费用预算是营销计划中的重要组成部分。营销需要资金，所以必须有预算。

营销费用预算是在营销组合的基础上进行的，包括广告、公关与宣传、销售成本、销售促进活动支出、销售培训和销售支持等方面（具体项目见表 9-1）。营销费用预算必须反映企业的实际情况。

表 9-1　营销费用预算项目

项　目	金　额	备　注
1．直接销售成本		
销售薪金		
销售佣金		
差旅费		
招待费		

续表

项　　目	金　　额	备　　注
2．间接销售成本		
培训费		
市场调研费		
销售统计费		
应交费用		
3．广告费用		
4．促销费用		
5．公共关系费用		
6．运输与交货费用		
7．坏账处理		
8．销售管理		
……		

好的营销费用预算包括两部分：第一部分是满足按月进行的营销所需的费用；第二部分是应付预料不到的营销需求的备用费用。例如，可能有一个新市场出现，或者有竞争者退出，或者新的竞争者出现，怎样回应这些机遇和挑战都受到营销费用预算的影响。

没有资金的营销犹如无米之炊；半途而废的营销活动也会使利润降低。因此，一定要保证有足够的资金来完成营销活动。

16．企业营销控制

企业营销控制包括营销过程控制和营销评估。

（1）营销过程控制通常包括年度计划控制、赢利能力控制、效率控制、策略控制4个方面。

① 年度计划控制通常是指对销售情况、市场占有率、销售收入与费用支出之比、财务情况、消费者态度跟踪等方面进行分析与控制。

② 赢利能力控制通常是指对产品、地区、消费者群体、销售渠道、订货规模等方面进行分析与控制。

③ 效率控制通常是指对销售人员、广告、销售促进、配销等方面进行评估，提高经费开支的效率，以及对效果进行评价。

④ 策略控制通常是指对企业的市场开拓、产品开发、最佳渠道选择等方面的营销效果进行审计。

（2）营销评估。企业在实施营销策略的过程中需对所制定的策略进行评估，评估预期的目标是否完成，策略或行动计划是否有修改的必要。这些追踪评估常采用两种模式。

① 营销效果等级评估。营销效果等级评估通常包括消费者宗旨评估、整体营销组织评估、营销信息评估、策略导向评估和营销效率评估。

② 营销审计。营销审计是指对一个企业的营销环境、目标、策略和活动进行全面、系统、独立、定期的检查，目的在于确定问题的范围和市场机会，并提出行动计划，以便提高企业的营销业绩。营销审计通常包括营销环境审计、营销组织审计、营销策略审计、营

销系统审计、营销生产力审计、营销功能审计等。

9.2.3　进行营销战略策划时的常见问题

拥有营销战略并不能保证成功。战略决定方向，想达到预期效果必须有相应的战役策划和战术策划。如果未能实现所有的营销目标，不要把它当成失败的计划，或者把它归为错误的计划。应当检查一下决策依据，调整策略，并开始下一轮的计划过程。常见的问题有以下几个方面。

1．缺乏足够的现状分析

现状分析是一个完整计划的基础，缺乏某些有关本企业、竞争者、行业或宏观环境的重要信息，便会导致计划偏离方向。

2．目标脱离实际，不具体

不要低估或高估目标，两者都会带来糟糕的结果。没有具体的目标就不可能找到可操作的对策。

3．方案没有可操作性

目标也许很好，但战略和行动措施可能不够完备。因此，在没有确定最终期限和责任的情况下，不要对如何完成任务做太多的假设。

4．没有创意，维持现状

企业之间的竞争实际上是智慧的竞争，没有创新，就意味着将被淘汰。

5．计划执行得不到位

如果不采取行动，制定计划就是浪费时间，毫无意义。

6．竞争者采取出人意料的行动

强有力的竞争标志就是竞争者能够根据其自身特点灵活而又快速地采取行动。不能低估竞争者，应该留有足够的余地来调整计划和预算。

7．没有评估计划进程

调整计划的唯一途径是评估该做什么，不该做什么。如果企业正在做错误的事，即使方法正确也将于事无补。

【本章小结】

营销战略就是企业意欲在目标市场上用以达成它的各种营销目标的总体规划，主要由3个部分构成，包括目标市场战略、营销组合战略和营销费用预算。

营销战略策划思路就是通过策划分析确定任务，根据任务确定目标，根据目标制定战略，为了实现战略构建战役，为了赢得战役灵活运用战术。

营销战略策划即营销战略的制定过程，包括：明确企业定位、业务、使命；进行市场背景与外部环境分析；进行企业资源分析；进行竞争者分析；进行目标消费者分析；进行 SWOT 分析；进行 STP 分析；识别、评估和选择战略方向；选择营销战略模式；确定营销战略目标；确定营销战略重点；制定营销战略分阶段重点策略；制定营销组合策略；销售预测；营销费用预算；企业营销控制。

【复习思考题】
1. 试述企业营销战略的主要内容。
2. 举例说明企业营销战略策划思路。
3. 试述企业营销战略策划程序。

【实训题】
围绕目标企业经营需要，以熟悉的企业为背景，按品牌战略策划程序及内容编写一份品牌战略策划书。要求按照规范程序和要素分析进行。

[实训目的]
1. 了解品牌战略策划方案的结构和组成。
2. 学习制作品牌战略策划方案的基本程序与方法。
3. 掌握制定品牌战略策划方案的基本技巧。

[实训重点和难点]
1. 市场特征、产品特征、目标消费者特征分析。
2. 品牌形象确定。
3. 品牌形象分解。
4. 品牌形象实现手段。

[实训内容]
1. 要求品牌形象定位准确，创意新颖，逻辑合理，文案规范。
2. 授课班级分组进行讨论，每组以各自选定的企业品牌为对象；每个同学自行完成方案，资料可以共用，方案应该差异化。
3. 策划分析要合理、科学，较详细，要体现本章知识和理论在实践操作中的应用。
4. 分析过程要求完整，方案文本要求规范。